湖南省教育科学“十四五”规划2023年度课题
“新文科下基于OBE理念的数字媒体艺术专业应用创新型人才培养模式研究”
（课题批准号：XJK23CTW004）阶段性成果

文化认同新视角：互动技术与文化遗产融合研究

何立波 著

辽宁美术出版社

图书在版编目（CIP）数据

文化认同新视角：互动技术与文化遗产融合研究 / 何立波著. — 沈阳：辽宁美术出版社，2024. 9.
— ISBN 978-7-5314-9862-9

Ⅰ. G264-39

中国国家版本馆CIP数据核字第2024J4M584号

出版发行：辽宁美术出版社

地　　址：沈阳市和平区民族北街29号　邮编：110001

印　　刷：河北朗祥印刷有限公司

开　　本：720mm × 1000mm　1/16

版　　次：2024年9月第1版

印　　次：2024年9月第1次印刷

印　　张：13

字　　数：300千字

特邀策划：廖宏欢

责任编辑：王东星

封面设计：刘　彬

版式设计：北京天韵科技有限公司

责任校对：吕佳元

责任印制：徐　杰

书　　号：ISBN 978-7-5314-9862-9

定　　价：88.00元

如发现印装质量问题，请与我社出版部联系调换。

出版部电话：024-23835227

前　言

在当前全球化和数字化快速发展的背景下，文化遗产——这一人类历史和文化的宝贵财富正面临着复杂的挑战，这些挑战既包括文化遗产的物理破坏和遗忘，也涉及在全球文化交流中如何保持文化的独特性和多样性。与此同时，数字技术的进步为文化遗产的保护和传承提供了新的可能性。《文化认同新视角：互动技术与文化遗产融合研究》一书致力于探索互动技术在文化遗产保护领域的应用，以及其对于个体和集体文化认同塑造的影响。书中不仅分析了虚拟现实、增强现实和数字建模等互动技术如何使文化遗产在数字环境中得到新生，还讨论了这些技术如何帮助公众更深刻地理解和体验文化遗产，从而促进对文化根源的认同和对多元文化的尊重。通过一系列的案例分析和理论探讨，为文化遗产保护工作者、技术开发者，以及对文化遗产有兴趣的读者提供宝贵的见解和启示，探讨在现代社会中，如何通过技术手段保护和活化文化遗产，以及如何利用文化遗产促进文化多样性和社会和谐。

文化遗产是人类历史和文化多样性的珍贵财富，包括那些有形的历史遗迹、艺术作品和手工艺品，以及无形的传统习俗、仪式、语言和知识等，这些遗产不仅是过去文明的见证，更在现代社会中扮演着构建社会认同感和增强集体凝聚力的关键角色。然而，全球化的快速推进和社会结构的深刻变化给文化遗产的保护和传承带来了前所未有的挑战。许多珍贵的文化遗产正面临着被边缘化、被遗忘，甚至消失的危机，同时，现代社会中个体和集体的认同感也在不断地经历着重塑和调整。在这一转折点上，互动技术的发展为文化遗产的保护与传承开辟了全新的路径，虚拟现实、增强现实和混合现实等互动技术不仅能够对有形文化遗产进行高精度的数字化复制，保护其物理状态不受侵蚀，还能够以全新的形式重现无形文化遗产，让现代社会的公众能够直观、生动地体验到远古或异国的文化传统。通过这些技术，文化遗产得以跨越时空限制，触及更广泛的受众，同时，也为个体和集体认同的构建提供了新的素材和空间。互动技术的应用不仅为文化遗产的保护与传承注入了新的活力，也为促进文化多样性和社会和谐提供了强有力的工具。

本书通过分析互动技术在文化遗产保护和展示中的应用，探讨了这些技术如何帮助公众以新的方式体验和理解文化遗产，从而加深对自身和他人文化认同的认识。同时，本书也关注了互动技术在促进文化遗产可持续发展和社会参与中的潜力，以及这一过程中可能遇到的技术挑战。本书第一章针对当前全球化进程，简单陈述文化遗产现状和面临的挑战，提出以互动技术为基础创新文化遗产的保护和传承；第二章介绍文化遗产的概念界定、分类及价值，探讨文化遗产保护现状与挑战；第三章介绍文化认同的形成、演变过程、现代的社会意义，探索文化认同的未来趋势和挑战；第四章概述互动技术的发展，包括虚拟现实、增强现实和混合现实等技术，以及它们在不同领域的应用情况；第五章从数字化保存、互动式展览与教育、增强体验与参与、面临的挑战与机遇等方面，探讨互动技术在文化遗产保护与传承中的应用；第六章对文化遗产与互动技术的融合现状进行总结，探讨文化遗产与互动技术融合的未来趋势，以及对文化认同重塑产生的深远影响。

在撰写本书的过程中，我们深入访谈了众多文化遗产保护工作者、技术开发者、学者和社区成员，收集了一系列国内外的案例研究，这些案例展示了互动技术如何在不同文化、不同地域背景下被应用于文化遗产的保护和传承，以及这些应用如何影响和塑造了人们的文化认同。

《文化认同新视角：互动技术与文化遗产融合研究》力图为读者提供一个全面的视角，来探索文化遗产与互动技术融合的现状、挑战和未来发展方向。本书旨在促进跨学科对话，为文化遗产的保护工作和文化认同的塑造提供新的思路和解决方案。希望通过本书，读者能够更深刻地理解文化遗产在当代社会中的价值，以及互动技术在促进文化多样性和社会和谐中的重要作用，若有不妥之处，也请广大读者批评指正。

何立波

2024 年 3 月

目 录

第一章
绪　论

第一节　研究背景

在全球化的浪潮中，文化遗产作为国家和民族的根基与灵魂，承载着无法估量的历史信息和文化价值，它们不仅是历史的见证，更在现代社会中扮演着非常重要的角色，成为构建文化认同感和促进多元文化交流的重要桥梁。然而，伴随全球化进程而来的文化同质化威胁、物理环境的破坏，以及社会经济的快速发展，对文化遗产的保存和传承构成了巨大挑战，在这样的背景下，互动技术的兴起为文化遗产的保护和利用带来了新的视角和可能性。[①] 全球化带来的文化同质化威胁意味着全球范围内文化多样性的丧失，使得独特的本土文化遗产面临被边缘化和忽视的风险。同时，对文化遗产的物理保存构成直接威胁的是城市扩张、自然灾害等，人们的生活方式和价值观也因社会经济的急剧变化而发生变化，造成传统知识技能的继承断层。这些挑战都需要我们在文化遗产的保护和传承方面寻找新的方法和技术，包括虚拟现实（Virtual Reality，VR）、增强现实（Augmented Reality，AR）、混合现实（Mixed Reality，MR）等在内的互动技术为保护和传承文化遗产提供了新的解决方案。通过这些技术，文化遗产得以数字化保存，不仅能对建筑、艺术品等有形文化遗产进行高精度记录和再现，还能对表演艺术、传统手工技艺等无形文化遗产进行捕捉和保存，这样的数字化保存，既可以抵御物理环境的威胁，又方便今后几代人传承这些文化遗产。

互动技术还可以增加公众对文化遗产的接触和了解，通过虚拟展览、在线教育等方式，加深公众对文化遗产保护工作重要性的理解；通过互动体验，使观众感受文化传承魅力，提升文化认同感，了解文化传承知识。互动技术在多

---

① 孙明阳，刘凌．数字技术在文化遗产保护与传承中的两面性分析［J］．艺术科技，2019（12）．

元文化交流方面的作用是不可替代的，它使来自不同文化背景的人们能够通过数字平台共同体验和学习其他文化遗产，从而促进不同文化之间的相互理解和尊重，加强全球文化多样性的保护。互动技术为文化遗产的保护和传承带来了前所未有的机会，既能有效应对全球化带来的挑战，又能促进文化遗产在全球范围内的传播和交流，从而对建设一个多元而和谐的全球文化生态系统有重要的推动作用，可以说互动技术在多元文化交流中扮演着举足轻重的角色。同时，也为我们提供了一个对全球文化遗产进行保护和传承的有效途径。

一、文化遗产的价值与挑战

文化遗产作为人类历史和文化发展的重要标志，分为有形文化遗产和无形文化遗产两大类。它是民族文化认同的象征，是社会价值观和精神生活的重要组成部分，这些遗产不仅丰富了人类的文化，还促进了社会凝聚力的增强和推动经济的发展。然而，在全球化的大背景下，文化遗产的保护和传承面临着前所未有的挑战。

首先，全球化让原本处于文化互鉴过程的世界各地文化交流加速，但同时也带来文化同质化风险，许多具有地方特色和民族文化底蕴的遗产正面临着因全球文化市场的统一和商业化趋势而逐渐边缘化，甚至消亡的威胁，这种同质化在侵蚀文化多样性的同时，也使国家对文化的认同感和对传统价值的继承程度有所减弱。其次，文化遗产安全面临的直接威胁是环境破坏、战争冲突和保护政策的不健全，文化遗产的物理保存受到严重危害，如城市化过程中的无序扩张、自然灾害，以及频繁发生战争和冲突的地区遭到破坏等。最后，缺乏对文化遗产的保护意识以及相关保护政策的不健全，也使文化遗产面临严重的损失。面对这些挑战，国际社会、政府组织、民间团体和广大市民需要通力合作，来有效保护和传承文化遗产。政府要加大投入力度，在保护文化遗产方面出台科学合理的保护政策，为提高公众对文化遗产价值的认识和增强保护意识而开展教育和公众宣传工作。另外，运用包括数字化技术在内的现代科技手段对文化遗产进行记录和保存，这样既能为无形文化遗产的传承提供新的途径，又能在有形文化遗产遭受物理破坏时，提供宝贵的信息和数据资料，在应对全球化带来的挑战时，在保护和传承人类宝贵的文化遗产方面，能够采取有效的综合措施。

二、互动技术的发展与应用

随着科技的进步，互动技术为文化遗产的展示、体验和传承开辟了一条新途径，[①] 如虚拟现实、增强现实和混合现实等互动技术逐渐在文化遗产领域得到应用，这些互动技术通过极具沉浸感的体验，不仅可以让公众近距离地接触到那些年代久远或现今已不复存在的文化遗产，同时，也让公众的兴趣和参与度得到很大程度的提升。互动技术在文化遗产中的应用大概分为以下几个方面：

（1）对历史场景进行虚拟再现。虚拟现实技术可以精确地重现历史场景，如古代建筑、历史事件等，根据历史资料和考古发现来实现这种虚拟化再现，让市民在体验历史的同时，也能身临其境地增进对历史文化底蕴的了解和认识。

（2）仿真文化体验。增强现实和混合现实技术能够为现实世界叠加虚拟信息，提供更丰富、更具互动性的文化体验，通过增强现实技术，用户可以看到古代艺术品的原貌，也可以通过智能手机或专用眼镜观看现代背景下的历史事件重现。

（3）教育与研究。互动技术为教育与研究提供了新的工具与平台，学生和研究者通过虚拟现实和增强现实技术，促进学术研究的深入和教育方法的创新，对文化遗产进行更直观的学习和探索。

三、文化遗产、互动技术与文化认同

文化认同作为个体或群体对其所属文化的归属感和认同感是构成社会结构和文化动态的核心要素。在全球化和数字化加速发展的当代社会，人们对文化认同的构建和体验正面临着前所未有的机遇与挑战，特别是互动技术，如虚拟现实、增强现实、混合现实等，已经成为文化认同的重要工具，对个人和集体的文化认同产生了深远的影响。

（1）互动技术与文化遗产的新途径。互动技术提供了一种全新的方式来传播、体验和理解文化遗产。虚拟现实技术使人们能够虚拟访问历史地点或现今已不存在的文化遗址，感受由于地理或时间限制而无法直接接触的文化；增强现实技术使历史信息和文化故事直接叠加到现实世界，使文化遗产的教育和体验变得更为生动直观；混合现实技术进一步模糊了现实与虚拟的界限，为人们提供更丰富的互动体验，使人们能够更深刻地认识和感受文化遗产的价值，从而加深文化认同和促进跨文化的相互交流。

---

① 徐圣超，王成凤，江勇．南通非物质文化遗产数字化研究［C］．宿州教育学院学报，2016（02）．

（2）提供交互式文化体验。互动技术为人们提供了沉浸式的交互式文化体验，加深了对自己文化的认同感，通过对文化活动、历史事件的亲身“体验”，个体更容易产生情感上的共鸣，从而提升对本土文化的认同与骄傲。同时，这一技术也促进了不同文化之间的交流与尊重，给用户提供了一个对其他文化探索与了解的平台。通过互动体验，用户可以增强对全球多元文化的认知和了解，跨越文化和地理的界限。

（3）双向影响。互动技术对文化认同的影响是双向的，是对文化认同的塑造与重塑。一方面，开辟了一条新的文化遗产传播和体验之路，让个人与集体以前所未有的方式，将自己的文化之根紧紧地联系在一起。另一方面，用户不断地塑造和重塑个人和集体的文化认同，通过互动体验获得情感和认知。这种互动与体验的过程，在促进新的文化元素与价值观念融合与形成的同时，也加深了对传统文化的认同。

互动技术在全球化、数字化的时代背景下，已经成为联结过去和现在、个体和集体、本土和世界的重要桥梁。不仅强化了文化认同的建构，还促进了多元文化之间的理解与尊重，为文化遗产的传播与体验提供了新的维度，推动文化多样性和社会和谐。在文化遗产保护和文化认同塑造中，深入探索互动技术的运用意义重大。

四、文化遗产的数字化转型与技术融合

随着信息技术的飞速发展，文化遗产的数字化转型逐渐成为全球文化保护和传承领域的一个重要趋势。这一转型过程不仅包括对有形文化遗产，如古建筑、艺术品、文物等的三维扫描和数字建模，也涵盖对无形文化遗产，如传统表演艺术、民俗、语言等的数字记录和虚拟再现。通过这些高新技术的应用，文化遗产得以在数字形态中获得新生，既增强了其在物理层面上的安全性，也极大地拓宽了其传播范围和受众基础。数字化技术的应用为文化遗产的保护提供了革新性的手段：三维扫描和数字建模技术使得我们能够精确复制有形文化遗产的形态和细节，为其提供一种无损的保存方式；无形文化遗产通过高清视频、音频记录，以及交互式应用的形式得以保存，使得这些有时代和地域限制的文化形式能够跨越时间和空间被永久保留。

文化遗产数字化转型的过程中也存在一系列挑战。首先，是如何在数字化过程中保持文化遗产的真实性和完整性，这要求数字化的操作必须极其精确和细致，以确保数字副本能够真实反映原有文化遗产的所有细节和特质。在数字

化过程中，对解释与呈现方式的慎重处理、避免对文化遗产原意进行歪曲或简化也是十分重要的。其次，必须妥善解决数字化文化遗产的版权和所有权问题，由于数字化内容具有易于复制和传播的特性，如何在保护原创者权益与促进文化遗产广泛传播之间取得平衡是一大难题，既涉及法律层面的规范与保护，又涉及技术层面的管理与控制策略，所以需要跨学科的合作与国际间的协调来应对这些挑战。

在技术层面上要不断地进行探索与优化，以提高文化遗产数字化的质量与效率，同时，也为保护文化遗产这一人类共同财富的可持续发展提供助力。一是在法律层面对文化遗产的数字化问题作出相应规定和制定相应标准。二是对数字化过程做到科学有效、有法可依。另外，提高公众对文化遗产价值与保护重要性的认识，增强全社会对文化遗产保护的参与意识，在全社会形成共同保护文化遗产的良好氛围也是必不可少的。[①] 制定和完善相关法律法规和标准，增强公众参与保护文化遗产的意识是一项十分必要的工作。

五、全球文化对话与认同的构建

（1）跨文化对话的促进。互动技术的应用打破了物理空间的限制，让不同文化背景的人，在虚拟的环境中，在文化体验中相遇、沟通、分享。这种由技术推动的跨文化对话，可以在促进保护和发展全球文化多样性的同时，增进彼此间的理解和尊重，减少文化隔阂和偏见。

（2）通过虚拟空间中的跨文化体验，构建文化认同。既使个体对自身文化的唯一性有了更深刻的认识和欣赏，也使个体找到了与其他文化的共通之处。这种跨文化的互动和体验，有助于在全球范围内构建更具包容性和多样性的文化认同。

（3）挑战与机遇。尽管在这一过程中，互动技术提供了一条新的路径，以构建跨文化对话，构建全球文化认同，但是确保虚拟空间中文化表达的真实性和完整性、解决不同文化价值观的冲突与矛盾，以及保护文化遗产不受商业化过度开发的影响等问题，是需要深入探讨和解决的重要课题。同时，也蕴藏着巨大的机遇，因为互动技术的发展为传统文化的创新性传承提供了新的平台，为不同文化间的交流与融合开辟了新的途径，通过加强国际合作制定相关的标准和规范，能够更好地利用互动技术促进全球文化对话和认同的构建。

---

① 任波，王晓琴．科技创新对群众体育发展的影响分析［J］．第十届中国体能训练科学大会论文集（中），2023（12）．

互动技术在促进全球文化对话与认同的构建方面，提供了新的机遇和挑战。在充分利用互动技术进行全球文化对话和认同的构建时，需要加强国际合作，同时，也应该加强相关标准和规范的建设。促进跨文化的交流与体验，通过打破文化隔阂，增进不同文化间的认识与尊重，进而建设一个更加包容多元的社会，这是新技术应起的作用，也是今后全球各界需要共同努力的方向。要充分发挥互动技术在促进全球文化对话与认同构建中所起的积极作用，共同面对与解决这一过程中所出现的挑战，需要全球社会各阶层的通力合作。

六、面向未来的文化遗产保护策略

文化遗产保护策略急需创新，以应对新时代所带来的挑战，面对日新月异的技术进步和深刻的社会变革，加强互动技术应用研究、推动国际合作、促进教育和公众参与的三个核心方向应是未来文化遗产保护策略的重点。

（1）强化互动技术应用研究。互动技术的飞速发展让文化遗产保护与传播迎来前所未有的机遇。虚拟现实中的沉浸体验、增强现实和混合现实技术的运用，使人们可以不受时间空间限制，直接接触和体验已经消失的文化遗产。对这些互动技术在文化遗产方面应用的研究与最新科技的有效结合是文化遗产数字化保护与创新性传播的重要组成部分，是保护战略中不可忽视的一环。这一课题涉及开发高精度的三维扫描技术来构建互动式虚拟展览的实现方式、以数字平台为媒介进行文化教育与传播，以及将文化遗产数字化并借助互动技术进行传播，这些发展将使文化遗产的保护与传承有新的研究方向。

（2）为应对全球性的文化遗产保护问题而加强国际合作。共同制定有关文化遗产数字化与虚拟化的技术标准，是保证项目质量和真实性必不可少的举措。通过在联合国教科文组织等国际组织中开展合作，各国在分享经验、相互协调战略统一标准的同时，还能在应对技术发展与社会变迁给文化遗产保护带来的挑战方面进行有效协作。另外，国际合作还能促进资源的有效分配，特别是对于那些资源匮乏的国家和地区来说，国际援助与技术支撑是增强其文化遗产保护能力的有效途径。

（3）提高公众对文化遗产保护重要性的认识。通过教育和公众参与来实现长期保护是重点所在，[①] 以教育和公众参与方式提升社会各界对文化遗产保护的意识和责任感，这包括为学校教育加入文化遗产保护的相关课程、在数字媒

① 彭俊玲，赵春英．论博物馆在保护印刷文化遗产中的作用［J］．北京印刷学院学报，2011（03）．

体和社交平台上广泛传播文化遗产知识，以及组织公众参与文化遗产保护项目，比如，志愿者保护行动、文化遗产体验活动等，通过这些方式，在提高公众文化意识的同时，也为文化遗产的保护工作聚集更广泛的社会支持和参与。面向未来的文化遗产保护战略需要从多个方面着手，包括强化互动技术应用、研究促进国际合作、推动教育和公众参与等，这样确保在新时期能够对文化遗产进行有效的保护和传承，使之得到长期发展。

文化遗产与互动技术的融合不仅为文化遗产的保护和传播开辟了新的途径，也为个人和社会文化认同的构建提供了新的视角。在全球化和数字化的双重影响下，如何有效地利用互动技术保护和传承文化遗产、如何在全球文化对话中构建和谐的文化认同，是未来研究和实践中需要深入探讨的重要课题。通过对这些问题的深入分析和研究，为文化遗产的数字化保护、创新传播，以及文化认同的增强提供理论基础和实践指导，为全球文化遗产的保护与利用提供新的思路和策略。

第二节　研究意义

一、文化遗产保护的新途径

（1）有形文化遗产的数字化保存。对于有形文化遗产而言，互动技术，特别是三维扫描和建模技术，对文化遗产进行精确捕捉并创建高质量的数字副本，使之既能永久保存又能在虚拟展览和教育等方面发挥作用。数字化技术对文化遗产进行详细的分析和研究，使科学家和保护者对历史背景和保护需求有更好的认识，从而有助于更好地保护和传承文化遗产。

（2）以互动技术为基础的无形文化遗产的录制与再现，为传统表演艺术等各种无形文化遗产的保存和传播提供了新的途径。利用高清视频录制与三维动画模拟等手段进行无形文化遗产的录制与再现，这种数字化的方法不仅使无形文化遗产得以跨越时间和空间的限制，为后代留下宝贵的文化资源，还在全球范围内提高了对这些文化遗产的认识和理解。

（3）重现受损文化遗产。互动技术对于那些因自然灾害或人为因素而遭到破坏的文化遗产具有特别的价值，通过虚拟重建技术，即使是部分或完全丧失的文化遗产也能在虚拟环境中得以“复活”。这不仅为公众提供了接触和体验失落遗产的机会，也为文化遗产的研究和教育提供了重要资源。

二、文化教育与传播的创新

在全球化和信息技术迅猛发展的今天，互动技术，特别是虚拟现实、增强现实、混合现实，以及其他数字化工具的应用，① 已经彻底改变了文化教育和传播的场景。这些技术为文化遗产的教育和传播提供了全新的平台和方式，允许公众超越传统的地理和时间限制，随时随地以极具吸引力的方式访问和体验全球各地的文化遗产。

（1）创新文化教育与传播方式。通过虚拟博物馆和数字展览，互动技术允许用户以沉浸的方式体验文化遗产，如亲自置身于那些远离现在的地理位置或历史时期，不仅增加了文化遗产的可访问性，而且也使公众的兴趣和参与意愿得到了很大提升。在线互动体验，将历史人物或事件“带入”用户的现实世界中，通过增强现实技术等进一步提高文化教育的趣味性和互动性，促进对文化多样性的认识与尊重。用户通过互动式的文化体验，既能对本国的文化遗产有深入的了解，又能从跨文化视野中认识和欣赏其他文化的独特性及其价值等，这种跨文化的交流与体验，有助于打破文化隔阂，促进不同文化背景下人与人之间的相互了解与尊重，为构建全球文化的和谐对话与认识打下基础。

（2）构建跨文化的对话与理解。利用互动技术在全球化背景下推动文化遗产的教育与传播，对于构建跨文化的对话与理解意义重大而深远。互动技术不仅以前所未有的方式让人们体验文化遗产、了解文化遗产，还可以提高公众参与文化保护与传承的积极性，推动全球文化遗产共享与保护工作的深入开展。通过这些技术，文化的教育与传播可以跨越物理和语言的界限，将世界各地的人们联系在一起，对人类的文化遗产进行共享。

互动技术在创新文化体验方式的同时，也促进了文化多样性的理解与尊重，为构建全球化背景下的跨文化对话与理解提供强有力的支撑，为文化遗产的教育与传播开辟了一条新的路径。随着互动技术的不断发展和完善，其在文化、教育、传播等方面的应用不断深入，从而为保护、传承全球文化遗产贡献更多力量。

---

① 兰国帅，郭倩，魏家财，等. 5G + 智能技术：构筑“智能 +”时代的智能教育新生态系统［J］. 远程教育杂志，2019（03）.

三、社会认同与文化多样性

(1) 加深本土文化认同。互动技术使得个人能够以前所未有的方式体验本土文化遗产，从而加深对其价值和意义的认同。通过虚拟现实等技术，用户可以“身临其境”地参观本国的历史遗迹和文化展览，无须跨越地理限制。

(2) 增进跨文化交流与认识。互动技术为跨文化交流与体验提供便利，促进不同文化背景的人们对全球文化遗产的共享与认识，消除跨文化的成见与隔阂，推动文化间的对话与融合，从而促进文化多样性的保护与传承，构建和谐社会。随着技术的不断进步和应用范围的扩大，互动技术在促进全球文化遗产保护、文化多样性方面的作用在未来有望得到更多的见证。

四、推动文化遗产的全球共享与理解

在当今全球化深入发展的背景下，文化遗产已经超越了国界和地域，成为全人类共享的宝贵财富。随着互动技术，包括虚拟现实、增强现实、混合现实，以及网络技术等的快速发展和广泛应用，全球公众现在有机会以前所未有的方式接触和体验到世界各地不同的文化遗产。这种技术驱动的文化共享和交流，不仅丰富了人们的文化生活，也促进了不同文化之间的相互理解和尊重，为构建和谐共存的全球社会提供了坚实基础。

(1) 促进文化遗产的全球共享。互动技术使文化遗产的展示和体验突破了物理空间的限制，通过虚拟博物馆、数字展览等形态，使位于地球另一端的文化遗产展现在大众眼前。用户使用虚拟现实技术参观埃及金字塔和中国长城，身临其境地感受其历史魅力和艺术价值；用户使用增强现实技术直观地了解来自不同文化背景的艺术品和手工艺，增进对全球文化多样性的认识和尊重；通过互动体验，公众在接触形式多样的文化遗产的同时，还能对其背后的历史故事、文化意义和价值观念有深入的了解与认识。

(2) 加深文化理解和尊重。公众通过互动体验不仅可以看到形式丰富的文化遗产，对其蕴藏的历史故事、文化意义价值等也有更为全面的了解和认识。这种深层次的文化交流与理解，有助于消除文化偏见与隔阂，促进不同文化背景下人与人之间的相互尊重与理解，利用互动技术促进文化遗产的共享和理解，在全球化带来的文化冲突和摩擦日益显现的今天，具有十分重要的现实意义和社会影响。

(3) 构建和谐共存的全球社会。在推动文化遗产全球共享与理解的过程中，互动技术不仅是技术的展示，更是沟通和融合全球文化的桥梁。在文化遗产的全球共享与理解中，通过互动技术，世界各地的公众能够更方便地在全球范围内访问和体验，促进文化对话与交流。这种建立和谐共存、有助于全球公民意识形成、推动人类命运共同体建设的全球社会基石，就是以共享和理解为基础的文化交流。因而互动技术在拓宽文化与教育传播途径的同时，也促进全球文化多样性的尊重，促进全球社会的和谐共存，促进文化遗产全球共享与理解。

五、增强文化自信与民族自豪感

文化遗产构成民族文化的基石，深深根植于民族的历史、传统和集体记忆中，是塑造民族文化自信和自豪感的关键要素。在全球化的浪潮中，外来文化的广泛传播对本土文化构成了挑战，导致一些独特的民族文化遭遇边缘化，乃至消失的威胁。随着互动技术的快速发展，特别是虚拟现实、增强现实和混合现实等技术的应用，为文化遗产的展示和传播提供了新的途径，[①] 这不仅有助于保护文化遗产，也为增强民族的文化自信和自豪感提供了新的机遇。互动技术创造了前所未有的沉浸式和互动式的体验，使公众能以前所未有的方式接触和体验文化遗产：虚拟现实技术可将用户带入虚拟重建的古代遗址或历史场景，使其亲身体验历史文化的魅力；增强现实技术能将数字化的文化元素叠加到现实世界中，为用户提供丰富的文化学习和探索体验，混合现实技术通过将虚拟元素与现实环境无缝融合，为用户创造了沉浸式和互动式的体验。

互动技术的应用也能促进文化遗产的创新性传播与教育，使用互动式的学习平台和应用程序，人们可以对文化遗产的背景知识和历史意义有更深入的了解，对本土文化的理解和认同感得到增强。同时，这一创新的传播方式也吸引年轻一代的参与，帮助他们建立对民族文化的自信和自豪感，从而在跨代传承中起到促进作用。但是，在运用互动技术增强民族文化自信和自豪感的过程中，也要注意对文化遗产的真实性和完整性进行保护，在技术的应用上要尊重文化遗产的原始面貌和内涵，避免过分商业化或简单化处理，保证技术服务于文化遗产的保护和传承，而不是对文化遗产本身的替代或扭曲。可以说互动技术为增强民族文化自信和自豪感开辟了一条新的路径，创新技术应用既能对文化遗产进行有效保护，又能使文化遗产得到全民共享与认识，进一步激发国民对于自身文化的热爱与自信，为构建以文化自信为基础的文化多样性社会打下

---

① 沈贵华，祝孔强. 人工智能在文化遗产保护传承中的价值研究［J］. 博物院，2023（06）.

坚实的基础。

六、促进文化旅游与经济发展

（1）创新文化旅游体验。通过提供沉浸式的互动体验，互动技术可以让游客不受时空限制，对文化遗产历史背景及其文化价值有深入的理解。利用虚拟现实技术，参观远在外地的历史遗迹，感受古代文明的生活场景；运用增强现实技术，以实际景点为背景，对游客进行背景知识介绍，增强互动体验，以促进旅游业的增长，并由此产生一定的经济利益；互动技术创新文化旅游体验，既能促进旅游业的发展，又能为地方社区创造新的经济价值，具有十分现实的意义。通过上述活动的开展，既有利于提升游客满意度，也能够吸引全球游客的目光，并通过虚拟旅游服务提高旅游收入；同时，互动科技还能帮助当地社区进一步拓宽收入来源，推动地方经济多元化发展，提供如文化体验工坊、文化商品电子商务等与文化传承相关的产品和服务。

（2）保证文化遗产永续利用。在运用互动技术推动文化旅游和经济发展的同时，也需要保证文化遗产永续利用，应用互动技术应当遵循保护文化遗产的原真性和完整性的原则，① 避免实物损害或文化价值扭曲等问题对文化遗产造成损害。通过智能管理系统和数据分析，确保文化遗产长期、可持续利用，实现文化遗产保护与旅游开发的平衡，从而有效监控游客流量和文化遗产地环境状况。互动科技与文化传承相结合，在拉动地方经济增长的同时，为文化旅游产业创新发展提供契机，通过文化旅游体验的创新，保证文化遗产可持续利用，为当地社区创造经济价值，实现保护文化遗产和发展经济双赢。

七、挖掘文化创意与创新潜力

文化遗产与互动技术的结合，在当前全球化和科技快速进步的大背景下，提供了前所未有的文化创意和创新机会。互动技术，尤其是虚拟现实、增强现实、混合现实等，通过为用户提供沉浸式、交互式的体验，既能对文化遗产进行有效的保护和传播，又能对文化创意产业的新发展起到启发作用。这种技术与文化的融合，为传统文化提供了一个重新解读和创新设计的新平台和工具，促使文化遗产以一种全新的形式，超越时间和空间的限制，呈现在现代社会的面前。

---

① 陈廷亮．守护民族的精神家园——湘西少数民族非物质文化遗产研究［D］．中央民族大学，2009．

（1）创新设计与再解读。运用互动技术对传统文化进行再解读、再创新设计，以现代科技结合传统文化的元素、理念，打造符合当代审美与技术标准的文化新产品、新服务，既为传承传统文化助一臂之力，又为保护文化遗产增添新动力。比如，传统艺术品通过增强现实技术与现代环境相融合，就能创造出新的艺术品，让人们可以在日常生活场景中身临其境地体会传统文化的韵味。

（2）互动技术为文化创意产业的发展注入了新的活力。创新技术的运用使文化创意产业在吸引更广泛的受众群体的同时，也使文化遗产的商业价值和社会影响力得到提升，从而为挖掘和释放文化遗产的创意潜能提供了新的动力。要完成上述目标，需要文化和技术领域的专业人士在跨学科合作中共同进行深入的探索，以充分利用互动技术展现文化遗产的独特魅力，在保持其原有的文化价值和意义的同时，使之得到进一步的发展。互动技术与文化遗产的结合开辟了文化创意与创新的新领域，通过再诠释和创新设计为传统文化提供了新的可能性，从而对文化创意产业的发展起到重要的推动作用，通过进一步对互动技术在文化创意与创新中的应用进行深入的探讨和摸索，文化遗产在现代社会中会以更为生动和丰富的形式焕发出新的生命力。①

第三节　研究目标与问题

一、研究目标

（一）探索互动技术在文化遗产保护和展示中的应用及其效果

当代社会全球化和数字化日益加速，在文化遗产保护、展示和教育领域，互动技术，如虚拟现实、增强现实、混合现实等已成为重要工具。这些技术的运用，不仅可以增强文化遗产的可访问性，提升公众的体验品质，而且对于文化遗产价值认知的提升作用也是非常显著的。本文旨在通过案例研究，对文化遗产保护、展示和教育中互动技术的应用现状进行全面评估，并对成功的应用模式和存在的挑战进行鉴别，从而为今后的技术开发和应用提供指导。

（1）互动技术在文化遗产领域的应用现状。互动技术通过创造沉浸式和互动式的体验，极大地提高了文化遗产的可访问性和体验质量。虚拟现实技术可以使用户在虚拟环境中“亲临”世界各地的历史遗迹，体验那些由于地理或时间限制而无法亲自访问的文化遗产；增强现实技术则能够将数字化信息叠加到

---

① 杨瑶．狂欢化视野下中西“重述神话”项目作品之比较［D］．江西师范大学，2009.

实际场景中，提供丰富的背景知识和解说，增强用户的学习和体验效果；混合现实技术则结合了虚拟现实和增强现实的优点，为用户提供了更加丰富和深入的文化遗产互动体验。

（2）评估互动技术的应用效果。本研究将详细分析互动技术在提升文化遗产的可访问性、增强公众体验质量方面的具体效果，同时评估这些技术在提升公众对文化遗产价值认知中的潜力和实践效果。通过搜集和分析国内外不同类型文化遗产互动技术应用的案例，揭示互动技术对于文化遗产保护和传承的积极影响，以及在促进公众对文化遗产深层次理解和欣赏方面的作用。

（3）识别成功的应用模式和存在的挑战。本文将通过案例研究，识别互动技术在文化遗产保护、展示和教育中成功的应用模式，包括技术实施的具体方式、公众参与的形式，以及促进文化遗产价值传播的策略等。本文还将分析在应用过程中遇到的挑战，如技术开发成本、技术与文化遗产内容的整合难题，以及如何平衡技术应用与文化遗产保护的原真性等问题。

（二）促进文化遗产与互动技术融合的跨学科合作

（1）跨学科合作平台的建立。旨在打破传统学科之间的界限，促进知识与资源在不同领域的共享，这是一个跨学科合作平台的建立。该平台将通过定期举办研讨会、工作坊、展览展示、公益讲座等活动，提供一个互动交流的环境，让参与者在一起学习，这些活动不仅可以促进不同背景的专家之间的理解与合作，还可以激发出创新的理念，激发出跨学科的解决之道。

（2）促进技术与文化的创新融合。通过学科间的交叉合作，探索文化遗产间互动技术与文化融合的新策略、新方法。包括如何利用虚拟现实、增强现实、混合现实等技术对非物质文化遗产进行再现和传播，如何通过互动技术提高公众对文化遗产的认知和参与程度，以及如何利用数字化技术对易逝文化遗产进行保护和记录等方面的问题。跨学科团队将在探索文化遗产如何激发技术创新的同时，共同研究技术如何支持文化遗产的教育、保护和社会参与。

（3）对创新项目和研究成果的推动。建立跨学科合作机制和平台对一系列创新项目和研究成果的产出都有预期的推动作用，这些项目和成果不仅能够推动文化遗产与互动技术融合领域的研究和实践，也将为相关领域的发展和创新提供新的动力和视角，包括技术开发、文化遗产解读、教育方法创新和社会参与策略等。

（三）探索文化遗产的创新表达和互动叙事

在数字化和全球化的大背景下，文化遗产的传播和教育面临着前所未有的机遇和挑战。互动技术，如虚拟现实、增强现实、混合现实，以及数字叙事工具，为文化遗产提供了新的表达方式和叙事方法。[①] 这些技术不仅可以将文化遗产的故事和价值以创新的形式重新演绎和呈现，更能引起公众的情感共鸣和对文化遗产的深层认同。

（1）互动技术的创新表达。为文化遗产的展示提供了全新的视角，观众可以通过虚拟的故事讲述，身临其境地感受文化背后的故事与历史，全方位、多感官地感受文化底蕴。通过虚拟现实技术让观众亲身“体验”历史事件，如再现中国长城的建造过程；增强现实技术则可以在现实世界中叠加文化遗产的信息，提供给受众更丰富的背景知识和解读。这些技术的运用，既增强了文化遗产的可访问性，又加深了社会公众对文化遗产的认识和理解。

（2）交互式叙事的情感共鸣。通过交互式的展示和数字化的体验，文化遗产的叙事不再是单向的讲述，而成为观众与文化遗产互动的过程，观众可以参与到文化遗产的叙事中，通过触摸、互动乃至视角的改变，在情感上形成更深刻的共鸣，在文化上形成更深刻的认同。这种参与性、互动性，使教育和传播文化遗产的方式更鲜活、更有效，更能触及受众内心，更能激发受众对文化遗产的兴趣和热爱。

（3）实践案例与指导原则。本文旨在形成一套具有指导意义的原则和方法，通过对文化遗产的一系列创新表达和互动式叙述的实践案例进行深入分析。这些案例包括利用虚拟现实技术重现历史场景、利用增强现实技术提供互动式教育体验、通过数字化平台讲述文化遗产故事等，本文通过分析这些案例，探讨观众参与度高、有情感共鸣的互动体验如何与文化遗产内容有效结合，以及文化遗产传播效果如何通过技术创新得到提升等问题。

（四）深化对互动技术在非物质文化遗产传承中作用的理解

在全球化和科技迅猛发展的当今，非物质文化遗产包括传统艺术、手工技艺、表演艺术和社会实践等，面临着前所未有的保护和传承挑战，这些易逝文化形式一旦失传，很难恢复原貌。如何对非物质文化遗产进行有效记录、保存和传播，就成了当务之急，虚拟现实、增强现实、混合现实和各种数字化工具

---

① 童芳．数字叙事：新技术背景下的博物馆设计研究［J］．南京艺术学院学报（美术与设计版），2020（03）．

为非物质文化遗产的保护与传承提供了新的可能性。本文旨在深入了解互动技术在非遗传承中的作用，探讨技术如何对非物质文化遗产进行有效记录、保存和传播。

（1）通过提供沉浸式、互动式体验的方式，互动技术为非遗记录、展示提供了一条新的路径。通过虚拟现实技术再现让观众在虚拟环境中亲身体验传统节日或仪式；增强现实技术能将手艺人的技艺过程生动地展现在观众面前，让观众在看到成品的同时，也能体会到其背后蕴含的文化含义；混合现实技术则可以在现实环境中融入传统的文艺演出，提升观众的参与感和体验感。

（2）技术在记录和展示中的作用。互动技术在非物质文化遗产传承中的重要作用，首先体现在对这些文化形式的详细记录和生动展示上。这些技术不仅可以在表演过程和技艺细节上捕捉非物质文化遗产，还可以将其文化内涵和社会背景记录下来，为今后的学习教育提供丰富的资源。通过互动技术，非物质文化遗产的展示不再局限于传统的舞台或展示厅，也可以通过网络平台等更灵活、更广泛地向世界各地传播。

（3）提高公众认知和参与度。互动技术在提高社会公众对非物质文化遗产的认知和参与度方面扮演着重要角色。通过互动体验，激发公众对这些文化形式的兴趣和关爱，让公众对非物质文化遗产的价值和意义有了更直观、更深入的了解。同时，互动技术也可以提供参与式学习的机会，让大众身临其境地实践和学习非物质文化遗产的技艺，不只是作为观众，还可以作为参与者，通过模拟体验等方式，加深对它们的理解和认同。

（五）建立跨学科平台，推动互动技术与文化遗产研究的创新

互动技术与文化遗产研究相融合，成为当今高速发展的数字化时代推动文化保护与传承创新的关键之路。为深化这一融合过程，推动研究的创新与发展，建议汇聚多个领域的专家学者，包括技术、文化、艺术、教育、社会科学等，建立一个跨学科的合作平台。平台的建立，不仅旨在促进知识的沟通与分享，更期待成为创新想法孵化的温床。

（1）基于对当前文化遗产研究领域互动技术和跨领域合作需求的深刻理解，构建跨学科合作平台。该平台将搭建开放空间，促进不同学科、不同专家学者之间的交流与合作，通过组织研讨会、工作坊、合作项目等多种形式，增进各领域内部的认识和协作，促进产生新的知识，实现新的创意。

（2）知识交流与创新理念孵化平台。通过定期举办研讨会、工作坊等，为专家学者提供展示研究成果、探讨行业动态的机会，提供一个促进知识交流、

经验分享的环境。平台还将鼓励成员间的合作项目，以加速创新理念的孵化和实际应用，通过实际操作，检验理论研究的可行性和实用性。

（3）推动前沿发展与实践创新平台。该平台致力于成为一个活跃的跨学科研究网络平台，不仅会定期发布最新的研究成果和行业动态，还将推动互动技术与文化遗产研究的前沿发展。通过持续的动力和资源支持，平台将促进相关领域的学术研究和实践创新，为文化遗产保护和传承提供新的视角和解决方案。

二、研究问题

（一）互动技术在文化遗产保护中的应用现状

互动技术在文化遗产保护中的应用现状表明：为增强文化遗产的保护、展示和教育效果，虚拟现实、增强现实和混合现实等技术正在全球范围内被广泛采用。通过提供沉浸体验、互动体验等方式，这些技术可以让受众以前所未有的方式走近文化遗产、了解文化遗产。

（1）应用范围和效果。虚拟现实技术可以创造一个让用户仿佛置身于千里之外或已消失的文化遗址之中的全方位沉浸环境，让用户加深对文化遗产的认识和体验。观众可以通过虚拟现实技术走进古埃及的金字塔，亲身体验中世纪的城堡生活，或者亲临中国长城，感受它的壮丽风光。增强现实技术能够将虚拟信息叠加到现实世界中，为访客增加额外的信息层，使现场体验更加丰富，对博物馆和历史遗址的展示尤为明显。访客通过智能手机或平板电脑，可以观看物品的历史背景或建筑的历史演变，还能获得详细的历史资讯。由于混合现实技术结合了虚拟现实和增强现实的特点，能为观众提供更加丰富和动态的互动体验，能够与虚拟展品进行手势和语音互动，以增强体验的参与性和教育价值，从整体上提高体验的质量。混合现实技术在博物馆和教育领域的应用，对于提升人们的历史认知和文化修养具有十分重要的意义。

（2）技术的限制与挑战。互动技术在文化遗产领域的应用有巨大的潜力，但对中小型文化遗产机构的应用却产生了一定的制约，因为技术开发和维护费用较高，技术的快速更新也要求持续更新和维护需求，对技术支持团队提出了较高的要求。保证技术应用的精确性，防止因技术失误造成的文化误解与曲解也是一个不小的挑战。

（二）互动技术如何影响公众对文化遗产的认知和情感联结

互动技术，特别是虚拟现实、增强现实和混合现实已经成为联结公众与文化遗产的重要桥梁，通过提供沉浸式体验，能够增强用户的感官体验，进而加深对文化遗产的认识和情感联系。

（1）增强用户的沉浸感。互动技术应用在文化遗产领域已经显著地改变了公众的参与方式和体验程度。通过创建一个全方位的沉浸式环境，能够模拟用户直接参与历史事件或置身于文化遗址之中的体验。虚拟现实技术通过头戴式显示器呈现360°的虚拟环境，用户可以在虚拟的历史场景中自由移动、接触和探索，仿佛穿越时空回到了历史现场。增强现实技术则通过在用户的现实视野中叠加虚拟图像或信息，增强对文化遗产的认知和体验。用户在参观一个古代遗址时，通过增强现实技术可以看到该遗址在古代的完整面貌和日常生活场景，极大地丰富了访问体验。这种沉浸式体验不仅仅是技术的展示，更是一种新型的教育和传播方式，提升用户学习动力和情感共鸣，让复杂的历史信息和文化知识变得通俗易懂。文化遗产的保护与传承，通过互动技术的运用，不再是枯燥的讲解、单向的信息传递，而成为一种体验过程，双向互动。这种技术的引入，不仅推动了文化遗产的普及和教育，也为提升公众对文化遗产价值的认识、对保护工作的支持和文化遗产的可持续利用开辟了一条新的道路。

（2）提升文化遗产体验的教育价值。在文化遗产体验中，互动技术扮演着关键角色，互动技术除了增加趣味性之外，更是以创新的交互游戏和模拟体验等形式，加深用户对文化遗产历史背景、艺术特征和文化意义的理解。互动技术有效地将复杂的历史信息和文化知识转化为用户可直观感受和参与的互动体验，达到寓教于乐的目的，从而促使用户在学习过程中不断吸收知识。特别是增强现实和虚拟现实技术的运用，以创建沉浸式的学习环境，提供与常规教育方式截然不同的学习体验，便于用户对所学知识的理解和运用。用户可以利用虚拟现实技术身临其境地参观历史遗迹或重现历史事件，这种沉浸式的体验可以直观地了解文化遗产的历史和文化背景，而增强现实技术则通过将虚拟信息或图像叠加在用户的现实视野中，丰富了用户对文化遗产的认识，使之学习起来更为直接和高效。

互动技术还能根据用户的兴趣和学习反馈进行个性化学习路径的设计，动态地调整学习内容和难度，从而能够满足不同用户的学习需求，提高学习的动力和效率、质量等。对于儿童用户，互动游戏以简单有趣的形式来吸引他们的注意力和兴趣；对于成人用户，为了符合他们对文化探索历史分析的深入学习需求，可以提供更深层次的文化探索和历史分析，以满足他们对深度学习的求知欲望。互动技术为跨文化教育提供了新的平台和工具，使用户可以对不同文化的遗产有更深入的了解和体会，从而增进对文化多样性的认识和接受，对构建一个和谐包容的全球社会具有举足轻重的作用。互动技术在增强文化遗产的教育价值方面所表现出来的巨大潜力是不容忽视的，它不仅使学习过程变得更有趣味性和教育性，而且通过个性化和沉浸式的学习路径，促使用户对文化遗产有更深层次的认识，建立情感上的联系。随着技术的不断发展和完善，互动技术在促进文化遗产的教育和传播中将扮演越来越重要的角色。

（3）加深文化认同。互动技术，特别是虚拟现实、增强现实和混合现实等技术，为文化遗产的体验和教育带来了革命性的变化。通过创造身临其境的体验环境，极大地加深了用户对自己文化遗产的认同，同时也增进了对全球其他文化遗产的理解和尊重。与传统的文化遗产学习和体验相比，互动技术的应用使得文化遗产变得更加生动和可接触，从而有助于消除文化认同中的隔阂和误解，加深对本土文化遗产的认同。通过互动技术，用户可以虚拟访问和探索自己国家或地区的重要文化遗址和博物馆，用户可以利用虚拟现实和增强现实等互动技术，在三维空间中自由移动，对古代建筑及艺术品进行探索，以亲身感受本土文化的丰富性和历史深度，这种沉浸式的体验不仅加深了用户对本土文化遗产的认同，而且激发了用户对保护和传承这些遗产的责任感，从而增进对全球文化遗产的认识与尊重。利用互动技术突破地理和语言上的限制，使得全球用户能够轻松访问和体验到其他文化的遗产，从而促进全球文化遗产的交流与共享。通过虚拟现实旅游，用户可以跨越千山万水，感受世界各地的自然和人文景观，增进对世界各地多元文化的认识和欣赏。互动技术也为文化和教育提供了一种新的方式，让用户在兴趣中学习其他文化的历史、艺术和风土人情，从而促进跨文化之间的对话与沟通；通过游戏化的学习和模拟的体验，消除文化隔阂，推动全球文化共享、文化交流与融合。

互动技术的应用不仅为文化遗产的保护与传承提供了新的平台，也为不同文化提供了一个分享与认识的平台，使用户亲身感受不同文化遗产，认识不同文化间的共通之处与差异之处，既加深了用户自身对本土文化遗产的认知与认同，也增进了对全球其他文化遗产的认识与尊重，有利于消除文化隔阂，增进了解与认同，从而为构建和谐全球社会发挥更大的作用。互动技术的不断进步和应用，使我们期待在未来的更多领域和层面能够促进文化的保护、传承和创新，以建设一个更加多元包容的世界。

（三）互动技术如何促进文化遗产的跨文化交流和全球共享

探索互动技术如何突破地理和文化的界限，促进不同文化遗产的全球共享和跨文化交流，在全球化的当代社会，文化遗产的保护与传承面临着前所未有的挑战与机遇。互动技术，尤其是虚拟现实、增强现实和混合现实已经成为推动跨文化交流和文化遗产全球共享的重要工具。这些技术的应用，不仅可以突破地理上的限制，让世界各地的使用者接触到远在他乡的文化底蕴，更可以在不同文化之间，打破文化的壁垒，促进理解与尊重，从而提供一条新的路径，构建全球文化的包容性、多样性的生态系统。

（1）推动全球文化遗产共享。互动技术让文化遗产的展示和体验不再局限于实体空间，用户可以虚拟地参观世界各地的文化遗址和博物馆，体验其他文化的历史和艺术。一个位于亚洲的用户可以通过 VR 头盔走进欧洲中世纪的教堂，体验古埃及的金字塔，或者到南美洲的古代文明遗址。这些技术的应用，极大地扩展了文化遗产的观众范围，促进了全球文化遗产的共享。

（2）增强跨文化的理解与尊重。互动技术还能帮助人们打破文化壁垒，提高对异质文化的认识与尊重。用户通过互动体验，既能“看到”其他文化的遗产，又能亲身“参与”到那些文化的各种传统活动中去，如参加一个虚拟的中国春节庆典，或者在虚拟现实环境中学习拉丁舞蹈等，这种身临其境的体会，让他们从内心深处感受到其他文化的独特性和价值，从而对不同文化之间的相互认识和理解起到促进作用。在构建包容和多元的全球文化生态中，互动技术为世界各国不同文化遗产的认识与体验提供了新平台，通过加强跨文化交流与认识，帮助消除文化隔阂，促进世界各国文化的融合。①

随着互动技术的不断发展和运用，今后将形成更为开放、多元、包容的全球文化生态系统。通过这些技术的运用，既能促进不同文化遗产的保护与传承，又能使世界各国对异质文化的认识与尊重得到提高，从而有力地支持了全球文化和谐共生的实现。从这一意义来讲，互动技术不仅为人们提供了一个了解体验不同文化遗产的平台，而且对于全球文化的融会贯通与和谐发展具有十分重要的意义。随着技术的进步和应用范围的扩大，期待未来能够实现更广泛的文化遗产共享和更深入的跨文化理解，共同推动全球文化的可持续发展。

（四）如何利用互动技术推动文化遗产的可持续发展和社会经济增长

研究互动技术如何与地方发展战略结合，促进文化遗产的可持续发展，包括技术如何带动文化旅游、教育和创意产业的增长，同时确保文化遗产的长期保护和传承。

---

① 敬露阳. 跨文化交流应彰显自信与开放［J］. 人民论坛，2018（20）.

（1）互动技术为文化遗产的保护与传承开辟了一条全新的路径。借助虚拟现实技术和增强现实技术在实地参观中的辅助作用，对游客体验的丰富性和互动性的提升，让游客身临其境地感受历史底蕴、文化内涵的挖掘与呈现方式的创新，不仅为旅游业的发展带来了新的开拓性，也为地方文化的挖掘与传承开辟出新的实现性，在旅游体验的意义上实现文化的融合；以全新的方式吸引更多的游客，也为文化产业的转型带来了新的发展机遇。

（2）支持教育与传承。在文化教育与传承中，互动技术扮演着重要的角色。教育工作者可以通过数字化的文化遗产资源，为使学生能更好地了解和感受不同文化的价值设计出更具吸引力和互动性的教学活动。互动技术还可以支持非遗传承，为非遗保护提供新的解决方案，将传统技艺和表演艺术通过虚拟、模拟技术进行记录和展示。

（3）促进创意产业成长。通过创新的文化遗产表达方式和互动叙事，虚拟博物馆、游戏及文化遗产主题互动应用等一系列文化新产品、新服务得以开发，这些产品不仅对文化遗产的传播和推广起到促进作用，同时也为创意产业带来了新的商机。

（4）保证文化遗产的长久保护。互动技术强调对文化遗产的长久保护，同时促进文化遗产的可持续发展。[①] 技术的运用不能损害文化遗产的真实性和完整性，要保证文化遗产在今后几代人的传承和欣赏中得以延续，并通过技术手段妥善记录和保存。文化遗产可持续发展的新视角和新方法是互动技术与本土发展战略的结合，在确保文化遗产长久保护和传承的同时，通过科技创新促进文化旅游、教育和创意产业的增长，为地方经济和文化的发展贡献重要的力量。

（五）如何利用互动技术提升公众参与文化遗产保护的积极性和效率

本文将探讨互动技术如何激发和推动大众，特别是年轻一代对文化遗产保护的兴趣和参与，重点在于评估不同的互动技术如何影响公众参与的意愿和行为，如何通过这些技术提高文化遗产保护项目的可视性和参与度（如虚拟现实体验、增强现实导览、在线互动平台），如何提高公众尤其是年轻一代的兴趣和参与度，是当前社会文化遗产保护面临的重大挑战。互动技术提供了一种新的解决方案，包括虚拟现实、增强现实、混合现实和网络交互平台，可以激发公众对文化遗产的兴趣和参与，提供沉浸式、互动式的体验。

---

① 刘爱河．文化遗产领域宣传教育现状及对策分析［J］．中国文物科学研究，2012（04）．

（1）虚拟现实体验的影响。虚拟现实技术让用户以全新的视角感受文化底蕴，通过创建三维虚拟环境，让用户能够以全新的视角体验文化遗产。通过虚拟现实头盔，用户可以“身临其境”地探索遥远或无法直接访问的遗址和博物馆，感受历史的气息和文化的韵味。这种沉浸式的体验，可以有效提升市民，尤其是青少年对文化遗产的兴趣，推动他们提高保护文化遗产的自觉性。

（2）增强现实导览的作用。增强现实技术丰富了传统的文化遗产访问体验，将虚拟的图像和信息叠加在用户的实际视野中，使用者可透过智能手机或平板电脑，在参观时获得额外历史资讯、艺术细节及文化背景，让探索文化传承更具互动性及教育性，这一技术不仅提升了民众对文化遗产的认知，同时也推动了民众参与到保护文化的活动中来。

（3）网络互动平台的贡献。网络互动平台提供了一个共享、讨论和参与保护活动的公共空间，将文化遗产保护与社会媒体、网络社区相结合，公众可以通过这些平台支持保护倡议或参与虚拟修复工程，寻找文化遗产的新故事。在线互动平台的开放性与交互性对文化遗产项目的可见性和参与度都有很大促进作用，特别是吸引年轻人的关注与投入。互动技术的运用既提高了公众对文化遗产的认识与兴趣，又促进公众对文化遗产保护的意愿与行为，并能够以更生动的方式帮助公众建立与文化遗产的情感联系，从而激发其保护和传承文化遗产的自觉性。

（六）如何平衡互动技术带来的新体验与保持文化遗产原有价值的需求

互动技术为公众提供了全新的文化遗产体验方式，同时，也带来了如何保持文化遗产原有价值和真实性的挑战，本文将探讨在利用互动技术创造吸引人的新体验时，如何确保不曲解或改变文化遗产的原有价值和意义。在当前互动技术迅猛发展的背景下，虚拟现实、增强现实和混合现实等技术为公众接触和体验文化遗产提供了前所未有的新途径，这些技术能够突破时间和空间的限制，使用户能够以全新的方式深入了解和体验人类文化的宝贵遗产。然而，随之而来的挑战是如何在使用这些创新技术提供吸引人的体验的同时，确保不会曲解或改变文化遗产的原有价值和意义。

保持文化遗产真实性的策略：

（1）准确性与尊重原创。严格依据历史记录和学术研究，避免添加可能歪曲原有文化意义的元素，在开发与文化遗产有关的互动技术应用时，必须保证所有内容的准确性。同时，需尊重原创文化的表达方式，保留其原有的艺术风格和表现形式。

（2）多学科合作，专家参与。为了确保技术应用的内容和表达方式能够忠实原有的文化遗产，项目开发过程中应邀请历史学家、文化学者、考古专家和相关领域学者积极参与，多学科合作可以提供更全面的视角，帮助技术开发者理解文化遗产的深层次含义。

（3）技术与政策导向是互动技术应用于文化遗产领域的重要组成部分，包括对资料的使用、用户个人隐私权的保护、知识产权和版权问题等方面的规范，以保护文化遗产的原有价值不被侵犯。

实施上述策略，既能利用互动技术提供新颖且吸引人的文化遗产体验，又能保证不对其原有的价值和意义加以曲解或改变；既是对人类文化遗产的珍视，也是对全球文化多样性、历史真实性的保护。

第四节　研究方法

一、文献回顾

本文采取全面的文献综述方法，旨在深入掌握互动技术在文化遗产领域的综合应用状况、发展潜能、面临的主要挑战，以及其带来的广泛影响。通过系统地收集和分析现有的学术文献、专业报告、具体案例研究及相关的政策与规范文件，本文利用关键词检索法，在各大数据库和搜索平台中筛选相关资料。采用内容分析法对文献中的数据和观点进行提炼和归纳，以识别和总结互动技术在文化遗产保护和传播中的关键应用主题和模式。特别关注于揭示技术应用的效果评估、成功案例的共性特征及遇到的技术、政策等障碍，为后续研究和实践提供坚实的理论基础和实证支持。

二、跨学科研究

在这一跨学科的研究中，旨在对文化遗产领域互动技术的广泛应用及其产生的深远影响进行深入分析。本文采用人文科学、社会科学、技术科学和艺术等众多领域的理论和方法，致力于构建一个综合、多元的分析框架，研究方向为人文学科、社会学科、技术学科等，探讨互动技术应用给文化遗产带来的认同、教育等方面的机遇与挑战，这种跨学科的方法有助于揭示当代科技创新背景下文化遗产保护与展示的新模式。本文组建了一个跨领域的研究团队，成员既有人文学者、艺术创作者，以加深这种多元融合的科学探索；也有计算机科学家、社会学家等，确保问题探讨的多面性和方法的综合性。

本团队还计划通过举办包括学术讨论会、研讨会和工作坊等形式的交流会，促进不同学科观点和方法的相互借鉴与融合。建立起跨学科的对话平台，不仅有益于促进学术界对互动技术在文化遗产保护应用中潜能的充分挖掘，也能分享前沿研究成果和实际应用心得并创设便利渠道。通过这种跨领域的科研合作与经验分享，揭示互动技术综合运用给文化遗产保护与创新传播带来变革的同时，也为文化传承与身份认同等问题提供具有启发性的理论阐述和实操对策，为后续的跨界融合与可持续创新探索打下科学、人文并重的坚实基础，这将大幅提高跨学科途径对发掘和保护人类共有的非物质文化财富的独特价值与潜能。

三、数据分析方法

为确保本研究评估互动技术在文化遗产领域应用的效果及其对公众认知和情感影响时的准确性和深度，将采用综合的数据分析策略。首先，量化数据分析将利用先进的统计软件（例如 SPSS 和 R 语言）处理收集到的数据。这包括运用描述性统计分析概括数据特征，通过相关性分析探查变量间的关系，以及运用回归分析确定不同因素对公众认知和情感的影响程度。此过程涉及从问卷调查和用户与互动技术的交互记录中提取数据，经过仔细的数据清洗和预处理，确保分析的准确性。其次，定性数据分析将采用内容分析、主题分析和叙事分析等方法，处理访谈记录、开放式问卷回答和其他文本资料。这一过程的目的是深入挖掘数据中的深层含义，揭示参与者体验的共性和独特性。通过对访谈内容、案例研究描述和实地观察笔记的系统编码和归类，研究将提取出关键主题和见解，构建对互动技术影响的全面理解。这种结合定量和定性分析的方法将为本研究提供一个全面且深入的分析框架，允许我们不仅能量化互动技术的影响，也能理解这些技术如何在不同文化遗产场景中被公众感知和体验。通过这种方法论上的严谨和综合分析，本研究期望为文化遗产领域内互动技术的有效应用和公众参与提供实证基础和深刻见解。

四、模型构建与验证

在本文中，将开发创新的理论模型，以深入解析互动技术与文化遗产融合过程中的动态互作机制。该理论模型考虑到了技术创新、文化价值、社会影响力、经济激励等几个关键维度，以揭示这些因素如何共同塑造文化遗产的现代保护和传播策略。该理论模型是以广泛的数据收集分析为基础构建起来的。我们还将采用双重验证法。一是邀请领域内专家学者进行模型评审，以对其结构和假设进行深度评价；对构建模型的大量数据进行分析，通过上述两个步骤来保证该理论模型的实用性和精确性。二是对精选的案例研究进行实证检验，对互动技术在具体文化遗产保护和传播项目中的运用效果进行分析，根据案例实践的结果对模型参数进行反馈调整，使模型的适用性和解释力得到进一步的提升，通过这种理论与实践相结合的方法，为文化遗产领域提供多方位的分析工具，以帮助从业者增强对互动技术的认识和运用能力，促进文化遗产的保护与传播。本文以促进全球文化遗产的可持续发展与多元文化的共融共享为宗旨，从理论与实践两个方面进行探讨。通过这一方式，为促进文化遗产的现代管理运用提供深刻见解与实用策略。

五、多维度影响评估

综合影响评估方法是在这一研究框架下，针对文化遗产领域中应用互动技术的广泛影响进行深入探究的方法。为实现这一目标，首先设定了涵盖社会接受度、文化增值、经济回报、环境可持续性等多个方面的一系列综合考核指标，确保考核的综合性、多角度、全局性。本次研究将从技术应用现场、用户体验反馈到专家观点等多源数据中收集，通过精心设计的问卷调查、组织深度访谈和实施参与式观摩等方式，为分析提供坚实基础。本文采用 SWOT 分析法，将文化遗产保护与传播过程中的优势、劣势、机遇与威胁等方面应用系统识别互动技术，把内在的逻辑和外在的影响因素揭示在技术应用上，对其在文化遗产领域的实际投入产出比进行评估，成本效益分析将进一步量化技术应用的经济价值和社会价值。通过精挑细选的案例研究进行实证验证，既可以检验评价方法的有效性，又可以为今后的技术应用提供具有指导意义的策略与建议。这种综合影响评估方法的应用，旨在实现文化遗产社会、文化和经济价值最大化的同时，为文化遗产领域的决策者和实践者提供确保互动技术的高效利用和可持续发展的科学、全面的技术应用影响分析，推动文化遗产保护和普及。

六、用户体验研究

为了全面揭示互动技术在文化遗产保护和展示中的用户体验，本文采纳多元化的用户体验研究方法，旨在深度探讨用户如何感知和与这些技术互动，以及其对文化遗产的认识和情感连接的影响。

本研究策略包括：

（1）用户访谈。通过半结构化访谈，深入了解用户对互动技术应用的直观感受、偏好和改进建议。访谈内容旨在捕捉用户的直接体验、情感反应及其对文化遗产内容的认知变化。

（2）观察研究。在实际的应用场景中，如博物馆或虚拟展览，对用户与互动技术互动的行为进行观察。专注于用户的行为模式、交互频率和沉浸程度，以及技术如何引导用户对文化传承进行探索和学习。

（3）体验日志。利用互动技术对文化传承进行探索时，请用户将自己的体验感受、发现与反思记录下来。这种自我汇报的方式，对于捕捉用户长期的变化和深刻的体验是有帮助的。

（4）调查问卷。设计调查问卷，对用户满意度、认知变化、情感连接等进行量化。使用标准化的工具和自己设计的问题，对统计显著性测试和趋势分析等大规模的用户数据进行收集并支持量化分析。

本文将通过这些方法的综合应用，为揭示技术如何改善用户的学习和体验过程，以及这些体验如何影响其对文化遗产的认知和价值认同，对文化遗产领域的互动技术的用户体验进行全面分析。本文成果将在提供文化遗产保护和教育新策略、新视角的同时，为开发更有效的互动技术应用提供科学依据。

第五节　术语定义

一、文化遗产（Cultural Heritage）

文化遗产是指由一群人或社会共同拥有并传承下来的遗产，这些遗产因其独特的历史、艺术或科学价值而受到珍视和保护。它是人类文明历史和文化多样性的重要体现，不仅为后代提供了认识历史和文化的窗口，也是当前社会认同和文化传承的重要基础。文化遗产按其形态可以被分为有形文化遗产和无形文化遗产两大类，每一类都包含着丰富的内容和表现形式。

（1）有形文化遗产是指那些具有物质形态，可以被看见和触摸的文化遗产。这包括历史悠久的建筑物和遗址，如古代城堡、寺庙、墓地和古迹；精美的艺术品和工艺品，包括绘画、雕塑、陶瓷和纺织品；以及重要的文献资料，如古籍、手稿、地图和档案等。这些文化遗产是人类智慧和创造力的结晶，承载了丰富的历史信息和文化价值，[①] 对研究人类历史和文化发展具有不可替代的意义。

① 李雨萌. 非物质文化缂丝仿妆花面料在服装时装设计中的传承与创新运用［J］. 鞋类工艺与设计，2023（03）.

（2）无形文化遗产又称为非物质文化遗产，指的是那些以传统知识、技能和表达方式存在的文化形式。这包括传统的音乐、舞蹈、戏剧、节庆活动，以及与之相关的仪式和社会习俗；口头传统和表达，包括故事讲述、传说和其他形式的口头文学；以及传统手工艺技术，如编织、陶瓷制作、金属加工等。无形文化遗产是社会和文化认同的重要组成部分，是人类文化多样性的活生生的体现，对加强社区凝聚力、促进文化交流具有重要作用。

二、互动技术（Interactive Technology）

互动技术是指那些能够实现用户与系统之间双向通信和操作的先进技术，通过用户的主动输入来引发系统的响应，从而显著增强用户的体验。这类技术以其独特的交互方式，使用户能够以前所未有的形式参与到虚拟或增强的环境中，提供了丰富的用户体验。

（1）虚拟现实技术。通过头戴式显示器（Head－Mounted Display，HMD）等设备的使用，用户可以进入完全由电脑生成的三维虚拟环境，在这种环境下，使用者仿佛置身于另一种现实，能进行沉浸式的视觉、听觉，甚至触觉体验。通过提供高度真实的模拟环境，帮助用户学习新技能或体验不同的生活场景，虚拟现实技术在游戏、教育、模拟训练等领域有着广泛的应用。

（2）增强现实技术。将电脑生成的图像、视频或数据信息叠加在用户的现实世界视野中，为用户的真实世界环境提供增强的视觉体验。与虚拟现实不同，增强现实技术强调的是对现实世界的增强而不是替代，它允许用户在与真实世界互动的同时，接收到额外的信息和数据，广泛应用于导航、教育、零售和娱乐等多个领域。

（3）混合现实技术则是一种融合了虚拟现实和增强现实技术特点的新兴技术，它在现实世界与虚拟世界之间建立了一个新的视觉和物理环境。混合现实技术通过高级的视觉和感知系统，实现了虚拟对象和真实世界的无缝融合与交互，为用户提供了更加自然和直观的交互体验。混合现实技术的应用前景广阔，从增强的现实交互到复杂的工业设计和医疗模拟，都展示了其强大的应用潜力和功能多样性。

三、文化认同（Cultural Identity）

文化认同是指基于共享的文化特性和价值观念，由个体或群体形成的一种深层的身份认同和归属感。这种认同感来自很多方面，包括语言文字、传统习俗、宗教信仰、艺术形式、历史经验，以及共同的生活方式，是个体与所属文化之间的紧密联系。文化认同不仅体现在饮食习惯、节日庆典、社交礼仪等日常生活的各个层面，而且在影响人的思想、情感、行为模式的个人价值观和世界观中，文化认同也是根深蒂固的。文化身份的重要性在很多层面上都有体现。首先，它是让个体在广阔的社会文化背景中，找到自己的位置和归属，从而实现自我认识和自我价值确认的基础。其次，通过共享的文化标识和价值观念，促进团体成员之间的相互理解和相互支持，文化认同是社会凝聚力和集体团结的重要源泉。对于不同文化背景下的人与人之间的对话与和谐相处，了解和尊重文化认同也是跨文化交流互动的基础。文化认同既是个体和群体自我定义和维护社会关系的关键，也是维护文化多样性的基石，更是促进全球认识与和平的基石；文化认同是人类社会发展的加强对文化认同的理解与尊重，在全球化、多元化的时代背景下，对于建设一个更加和谐、包容、互利共赢的世界意义和价值重大。

四、沉浸式体验（Immersive Experience）

沉浸式的体验技术，特别是虚拟现实、增强现实、混合现实等，可以通过先进的电脑模拟与互动技术，创造出一个全方位的环境，将用户包围起来，让他们感觉自己置身于另一个空间或世界之中。这种体验的核心特征在于通过视觉、听觉乃至触觉反馈，能够对真实或超现实环境进行高度仿真，强化使用者的感官体验，从而推动使用者的情绪参与和认同感。沉浸式的体验，关键在于它能提供一种全新的交互方式，打破传统界面和用户的界限。使用者通过头戴式显示器、手持式装置或其他传感器，除了能在虚拟环境中自由移动、探索外，还能在多维度的感官刺激与情绪体验中，与环境中的物件互动。从游戏娱乐到教育训练，从文化传承展示到医疗康复，这一技术的应用范围十分广泛，可以提供深度浸入式、极具个性化的体验。沉浸式体验技术的发展，在促进多媒体技术创新、交互设计的同时，也为使用者提供了认知与学习的新途径。通过沉浸式的体验，用户可以更深入地了解和感受所模拟的环境和情境，加深记忆和加强认知效果，从而在教育、培训、娱乐等多个领域发挥巨大的应用价值和社会影响。

五、文化挪用（Cultural Appropriation）

文化挪用在互动技术与文化遗产的结合使用中，成为一个复杂且敏感的议题。这一行为涉及从一个文化背景中提取元素并应用于另一个背景，特别是当这种应用缺乏对原始文化的深入理解、尊重或是在不适当的情境下发生时，可能导致对原文化的误解和贬低。在设计和开发与文化遗产相关的互动技术产品时，重视避免文化挪用的问题不仅是出于对原文化尊重的考虑，也是为了促进全球文化多样性的健康发展。正确处理文化挪用问题至关重要，因为它涉及文化尊严和完整性的保护。尊重每一种文化的独特性和价值，意味着在使用特定文化元素时应进行充分的研究，理解其深层文化含义，并在可能的情况下，与原文化的代表进行合作和对话。这种做法不仅有助于防止误用和误解，还能够促进不同文化间的相互理解和尊重，为全球文化交流创造一个更加开放和包容的环境。在互动技术与文化遗产的融合应用中，采取适当措施避免文化挪用，确保每一项技术创新都基于对原文化深刻的理解和尊重，是实现技术与文化可持续发展的关键。通过这种方式，互动技术不仅能够为公众提供丰富而深入的文化遗产体验，还能够成为促进全球文化多样性和相互尊重的有力工具。

六、技术中立性（Technological Neutrality）

技术中立性的概念在互动技术与文化遗产融合的实践中扮演着关键角色。这一观念提醒我们，技术本身不带有价值判断，其对文化遗产的保护和传播所产生的积极或消极影响，实际上是由技术的应用方式，以及应用技术的社会、文化背景和政治决策所决定的。在设计和实施基于互动技术的项目时，必须深思熟虑，确保这些技术的使用不仅在技术上先进，而且在道德上负责，符合文化遗产的保护原则和目标。认识到技术中立性的重要性，有助于文化遗产专家、技术开发者和政策制定者共同考虑如何利用技术以促进文化遗产的保护和传播，同时避免可能的负面影响，如文化的曲解或不当商业化。这也意味着，技术的选择和应用需要考虑文化遗产的特殊性和敏感性，确保技术解决方案尊重并弘扬文化遗产的真实性和多样性。技术中立性的观点促使我们反思技术应用的社会意义和文化影响，强调在互动技术与文化遗产融合的过程中，采取一种负责任和有意识的方式，确保技术应用既促进文化遗产的保护和普及，也维护文化的尊严和多样性。

七、故事讲述（Storytelling）

作为一种传统的、根深蒂固的人类文化方式，故事讲述在互动技术和文化传承相结合的过程中，扮演着独特而有力的角色。这种方法可以通过构建引人入胜的故事，有效地连接过去与现在，使用户与文化传承产生情感和认知上的联结。故事讲述运用虚拟现实、增强现实等互动技术，在再现文化遗产视觉感官维度的同时，也将复杂的历史信息、文化背景、深层含义通过叙事的方式转化为通俗易懂的内容。故事讲述的重要之处在于，它能激发用户的好奇心和探索欲，让文化传承变成鲜活的历史文化之旅，而不再是冰冷的事实陈述。这种互动性和参与感的提升，使用户在深入了解文化遗产的独特性和重要性的同时，也能享受到故事的乐趣，使文化遗产项目的教育价值和传播效果显著增强。故事讲述还通过故事的广泛性和共鸣性，为不同文化背景的使用者之间提供文化遗产跨文化交流和全球共享的有效方式，促进理解和尊重。将故事讲述与互动技术相结合，提供了一种创新有效的文化遗产保护、传承方式，同时提升用户体验。这种方法不仅使文化遗产更加生动和接近现代社会，也为全球文化遗产的传播和理解开辟了新的可能性。

| 第二章 |

文化遗产

文化遗产，一个在我们日常生活中频繁出现的概念，其定义却呈现出一种复杂性与模糊性。它既是联结过去与现在的时间和空间的桥梁，也是一个持续演变的动态过程，囊括人类社会的历史和文化积淀。文化遗产不仅包括物质形态的遗产，如建筑、艺术作品和考古遗址等；也涵盖非物质文化的表达，包括传统习俗、语言知识等。从更广泛的文化视角来看，文化遗产是人类历史发展、文化创新和自然环境交互作用的产物，体现了文化的连续性和多样性。这种文化表达既包括物理形态的遗产，也涉及非物质文化遗产，后者作为文化传承和社会认同的载体，强调了文化的活力和创新性。对文化遗产的科学界定要求我们不仅要认识其历史和艺术价值，还需理解其在当代社会中的意义和角色。文化遗产与社会发展、文化多样性和人类的创造力密切相关，在全球化和科技进步的大背景下，它的保护和利用面临新的挑战与机遇。技术进步尤其是数字化、互动技术，在为公众提供参与其保护与传承的新途径的同时，也为文化遗产的保存与再现开辟了新的可能性。文化遗产的定义应当是一个开放、动态的过程，旨在平衡对传统的尊重和保护与促进文化创新和发展之间的关系。这就要求我们在保护文化遗产、探索利用现代技术手段促进文化遗产传播和教育、增强公众对文化遗产价值认识和理解的同时，也要关注其在现代社会中的活力和可持续发展。文化遗产不仅成为联结过去和未来的桥梁，更成为实现文化多样性、社会凝聚力和可持续发展的关键力量。

第一节　文化遗产的概念界定

一、文化遗产概念中“文化”的界定

“文化”的定义在讨论文化遗产的概念时至关重要，因为它给我们提供了认识文化遗产、保护文化遗产的依据和范畴。文化在广泛意义上可以被视为社会的一种生活方式，包括人们的价值观念、信仰、风俗习惯、艺术、法律、知识技

能，以及人们创造、维持和发展这些生活的方式和手段。通过语言、实践和行为模式，由上一代传承到下一代，由社会成员共同分享、共同学习。

（一）文化的多维性

认识和研究文化遗产的关键是文化的多维性，文化的多维性在形式上、表达上都表现出丰富的多样性。从广泛的角度来看，文化既包括建筑遗产、艺术作品、历史文物等人类社会历史进程中创造的有形资产，也包括那些口口相传的非物质文化遗产，包括社会风俗习惯和日常实践的传承。这种分类法既体现了文化的物质层面和非物质层面，也体现了文化遗产在保存和传承过程中所具有的复杂性和挑战性。物质文化遗产作为历史发展的见证，包含从古代遗迹、历史建筑到传统手工艺品、古籍文献等多种形式。这些看得见摸得着的遗产，既是科技成果、艺术成果的展示，也凝聚着人类的智慧与创意，它们为我们提供了直接接触和研究过去社会的窗口，是联结过去和现在的桥梁。

非物质文化遗产更加注重于人类知识、技能和实践的传承，它包含世代相传的口头传统、音乐舞蹈、节庆活动、社会习俗和信仰等。非物质文化遗产的价值在于它体现了文化的生命力，显示了文化的创新力和适应力，是文化多样性的直接体现，也是人类创造性的体现。文化的多样性和文化的多维性要求我们在对文化遗产进行保护和传承时，不能只关注有形的遗产保存，对那些生活方式的保护、知识体系的保护、社会实践的保护同样需要重视。这种全面的保护策略不仅有助于保存文化遗产的完整性，也有助于维护和促进社会文化的持续发展。

在全球化背景下，文化遗产面临着诸多挑战，包括物质遗产的破坏和非物质遗产的消失。因此，理解文化的多维性，采取综合的保护和传承措施，对于保持文化多样性、促进文化交流与对话具有重要意义。通过强调文化遗产的多维性，我们不仅能够更好地保护和欣赏人类共有的文化财富，也能够促进不同文化之间的理解和尊重，为建设一个更加和谐、多元的世界作出贡献。

（二）文化的动态性

文化的动态性是其本质属性之一，它体现了文化不仅仅是过去遗留给我们的静态遗产，更是一个活生生的、不断演化的过程。这种动态性源于文化自身内在的创造力和外部环境变化的双重作用。随着社会的进步、科技的发展，以及全球化的加深，文化遗产正处于一个前所未有的变革和发展时期。

文化的动态性反映在它能够响应并适应历史、地理、经济和社会等外部因素的变化。不同时期的文化表现形式、社会习俗和信仰体系都是在特定历史背景下形成的，它们随着社会的变迁而不断演化。例如，适应当代社会的需求和审美，传统节日活动可能会融入新的元素和形式；随着人口的流动和文化的交流，语言也可能会有所改变。

文化的动态性也体现在文化创造和传承过程中的活力。文化遗产不仅是对过去的回顾，更是现代社会文化创新的基础。艺术家、手工艺人和文化工作者等在继承传统的基础上，不断探索和创新，使得文化遗产保持着生机和活力。这种从传统中汲取灵感、在创新中寻找发展的过程，是文化动态性的生动体现。因此，文化遗产的保护和传承策略也必须考虑文化的动态性。这不仅意味着要保护那些有形的历史遗迹和非物质的文化表达，更重要的是要支持文化遗产在当代社会中的活跃传播和创新应用。这要求保护者既要有深厚的历史和文化知识，又要具备开放的心态和创新的视角，以适应文化传承的新形式和新需求。

文化的动态性还意味着更加广泛的文化交流和融合。不同文化之间的相互学习和借鉴，可以促进文化遗产的共享和多样性的保护。同时，这也提出了如何在全球化过程中保持文化多样性、避免文化同质化的挑战。理解文化的动态性，对于制定有效的文化遗产保护和传承策略至关重要。只有通过尊重文化的多样性和动态性，才能更好地促进文化遗产的活跃传播、创新发展和可持续保护，为未来世代留下更加丰富和多元的文化财富。

（三）文化的包容性

文化的包容性是指一个社会对不同文化表现形式、价值理念和生活方式的接纳与尊重，它体现在文化系统内部的多样性和包容性。这种包容性不仅体现在主流文化与边缘文化的相互影响上，也体现在官方文化与民间文化的相互渗透和融合中，文化的这种特性强调了文化遗产的多元价值，促使我们考虑更广泛的文化范畴和文化表达方式，在保护和传承的过程中对文化遗产进行更广泛的考量。

主流文化往往是某种程度代表国家或社会身份和集体记忆、被社会广泛认同和传播的文化形式。边缘文化是指那些在社会中属于全流、不被广泛认可或重视的文化实践。通常与特定的群体相关，反映了群体的独特历史、价值观和生活方式。边缘文化的保护和传承对于维护文化多样性、促进社会包容性和理解具有重要意义。官方文化与民间文化的界限同样不是固定不变的。官方文化通常指的是国家或权力机构推广的文化形式，如国家级博物馆、历史纪念物等；民间文化则是根植于普通民众生活的文化表达，如民俗、传统手工艺、地方节庆等。民间文化的生命力和创造力是文化遗产不可或缺的组成部分，它们反映了人民的智慧和创造力，是文化传承的活水。理解文化的包容性，要求我们在保护文化遗产的时候，眼光要开放，角度要多元，保护工作不仅要关注那些已经得到广泛认可的文化遗产项目，更要关注那些较少被人知晓但同样富有价值的文化表达形式。

文化包容性的重要体现也在于促进不同文化之间的对话与交流，鼓励文化的相互借鉴与学习。[①] 文化的包容性在全球化的今天显得更加重要，既是挑战也是机遇，不同文化之间的接触和融合随着人口流动和信息技术的发展而日益加深。只有发扬文化的包容性，才能真正实现保护文化多样性，才能构建全球文化共同体，和谐一致，相互尊重，相互理解。文化遗产的保护和传承策略应该更加注重文化的包容性，充分利用现代技术手段，促进不同文化之间的交流和融合，为子孙后代留下更加丰富和多元的文化遗产。

（四）文化与身份

文化与身份的联系深刻影响着个体和集体的自我认知及其在社会中的定位。文化不仅反映了一个社区的历史和传统，也塑造了其独特的社会身份和价值观。个体和集体通过对文化遗产的维护与传承，建立起对自身文化根源的深刻认识与认同，进而提升对所属文化的归属感与自豪感。作为历史见证的文化遗产，其是一座桥梁，联结过去和现在，联结个体和集体的记忆。既包括建筑、艺术品、文物等物质形态的文化遗存，也包括语言、传统、仪式、节庆等非物质文化遗产。这些传承元素共同构成了一个社区的文化基因，是一个社区重要的文化认同与特征。当这些文化遗产得到妥善保护和传承后，不仅可以为后人提供宝贵的学习资源，而且可以帮助人们在瞬息万变的世界找到一种稳定的归属感和自我认同。

增强社会凝聚力和连续性是文化遗产保护和传承的关键。共享的文化记忆和传统可以促进社区成员之间的联系，形成共同的价值观和认同感，这种建立在共享文化基础上的凝聚力，对于维护社会稳定、促进文化多样性、促进社会的包容性有着不可替代的重要作用。强化文化认同不仅有助于保护全球化背景下的文化多样性，[②] 也是抵御文化同质化的有效途径。文化遗产的保护与传承面临着诸多挑战，既有物质上对文化遗产的破坏，也有逐渐消失的非物质文化遗产。这就要求我们为确保文化遗产得到有效保护和合理利用，必须采取积极

---

① 常晶．包容与凝聚：全球化时代的多民族国家建设［J］．西南民族大学学报（人文社科版），2013（02）．

② 陈新夏．唯物史观视域中文化民族性与世界性［J］．河北学刊，2013（04）．

有效的措施，包括制定法规政策、利用现代技术手段数字化保存文化遗产、加强公众教育和意识提升等。文化与身份之间的紧密联系使得文化遗产的保护和传承成为增强个体和集体认同感、促进社会凝聚力的重要途径。通过尊重和保护文化遗产，我们不仅能够保存宝贵的历史记忆，还能够为未来世代提供一个更加丰富、多元、和谐的文化环境。

文化的多维性、动态性、包容性，以及其与身份认同的深刻联系构成了文化遗产保护和传承工作的理论基础和实践指导。这一理解强调了文化遗产既是过去智慧和创造的积累，也是当下和未来社会发展的活跃成分。因此，保护文化遗产不仅是对历史的尊重，更是对未来负责任的承担。在全球化和技术快速发展的当代社会，面对文化同质化的挑战，强化文化遗产的保护和传承显得尤为重要。这不仅有助于保存多样的文化表达形式，促进文化多样性，还能加强不同文化间的交流和理解，促进全球文化的和谐共生。同时，文化遗产的保护和利用需要采取创新的方法，利用现代科技手段，如数字化技术，不仅能有效保存文化遗产，还能通过新媒体等形式使文化遗产在更广阔的范围内传播和利用，激发公众对文化遗产的兴趣和参与，从而实现文化遗产的利用，使其成为促进社会发展、增进民众福祉的重要资源。对文化遗产的深刻理解和合理利用，不仅能够丰富我们的文化生活，还能够促进社会的和谐发展，对建设具有深厚文化底蕴的现代社会具有重要意义。

二、文化遗产概念的演变与发展

文化遗产概念的演变与发展是一个跨越时间、文化与学科的复杂过程，它反映了人类对于过去、现在和未来的认识和态度的变化。从早期的物质文化焦点，到现代对无形文化遗产的广泛认识，文化遗产的概念经历了显著的扩展和深化。

（一）初始阶段：对有形文化遗产的关注

文化遗产概念的早期阶段主要集中在有形文化遗产上，即那些物质性的历史遗迹和艺术品，如建筑物、雕塑、绘画和手稿等。这一阶段的文化遗产保护主要是为了保护这些有形资产免受时间和人为破坏的影响。在这个过程中，文化遗产被视为一种历史证据，其价值在于其能够为未来提供对过去生活方式、艺术表现和技术成就的见证。在文化遗产的概念演变史中，初始阶段以有形文化遗产的保护为核心，体现了人类对历史文化遗迹和艺术品的重视。这些有形资产，包括古代建筑、雕塑、绘画、手稿、文物和考古遗址等，构成了我们对历史和文化认知的基础。这些承载着人类社会发展脚步和文化演变痕迹的物质遗产，作为历史的见证者，是联结过去与现在的重要纽带。文化遗产的保护早期主要以物理保存这些有形资产为主，目的是防止它们因自然侵蚀、人为破坏或忽视而消失。如古埃及的金字塔、中国的长城、希腊的帕台农神庙等世界级遗产，不仅因其建筑工艺、艺术价值而受到全球瞩目，更因其在人类文化史上的重要地位而受到世界各国的共同保护，在世界范围内有着不可忽视的价值。这些遗产的保护工作包括修复受损结构、加强结构稳定性、防止环境侵蚀等，旨在延续它们的物理存在。

有形文化遗产的保护也关注于其作为历史证据的价值，这些遗产见证了人类社会在特定时期的生活方式、艺术风格、技术创新和社会组织。例如，中世纪的城堡不仅是军事防御建筑，也反映了当时的社会等级制度和生活方式；文艺复兴时期的绘画作品，如达·芬奇的《蒙娜丽莎》不仅展现了当时的艺术技巧，更蕴含着那个时代的人文思想和审美观念。这一阶段的文化遗产保护工作，除了对这些有形资产本身的保存外，更重要的是对其背后所蕴含的文化意义、历史价值的保护与传承。通过研究和保护这些有形的文化遗产，加强对人类共同文化遗产的尊重和保护意识，人类历史的丰富性、多样性才能在未来得到更好的认识和欣赏。有形文化遗产的保护工作是一项跨学科、跨领域的综合性任务，不仅涉及多学科的专业知识，如考古学、历史学、艺术史、建筑学等，更需要政府、社会团体、公众的共同参与和支持。保护有形文化遗产是一项综合性工作，需要通过这样的集体努力，不仅可以保护好这些宝贵的文化遗产，而且可以为推动整个人类的文化发展和文明进步作出贡献，通过这些遗产激发人类追求美、追求智、追求和平的精神。

（二）扩展阶段：对无形文化遗产的认识

随着对文化遗产认识的不断深化和扩展，无形文化遗产逐渐成为关注的焦点，这标志着人们开始更加全面地理解文化遗产的内涵。无形文化遗产包括语言、音乐、舞蹈、戏剧、传统工艺技术、节庆活动，以及社区的习俗和信仰等，是文化多样性的重要体现，它们不仅富有生命力，而且是社会身份和文化认同的重要来源。在全球范围内，无形文化遗产的实例丰富多彩。例如，中国的昆曲、非洲的传统织布技术、拉丁美洲的传统节庆活动等，这些无形文化遗产都是各自文化和社会历史的重要组成部分，它们不仅仅是技能或表演的简单展示，更蕴含丰富的历史、哲学、美学和社会价值。无形文化遗产的保护成了维护文化多样性和促进文化可持续发展的关键。与有形文化遗产相比，无形文化遗产的保护面临更多挑战，因为它们往往存在于社区的日常生活实践中，与人们的生活方式、社会结构和文化认同紧密相连。这要求保护工作不仅要关注文化形式本身，更要关注传承这些文化形式的社区及其生活环境。

国际组织如联合国教科文组织（UNESCO）通过《保护非物质文化遗产公约》等国际公约，强调了无形文化遗产保护的重要性。[①] 通过该公约，鼓励全球社区对本地区的无形文化遗产进行识别、记录和保护，并在今后传承下去。例如，在世界非物质文化遗产名录中，日本的“和食：日本人的传统饮食文化”和法国的“法式餐桌礼仪”等，在彰显其独特文化价值的同时，也为增进世界范围内对此类文化实践的认知与尊重作出了贡献。无形文化遗产的保护策略包括记录和文档化、对传承人和实践社团的扶持，以及对公众教育和意识提升等。通过这些措施，无形文化遗产能够得到有效的保护和传承，同时促进文化的创新和发展。通过组织节庆活动、工艺展览和传统艺术表演，不仅保护了这些文化形式，也为社区带来了经济收益，实现了文化遗产的可持续发展。无形文化遗产的保护不仅是对过去传统的保存，更是对当代社会和未来世代文化多样性的投资。它强调保护工作的多元性、社区参与性和动态性，为全球文化遗产保护提供了新的视角和策略。通过深入了解和保护无形文化遗产，能够更好地认识人类文化的丰富性和复杂性，促进不同文化之间的理解和尊重，共同构建一个多元和谐的世界文化生态。

（三）全球化阶段：国际合作与文化遗产保护

随着全球化的加速，文化遗产保护工作不仅成为国家内部的重要议题，更上升至国际合作与交流的层面。联合国教科文组织的《保护世界文化和自然遗产公约》（1972）和《保护非物质文化遗产公约》[②]（2003）的成功通过与实施，象征着国际社会对于文化遗产保护的普遍重视及对于保护措施达成共识。这一全球化阶段的特征在于对文化遗产概念的进一步扩展与深化。

文化遗产不再局限于物质和非物质遗产的传统分类，而是包括更广泛的维度，如文化景观、与生物多样性的关联，乃至文化遗产在促进世界和平与可持续发展中的关键作用。这一转变体现了人们对文化遗产内涵的深层理解，认识到文化遗产不仅仅是过去留给现代的遗产，也能为未来的可持续发展提供宝贵资源。国际合作在这一阶段发挥了至关重要的作用。通过《保护世界文化和自然遗产公约》，世界各国共同承诺保护在全球范围内具有突出普遍价值的文化

① 毕亮．扬州非物质文化遗产旅游资源的保护与开发［D］．扬州大学硕士论文，2010.
② 丛桂芹．价值建构与阐释［D］．清华大学博士论文，2013.

与自然遗产。这不仅促进了国际间的资源共享、技术交流和专业培训，还增强了国际社会对文化遗产保护的共同责任感。《保护非物质文化遗产公约》的实施更是强调了无形文化遗产在维护文化多样性和促进人类创造性方面的重要性，鼓励国际社会采取有效措施，保护那些脆弱的、易于消失的非物质文化形式。

全球化阶段的文化遗产保护工作也着重考虑了文化与自然的紧密联系。文化景观的概念，即人与自然相互作用形成的地区特色，强调保护工作应该同时关注自然遗产与文化遗产的相互影响。这一理念的提出，为文化遗产保护领域带来了新的视角，即保护文化遗产同时也是保护生物多样性和促进生态平衡的有效途径。在全球化背景下，文化遗产的保护与传承不仅是对历史的尊重和对文化多样性的维护，更是实现可持续发展目标的重要途径之一。通过强化国际合作、共享保护经验、提升保护技术，文化遗产保护工作能够更好地促进全球和平与发展，为构建人类命运共同体贡献力量。全球化阶段的文化遗产保护工作体现了人类对文化遗产深刻的认识和尊重，以及在全球化背景下对文化遗产共同责任的承担，为未来的文化遗产保护工作指明了方向。

（四）当代阶段：多元化与跨学科的视角

文化遗产的观念正在当代社会发生着空前的变化，随着社会学、人类学、环境科学等诸多学科的介入，文化遗产不再仅仅被认为是历史的遗留物，而成为一个多元化、跨学科的研究领域。这种转变不仅拓宽了我们对文化遗产的认识范围，也为其保护和传承提供了新的视角和方法。当代文化遗产的保护与传承被视为一个涉及身份认同、社会记忆、经济发展、环境保护等多个层面的复杂的多维度问题。认同与社会记忆既是构成一个族群或社群的基础，又是联结过去与未来的桥梁，是文化遗产研究的核心。

保护文化遗产，既能使社会在保持独特性和多样性的同时，增强对共同历史和文化的认同感；又能为经济发展带来推动效应，促进旅游业的发展，创造就业岗位和带动相关产业的增长。但如何平衡保护与开发，避免过度商业化，也带来了一定的挑战。随着环境保护与文化遗产的关系日益受到重视，人们开始认识到对文化遗产的保护也是维护生态环境和促进可持续发展的关键所在，数字技术的发展为文化遗产的保护与传承开辟了一条新的路径。加强文化遗产的保护和传承，对实现社会的可持续发展具有十分重要的意义。数字化保护和虚拟再现，不仅可以有效保存那些易受损害或已消失的文化遗产，而且可以让公众不受时空限制地接触和体验这些文化财富。

利用虚拟现实、增强现实、混合现实等互动技术，创造出更具沉浸性、互动性的文化体验，进一步提高公众对文化遗产的兴趣和参与程度。但是，如何确保文化遗产在数字化过程中的真实性和完整性，如何处理数字化产物的著作权和所有权问题，如何防止技术鸿沟加剧文化遗产的不平等访问等一系列数字技术在文化遗产领域的应用带来的新的挑战。当代的文化遗产保护和传承是一个跨学科、多元化的领域，它不仅关乎历史的保存，更关乎身份的确认、社会的记忆、经济的发展和环境的保护。在这一过程中，科技的进步既提供了新的机遇，也带来了新的挑战。面对这些挑战，需要国际社会、各学科领域的专家学者，以及公众的共同努力，以确保文化遗产得以有效保护和传承，为未来留下宝贵的文化财富。

文化遗产概念的演变与发展，从最初的物质文化遗产保护，逐步扩展到无形文化遗产和数字化文化遗产，反映了对人类文化智慧深度挖掘和传承的不断追求。这一演变过程不仅彰显了对历史和文化多样性的尊重，也体现了对未来文化传承的深远考虑。在全球化和信息化日益加深的当代社会，文化遗产的概念继续扩展和深化，以适应不断变化的社会需求和挑战。随着科技的快速发展，尤其是数字技术的广泛应用，文化遗产的记录、保存、展示和传播方式发生了根本性变化。数字化不仅为物质和无形文化遗产的保护提供了新的解决方案，也大大增强了公众对文化遗产的接触和体验机会，使文化遗产跨越时空限制，成为全球共享的资源。然而，这也带来了诸如数字鸿沟、版权保护、数据安全等新的问题和挑战，需要国际社会、政府、科技界和文化保护者共同面对和解决。

通过国际组织和多国合作，共同制定文化遗产保护的标准和策略，在全球化背景下，跨国界的文化遗产保护和传承合作成为可能和必要，既能有效利用全球资源保护和修复文化遗产，也有助于增进各国文化间的理解与尊重，推动世界和平与发展。文化遗产的概念演变还反映了对文化遗产社会功能认识的深化，文化遗产不再仅仅被视为历史的见证，它在促进社会凝聚力、加强民族认同、推动经济发展等方面的作用日益被重视，这要求文化遗产保护策略不仅要考虑保护和恢复，更要考虑如何活化利用文化遗产，使其在现代社会中发挥积极作用。文化遗产概念的演变与发展是一个动态的过程，它需要不断地适应社会的发展和人们的需求。面对全球化和信息化带来的机遇与挑战，我们需要跨时代、跨文化和跨学科的共识与合作，共同致力于文化遗产的保护、传承和利用，为维护世界文化多样性和促进人类社会的和谐发展贡献力量。

第二节　文化遗产的分类

在文化遗产的界定基础上，我们可以客观地认识文化遗产的一般性或共性，并且理解文化遗产是共性和个性的统一，文化遗产的共性是文化遗产所具有的共同性质和特征；文化遗产的个性是反映在某一件具体文化遗产上，在样式、审美和内涵上的特殊性，我们要认识到文化遗产的一般性体现在哪些关键要素上，这些关键要素是我们在具体分析一个文化遗产特殊性时的着眼点，首先分析文化遗产的关键要素，进而对文化遗产的类型加以分析和阐述。

一、文化遗产的关键要素

（一）时间要素

文化遗产的基本属性深刻体现了其难以估量的价值和重要性，特别是在其与时间因素的关系中。时间因素在文化遗产的评估和保护中扮演着双重而深远的角色，不仅仅是关乎年代的远近，更是与文化遗产的独特性和不可替代性紧密相连。首先，年代的久远使得文化遗产具有不可复制的历史价值。随着时间的流逝，许多历史文化信息和技艺可能会逐渐消失或被遗忘，使得这些遗产成为联结过去和现在的宝贵桥梁。保存久远的文化遗产不仅是为了保护这些物质和非物质文化的实体，更是为了保存和传承其中蕴含的历史知识、文化传统和社会记忆。这种传承的意义不仅在于对过去的回顾，关键更在于它对现代社会的文化身份和多样性的塑造有着不可替代的作用。

文化遗产与特定历史时期、历史人物、历史事件的关联，使其独特性、价值性得到进一步提升，作为历史见证，这些遗产是研究历史发展、社会变迁和人类文化进程不可或缺的实证资料，承载着丰富的历史信息和文化象征。古代建筑既表现了当时的建筑工艺、艺术风貌，又体现了那个年代的社会结构、经济基础和文化信念。人类的思想观念、审美情趣和生活方式的演变直接被历史文献和艺术作品记录下来。保护和传承文化遗产，既需要重视其物质形态的保存，也需要对其背后的历史文化意义进行深入的了解和挖掘，以保证今后能够世代传承这些宝贵的历史资料和文化精神，这不仅是对人类文化多样性的尊重，也是对全人类共同记忆的维护。在文化同质化趋势日益加剧的今天，文化遗产的保护工作既是缅怀过去，也是对未来负责。

（二）价值要素

文化遗产的价值因素至关重要，既构成其重要特征，又作为评估和保护工作的核心依据。这种价值的多元性，既包含经济价值，也涵盖更广泛的文化价值、科学价值等，体现了文化遗产在不同领域、不同层次的重要性。首先，从文化价值的角度来看，文化遗产包含文化特有的信仰、价值理念、艺术风格和生活方式，是一个国家或民族历史文化认同的重要标志。这对增强民族自豪感、促进社会凝聚力、保持文化多样性具有不可替代的作用，是无法用金钱衡量的。中国的长城、埃及的金字塔等不仅是世界级的文化遗产，更是各自文化独特性的象征。其次，科学价值则体现在文化遗产对于人类知识体系的贡献上。许多古遗址、古文献不仅为历史学、考古学、民族学等学科的研究提供了珍贵的实证材料，更有助于科学家理解人类社会的发展过程、自然环境的变迁，以及人类与自然的关系。这种价值的挖掘，往往是通过科学方法的运用，需要跨学科的相互合作才能实现。最后，经济价值则主要体现在文化遗产通过旅游、文化产品等方式为社会经济发展所作的贡献，许多世界文化遗产地通过合理的开发利用，成为当地乃至国家的重要经济来源。同时，也为促进地方就业、提高居民生活水平等社会经济问题提供了解决途径。

经济开发必须在确保文化遗产的保护前提下进行，避免过度商业化导致文化价值流失。在评价文化遗产的价值时，确实存在主观因素的影响，不同的文化背景、个人经验和专业知识可能导致对同一文化遗产价值的不同解读。文化遗产价值的评估需要采用多元化的视角，综合考虑历史背景、艺术特点、科学意义和经济潜力等多方面因素。同时引入跨学科专家的参与，通过科学的方法和程序确保评估的客观性和公正性。文化遗产的价值分析是一项复杂而细致的工作，不仅需要深厚的专业知识，更要有广阔的视野和开放的心态，通过具体问题具体分析的方法，多维度、多角度去探讨和评价文化遗产的价值，从而更好地保护和传承人类共同的宝贵财富。

（三）形态要素

文化遗产作为人类历史和文化智慧的结晶，具备多种形态和表现，其保存与传播方式随着时间、技术和社会的发展而不断演变。在现代社会，文化遗产主要分为有形和无形两大类，每种都承载着独特的历史、文化和艺术价值。

随着科技的进步，尤其是信息技术和数字化技术的快速发展，文化遗产的保存和传播方式正经历着根本性的变革。互动技术的应用，特别是虚拟现实、增强现实以及混合现实，为文化遗产的保存提供了新的可能性。这些技术不仅能够对有形文化遗产进行高精度的复制和再现，使得文化遗产能够跨越时间和空间的限制，为全球观众所共享，而且还能够为无形文化遗产的记录和传播提供新的形式，从而保护这些易逝的文化表达。通过三维扫描和数字建模技术，可以创建历史建筑或文物的精确数字副本，不仅为研究提供便利，也为公众提供了互动体验的机会，使得远在他乡的人们也能“亲临”古迹现场。同样，虚拟现实技术的应用，使无形的文化遗产能够让观众通过虚拟场景获得身临其境的观赏体验，文化传播的效果和范围也得到了很大的提升与扩大。

全球各大图书馆、档案馆、博物馆都在广泛采用数字化典藏技术，将这些珍贵的文献、手稿、艺术品进行数字化处理，既能有效保护这些易受物理条件侵蚀的文化资料，也使这些资源能够通过互联网被全球研究者和公众所访问，从而大大促进文化遗产的共享与传播。随着技术的发展，文化遗产的保存和传播正变得更加多样化和动态化，这些技术不仅为文化遗产的保护提供了新的解决方案，也为全球文化的互联互通和多元文化的理解与尊重提供了新的平台，随着技术的不断进步和创新，文化遗产的保存与传播将呈现出更加丰富多彩的景象。

二、文化遗产的基本分类

文化遗产涵盖人类过去文化活动和自然环境遗留下来的有形与无形的遗产。这些遗产不仅是对过去的保存，也是对未来的一份承诺，它们构成了我们共同的记忆和身份的一部分，对理解人类的历史、文化、技术发展，以及与自然环境的关系具有不可替代的作用。文化遗产按照其性质和表现形式可以分为以下几类。

（一）物质文化遗产

物质文化遗产的概念深植于对人类历史和文化成就的认识与尊重中。它包含人类历史上不同时期、不同文化背景下创造的有形文化产品，这些产品不仅体现了先人的智慧和技能，也反映了特定社会、经济和文化条件下的生活方式和价值观。

（1）建筑和历史遗址。这一类别的物质文化遗产可能是最直观、最具代表性的。从古埃及的金字塔、中国的长城，到欧洲的哥特式教堂，这些建筑不仅是技术和艺术成就的象征，也是过去社会结构、宗教信仰和文化传统的直接体现。

（2）雕塑与绘画。其以独特的艺术形式，捕捉了人类情感的复杂性与多样性，这些艺术品不仅展示了艺术技巧的演进，也反映了人类对美、生命和宇宙的深层思考和探索。

（3）书籍与手稿。以文字和书写为重要载体的书籍与手稿，为人们保存着知识与智慧，成为研究历史、语言、哲学和科学发展的宝贵资料，书稿的发展见证了人类文明的进步，从古老的竹简、羊皮纸长卷，到中世纪手抄本和印刷术的诞生。

（4）手工艺。陶瓷、纺织品、金属工艺品等传统手工艺，既表现了精湛的工艺技术和审美追求，也反映了各个文化对美的理解和表现方式的不同，这些工艺品常常是社区文化认同和传统技能传承的重要标志。

（5）考古发现。通过挖掘和研究人类活动的遗迹和遗物，考古发现从古代城市遗址、墓葬，到日常用品、装饰品，帮助我们了解过去社会的生活方式、社会组织和文化交流，使我们对人类历史的认识更加丰富。

保护和传承物质文化遗产是对人类文化多样性的尊重，也是对人类创造性的尊重，通过对这些有形的文化遗产的研究和保护，既能保存历史记忆，又能促进文化的交流与认识，为当代和未来社会提供借鉴和启示。

（二）非物质文化遗产

作为承载人类丰富的文化表达和社会实践的文化多样性的重要组成部分，非物质文化遗产既是人类智慧和创造力的结晶，也是社区认同和文化延续的重要象征。

（1）传统歌曲和舞蹈。传统歌曲和舞蹈是人类最原始的艺术表达形式，它们以口头和身体动作的方式跨代传承，反映了一个社区的历史、信仰和情感。这些艺术形式不仅是娱乐和社交的手段，也是传递教育、历史和道德价值的重要载体。

（2）戏剧和表演艺术。戏剧与表演艺术将人类社会的多面性通过复杂的故事情节、角色扮演与视觉艺术相结合的方式表现出来。从古希腊悲剧、中国京剧到非洲部落仪式等，这些行为艺术不仅展示了各自文化的独特性，也促进了不同文化之间的理解与交流，可谓精彩纷呈。

（3）节俗。节庆活动和风俗习惯以周期性的社会实践形式出现，体现了人们对宇宙自然、生命循环、社会秩序的理解和尊重，是社区文化生活的重要组成部分。社区成员通过这些活动，不仅可以加强相互之间的联系，而且可以将重要的文化价值和精神价值传递给子孙后代。

（4）口传心授。口头传授是人类历史文化知识的一种重要传播方式，包括故事、传说、谚语、诗歌等。这些口头传统经过世代口耳相传，不仅保存了文化记忆，也促进了语言文字和叙事技巧的发展。

（5）社会实践与礼仪。社区组织和维护其文化身份的基本途径是社会实践与礼仪。从出生、成年、婚礼到葬礼等人生重要时刻的庆典，这些仪式通过一系列规定的行为和象征性的物品，展示了社区的文化价值和信仰体系。

非物质文化遗产的保护和传承至关重要，它不仅有助于保持文化的多样性和活力，也是维护社区连续性和促进沟通的重要手段。面对全球化和现代化的挑战，积极记录、研究和推广非物质文化遗产，不仅是对人类文化遗产的尊重，也是对未来文化创新的投资。通过这种方式，非物质文化遗产能够在不断变化的世界中保持其活力和相关性，为人类社会的可持续发展作出贡献。

（三）自然遗产

自然遗产作为地球上不可替代的自然财富，是人类共有的珍贵资源。它超越了单一文化的界限，成为全人类共同维护和珍视的对象。自然遗产的定义不仅涵盖壮观的自然景观、独特的地理区域，如山脉、森林、河流、湖泊和岛屿，也包括具有特殊科学和自然价值的地质和地形形态，以及生物多样性的热点区域，如珍稀物种的栖息地和重要的生态系统。

（1）地理区域与地形形态。自然遗产中的地理区域和地形形态，不仅仅是自然美景的展示，它们还承载着地球演变的历史，记录了地质时期的变迁和生态系统的发展过程。例如，雅鲁藏布大峡谷、喜马拉雅山脉等不仅是旅游胜地，也是科学研究的宝贵资源。

（2）生态系统和生物种群。地球生物多样性的重要组成部分是自然遗产中的生态系统和生物种群。从亚马孙雨林到非洲大草原，这些自然遗产地不仅提供了无数物种的生存环境，也是维持地球生态平衡的关键。保护这些区域，等同于保护地球上的生命之网。

（3）人与自然和谐相处。自然遗产的保护也体现了人类对自然环境的尊重和珍视。许多文化将自然景观视为神圣的存在，这些景观在宗教信仰和文化传统中占据重要位置。保护自然遗产，不仅是为了维护生物多样性，也是对人类文化多样性的尊重。

（4）自然遗产的全球性意义。随着全球环境问题的日益严峻，自然遗产的保护已经成为全球性的议题。[①] 通过国际合作和全球治理机制，如联合国教科

---

① 党秋霞．中美气候合作中的挑战与对策分析［D］．山西大学硕士论文，2017．

文组织的世界遗产项目，加强对这些独特自然区域的保护，不仅有助于维护全球生态平衡，也促进了国际间的文化交流和理解。

自然遗产的保护不仅是对自然美景的守护，更是对地球生物多样性和人类文化多样性的共同责任。它要求我们跨越国界，携手合作，通过科学研究、环境教育和合理利用等多种方式，共同维护这些无价的自然财富，为后代留下一个更加美好和谐的地球。

(四) 数字化遗产

数字化遗产作为21世纪文化遗产保护的前沿领域，正在重新定义我们对遗产的认知和利用方式。随着信息技术的飞速发展，数字化不仅使得传统文化遗产在虚拟环境中得到重现和永久保存，也促进了新型文化表达形式的产生，如数字艺术、网络文学、虚拟现实体验等。

(1) 传统遗产的数字化保存。数字化技术为传统文化遗产的保护工作开辟了新的路径。通过高精度扫描、三维建模和数字归档等技术，我们能够精确复制历史文物、艺术品和文献资料，确保即使在原物遭受损毁或灭失的情况下，这些珍贵的文化资产仍能得到长期保存。数字化使得这些文化遗产能够轻松地在全球范围内共享和传播，极大地提高了公众的访问性和参与度。

(2) 数字技术与文化创新。数字化遗产不仅限于对传统遗产的保存，它还包括利用数字技术创造的新型文化表达。在音乐、电影、视觉艺术等领域，艺术家正利用先进的数字工具探索创新的表现形式和互动体验，这些创新作品本身也成为当代的文化遗产。随着技术的发展，如增强现实、虚拟现实等新媒体形式为文化传播和艺术创作提供了无限可能，推动文化遗产的发展进入了一个新的时代。

(3) 面临的挑战与机遇。尽管数字化遗产为文化保护和创新带来了诸多好处，但也面临着版权、数据保存、技术更新等挑战，如何确保数字内容的长期存储、访问以及版权保护，是需要解决的问题。同时，数字鸿沟也可能限制了部分群体对数字化遗产的访问，促进数字技术的普及和教育成为文化遗产数字化过程中的重要任务。

数字化遗产作为一种新兴的文化资源，既是对传统文化遗产的延伸和补充，也是当代文化创新的表现，它要求我们在尊重和保护文化多样性的同时，不断探索和适应新技术带来的变革，确保文化遗产能够在数字时代继续传承和发展。

第三节 文化遗产的价值

关于文化遗产价值的决定与构成，经济学、社会学、历史学和文化学等学科从不同视角形成了多种理论。这表明关于文化遗产的价值形成不是一个简单的经济过程，而是一个复杂的社会过程和历史过程。我们在强调经济价值时，不能忽视文化遗产存在的社会意义和文化意义。[①] 文化遗产的价值论要从文化遗产价值形成过程入手，理解文化遗产价值的多重性和决定因素，在把握文化遗产价值评估的原则下，针对不同情况采取适合的价值评估方法。

一、文化遗产的价值形成

（一）文化遗产形成的基本条件

文化遗产的形成是涉及多个因素的复杂过程，它不仅反映了人类社会的历史和文化发展，也与自然环境和技术进步紧密相关。

1. 历史和文化背景

文化遗产的形成与特定的历史和文化背景密切相关，它既是过去社会发展的产物，也是文化交流和人类创造力的体现。这些遗产可能源于特定历史时期的重大事件、革命性的社会变革或文化交融的结果，反映了那个时代的社会结构、宗教信仰、政治力量及其变迁。古代文明遗址揭示了早期社会的组织和生活方式；宗教建筑物和艺术品反映了人类对宇宙和存在的理解，以及信仰体系的演变；而战争纪念碑和历史文献则记录了人类历史上的冲突与和平。非物质文化遗产，如民间传说、节庆活动、传统手工艺技术等，不仅承载着丰富的文化信息和社会价值，也是社区认同和连续性的重要标志。这些文化表达形式和社会实践是在长期的社会发展过程中逐渐形成和积累的，它们既体现了人类对自然世界和社会环境的适应和改造，也展示了文化多样性和创造力的无限可能。理解文化遗产的历史和文化背景，有助于我们更深入地认识人类社会的发展历程，增强对文化多样性的尊重和保护意识。

2. 自然环境和地理条件。

自然环境和地理条件是文化遗产形成的关键要素，它们为人类文化的发展提供了基础条件和物质资源。地理位置的特殊性，如山脉、河流、海洋等，不仅决定了一个地区的生态系统，还直接影响该地区居民的生活模式、经济活动

---

① 李欢欢．地方物质文化遗产在初中历史教学中的运用［D］．苏州大学硕士论文，2019.

和社会组织形式。例如，河流流域的文明往往发展出以农业为基础的社会结构，而海岛文化则展现出强烈的航海和探险特征。气候条件，如温度、降水量和季风变化也在很大程度影响了居民的居住选择、衣食习惯和农业种植模式。自然资源的丰富与否直接关系文化艺术品的制作材料和技术发展，如矿产资源的分布影响了金属工艺的发展，森林资源的丰富度影响了木材雕刻和造纸技术的进步。自然环境和地理条件不仅为文化遗产的物质形态提供了物理空间和材料基础，也深刻影响了文化的内涵和表现形式，塑造了人类多样化的文化景观和独特的文化遗产。在保护和传承文化遗产的过程中，充分考虑和尊重自然环境和地理条件的原始特征，对于维护文化遗产的真实性和完整性至关重要。

3. 技术和创新

技术进步和创新在文化遗产的形成与发展中起到重要作用。历史上，每一次技术革命都伴随着文化形态的转变和新的文化遗产的诞生。例如，印刷技术的发明极大地促进了知识的传播和文化的普及，成为推动文化遗产形成的重要里程碑。在现代社会，数字技术的快速发展更是为文化遗产的保存和传承提供了新的可能性，从数字化文档到虚拟现实再现历史场景，技术的应用使得我们能够以全新的方式记录、展示和体验文化遗产。创新能力的培养和发展是促进文化遗产形成的关键。创新不仅体现在技术层面，更重要的是对传统文化进行了全新诠释，进行了创造性的表达。文化遗产的形成往往需要个体或集体对传统文化进行创新性的继承和发展，使之能够适应时代变迁，满足新的社会需求。技术和创新的融合不仅推动了文化遗产物质层面的发展，也深化了文化的内涵和影响力，为文化遗产的持续发展提供了源源不断的动力。随着科技的不断进步和人们创新意识的提高，技术和创新将继续在文化遗产的形成与发展中扮演重要角色，引领文化遗产向更加多元、活跃和包容的方向发展。

4. 公众参与和社区动员

文化遗产的形成、保护和传承过程中，公众的参与和社区的动员发挥着不可替代的作用。[①] 文化传承不仅仅是历史的遗迹，更是社区共同记忆和文化认同的体现。社区居民的积极参与不仅可以增强保护本土文化传承的意识，同时，也可以在社区内部激发文化活力，推动文化传承利用。例如，社区可以发动市民直接参与到文化遗产的保护与传承中来，通过组织文化节庆、作坊、展览等活动，加深市民对文化遗产价值的认识与尊重。促进文化遗产可持续保护

---

① 赵婷. 社区教育与民族地区“非遗”传承研究［J］. 当代继续教育，2018（01）.

的关键，还在于公众对文化遗产的支持和参与，当社区成员和广大公众认识到文化遗产的重要性，并愿意为其保护贡献力量时，文化遗产保护工作就能够得到更广泛的社会支持和资源投入。通过社会媒体宣传、学校教育项目、公益讲座等多种形式的公益教育宣传活动，切实提高市民对文化遗产保护工作的认识和参与度。文化遗产的可持续保护和传承，既是形成文化遗产的重要条件，也是社会公众参与和社区动员的关键。通过加强社区居民和广大市民的参与意识和行动，既能使宝贵的文化遗产得到有效保护和传承，又能推动社区文化多元化、凝聚力不断增强。

（二）文化遗产的价值形成过程

文化遗产的价值形成过程是一个复杂的多维交互过程，涉及历史、文化、社会、经济等多方面因素。

1．历史积累与文化沉淀

历史的积累与文化的沉淀对文化遗产的价值形成机制有深刻的体现作用，这是数代人共同努力与智慧的结晶。随着历史的发展，人们的生活与记忆逐渐融入其中，并逐渐成为社会文化认同的重要标志，这是历史积累与文化沉淀的结果。无论是壮观的建筑群，还是精细的艺术品，或者是深具意义的传统风俗，它们既记录了人类社会发展的轨迹，又反映了特定历史时期的社会结构、经济状况与科技水平，在展现多元文化的表达方式和丰富文化内涵的同时，凝聚着先人的智慧与审美追求，这是历史积累与文化沉淀的一种深化与丰富，它既是时间的叠加，也是文化内涵的深化与丰富。节日庆典、民间故事、传统工艺等多种形式，在传递人类对美好生活的追求与向往的同时，也传递着世代相承的文化价值和人生哲理，并构成人类共同财富的重要内容，是联结现代与过去、理解现在、展望未来的重要桥梁，具有不可替代的历史价值和文化价值。

2．社会认同与文化传承

在社会认同与文化传承方面，社区成员或文化群体在参与自己文化遗产的传承与实践中扮演着至关重要的角色，因为他们在保留历史记忆和文化特色的同时，通过加深对遗产的情感联结而加强了对这些遗产的认同与珍视程度。这种深层次的认同感又使文化遗产超越了它的物质形态而成为一种社会普遍认同与珍视的精神财富，从而既有利于促进各代人之间的文化对话与知识传递，又为维护社会凝聚力、促进文化多样性和增强文化延续性提供了坚实基础。通过世代传承的仪式、节庆等，文化遗产成为联结过去、现在与未来的纽带，它们帮助人们理解自身的文化根源和身份，激发了对本土文化的自豪感和归属感。

这种社会认同还激发了公众对文化遗产保护的积极参与，从而确保文化遗产的活力和可持续发展。社会认同与文化传承是文化遗产价值形成不可或缺的内在机制，它们共同促进文化遗产成为社会和文化发展不断前进的动力源泉。

3．功能转化与社会应用

文化遗产的功能转化与社会应用是其价值形成过程中的关键环节。随着时间的推进和社会需求的多样化，文化遗产已不再仅仅被视为历史的见证或学术的研究对象，其社会功能和应用价值正在经历着深刻的转变和扩展。这一转变体现在多个层面，包括文化遗产在教育与传承、旅游开发、经济活动、社会认同、国际交流与合作等方面的应用。教育与传承方面，文化遗产成为联结过去与现在、老一辈与年轻一代的桥梁，通过故事、传统和技艺的传播，加强了文化的连续性和社区的凝聚力。在旅游开发方面，文化遗产成为吸引游客、促进地方经济发展的宝贵资源，同时，也提高了公众对保护文化遗产重要性的认识。在经济贡献上，文化遗产通过创意产业的形式，如手工艺品、文化表演、特色美食等，为当地社区提供了就业机会和收入来源。文化遗产在塑造社会认同和国际交流中扮演着不可替代的角色，它不仅是民族文化自豪感和归属感的象征，[①] 也是各国之间共享人类文明成果、增进相互理解和尊重的桥梁。文化遗产的功能转化和社会应用不仅拓展了其价值维度，也证明了文化遗产在促进社会可持续发展和文化多样性保护中的重要作用。随着社会对文化遗产价值认识的深化，其在现代社会中的角色和意义将继续扩大，为人类文化的传承和创新提供不竭动力。

4．国际认知与全球互动

文化遗产的价值形成在全球化的今天，已不再局限于本土或国家层面，而是在国际认知和全球互动中不断演变、不断延伸。联合国教科文组织（UNESCO）等国际组织通过世界遗产名录等，在提升文化遗产在全球范围内的知名度和影响力的同时，也强调文化遗产保护的国际责任和共同承诺，对具有"突出的普遍价值"的文化和自然遗产进行认证。进一步促进不同国家和地区之间的文化互鉴与尊重，加深全球公众对多元文化遗产价值的认识和理解，如国际合作保护计划、文化遗产保护技术交流研讨、多国共同参与的文化遗产展览等跨国界保护项目和文化交流活动。这种国际层面的认知与互动，不仅为保护和传承文化遗产提供了更为广阔的视野和平台，也为推动全球文化多样性、

① 谭淳月．成吉思汗祭祀中蒙古族学生文化认同教育研究［D］．西南大学博士论文，2017.

促进文化和平作出了贡献。通过共同努力，国际社会不仅能够保护那些属于全人类的珍贵文化和自然遗产，也能够激发全球范围内对文化遗产新的价值发现和创造性利用，共同构建一个文化多样、相互尊重的世界社会。

5. 科技进步与创新应用

科技进步，尤其是信息技术和数字化技术的快速发展，为文化遗产保护和价值增值开辟了新的维度。这些技术的运用，不仅使文化遗产长期以数字化的形式保存下来，而且对世界各地的公众来说，文化遗产的可访问性、互动性都有了很大的提升。三维扫描、数字照相等数字化保存技术可以对文化遗产的物理细节进行精确捕捉和记录，确保其精确复制品即使在原物遭受破坏或消失的情况下，仍可供后人研究和欣赏。而虚拟再现（Virtual Recovery）技术则可以通过创造交互的数字模型或虚拟环境，让人们以全新的视角和方式去体验文化遗产，通过虚拟现实技术，让用户可以“亲临”远古遗址或历史事件现场，从而获得更深刻、更直观的体验。文化遗产的在线展示和平台分享，如数字博物馆和在线档案库，不仅使得文化遗产的教育和研究工作更加便捷高效，也为公众了解和接触不同文化提供了便利，促进了文化的交流和理解。这种科技与文化遗产的融合，不仅增强了文化遗产的社会价值和文化影响力，也为文化遗产的创新利用和传承提供了无限可能，展现了文化遗产在当代社会中旺盛的生命力和创新潜能。

二、文化遗产价值构成的多重性

文化遗产的价值是多维的，不仅体现在其历史、艺术和科学的内在价值上，而且还涵盖其对社会、经济、教育和身份认同等方面的广泛影响。

（一）文化遗产的历史价值

文化遗产的历史价值在于它能给我们提供与众不同的视角，使我们得以窥见人类过去的生活模式、思维方式、技术创新和美学追求等。这些遗产作为时间的积淀，记录了特定历史阶段人类社会在物质文明和精神文明上所取得的成就，反映了人类对自然界的理解和利用，以及对宇宙、生命和社会的深刻思考。通过对文化遗产的研究，我们能超越时空的限制与历史上的人们进行对话，了解他们的生存条件、社会结构、宗教信仰、艺术创作，以及科学技术等方面的信息。这不仅有助于我们重构历史脉络，理解不同文化的发展轨迹，而且也能够促进我们对人类共同价值和文化多样性的认识与尊重。文化遗产中蕴含的历史智慧和经验对于当代社会仍具有深远的启示意义，它们能够帮助我们反思现代社会的发展方向，评估不同的生活方式和价值观念，以及在全球化和技术变革的背景下，探索可持续发展与和谐共生的可能路径。因此，保护和研究文化遗产，不仅是对历史的尊重，更是对未来的负责。

（二）文化遗产的艺术价值

文化遗产中的艺术价值体现了人类跨越时空的创造力与美学追求。从古埃及的金字塔、古希腊的雕塑、中世纪的壁画，到文艺复兴时期的绘画和近现代的艺术创作，① 这些遗产不仅是美的展现，更是人类文化、哲学和科技发展的直观反映。它们以独特的形式和风格，讲述了人类历史的故事，展现了不同文化背景下的审美理念和艺术实践。艺术价值的独特性，不仅在于其视觉美感的直接冲击，更在于它能引发观者情感上的共鸣、思想上的反思，激发创新的灵感。艺术作品中蕴含的深刻意义和情感力量能够跨越语言和文化的障碍，与全球观众产生共鸣。对于培养个人和社会的美学素养、提升文化品位等，文化遗产也有着不可忽视的作用。通过接触和欣赏高质量的艺术作品，人们能够学习到不同的艺术技巧、风格和表现手法，增强对美的感知能力，从而激发创新思维和艺术创作的灵感。保护和传承艺术价值丰富的文化遗产，不仅是对人类文明成就的保护，更是对未来创造力和审美能力培养的投资。

（三）文化遗产的科学价值

文化遗产的科学价值体现在它所蕴含的深厚科学知识和技术实践中，这些遗产记录了人类对自然界的观察、理解，以及利用的历史。如古埃及人的金字塔建造技术、中国古代天文学成就、阿拉伯世界的数学和医学知识，以及玛雅文明的精确日历系统等，无不显示出古人超凡的智慧和创造力。这些遗产不仅对人类科技发展史的认识意义重大，而且在许多情况下，古老的科学技术对现代科学研究和技术创新的启发作用仍然很大，历史上的科学技术对人类科学技术的发展具有重要的启示作用。古代的建筑工艺、水利工程、航海工艺等，到了近代，应用和研究的价值依然十分广泛。例如，古代的自然药物和医疗方法在今天的医药研究中发挥着重要作用，许多传统医药知识正被重新发现并应用于现代医疗实践。文化遗产中的科学技术知识还能够促进跨学科的学术交流与合作，激发新的研究领域和研究方法的发展。通过对文化遗产的科学分析和研究，可以促进历史学、考古学、民族学等多个学科的交叉融合，拓展科学研究的深度和广度。保护和研究文化遗产中的科学价值，不仅是对人类智慧和创造

---

① 罗川，薛永增. 智能空间：材料技术演进创造的新艺术媒介［J］. 艺术百家，2012（2）.

力的致敬，也是对未来科学发展的投资，是增强人类对自然和宇宙认识的不懈追求。

（四）文化遗产的社会价值

文化遗产的社会价值体现在其对维护社会记忆、促进社区凝聚力，以及增强文化认同感方面的重要作用。文化遗产作为一代代传承下来的文化印记，在记录社会历史变迁、文化发展的同时，也成为社会成员共同的记忆和认同的标志。这种共有的文化财富有助于建立社区成员之间的联系，增强社区成员之间的归属感和对所属社区、所属文化的自豪感。文化遗产的保护与传承对多元社会中不同文化背景的人们之间的相互了解与尊重，有着不可忽视的促进作用。通过对不同文化遗产的学习和欣赏，可以帮助人们跨越文化的鸿沟，认识文化多样性的价值，从而促进社会的和谐共处。文化遗产也是重要的社会教育资源，它不仅可以将历史知识、文化智慧传授给年轻一代，而且可以激发他们对传统文化的兴趣和尊重，引导他们思考如何将这些文化遗产传承下去，并在现代社会发扬光大。文化遗产的社会价值不仅在于其对过去的记录，更在于其对现在和未来社会凝聚力和文化持续性的贡献。通过保护和利用文化遗产，可以强化社区内部的联系，促进社会的稳定和发展，为构建更加和谐、包容的社会提供坚实的文化基础。

（五）文化遗产的经济价值

文化遗产的经济价值在当今社会日益显著，它不仅能够吸引游客，促进旅游业的发展，还能激发文化创意产业的创新和增长。通过对文化遗产的有效保护和利用，可以带动相关服务业和手工艺品制造业的发展，为当地社区创造就业机会，提高居民的生活水平。文化遗产对于提升地区或国家的品牌形象和吸引力具有不可替代的作用。一个地区的文化遗产不仅是其独特性和吸引力的体现，也是向世界展示其历史深度和文化多样性的窗口。这些文化资源的合理开发利用，提升了地区竞争力，吸引了国内外投资，推动了多元经济发展。在全球化和网络化的背景下，文化遗产还为数字经济和在线文化产品的开发提供了丰富素材，通过数字化手段使文化遗产资源实现全球共享，不仅拓宽了文化遗产的传播渠道，也为文化产业的创新和跨界融合开辟了新的可能性。文化遗产的经济价值不仅体现在直接的经济收益上，更在于其对促进文化和经济可持续发展的长远贡献。通过科学合理的规划和管理，文化遗产可以成为推动社会经济发展的重要力量，同时保障文化多样性和历史连续性。

（六）文化遗产的教育价值

文化遗产在教育领域扮演着不可替代的角色。不仅为学习者提供了一个直接接触和理解人类历史与文化的窗口，更是培养批判性思维、创造性解决问题能力的有效平台。学生通过对文化遗产的学习与研究，对其发展历程有深入的了解，从而对多样性和差异性有了更深的理解和尊重。文化遗产教育对于激发学生的创造力和想象力也起到举足轻重的作用，它通过丰富多彩的故事、艺术作品和历史事件，激发学生的求知欲和探索欲，促使他们思考和创造新的表达方式。这种教育方式有助于学生形成独立的思考习惯和创新的解决方案，对于培养未来的创造者和思想家至关重要。

文化遗产的教育价值还体现在促进国际理解与和平方面，在全球化的今天，认识并尊重不同国家和民族的文化遗产，对于建立基于相互理解和尊重的国际关系具有十分重要的意义。通过文化遗产的教育，使年轻一代从小养成全球公民意识，为促进世界和平发展、推动文化多样性、构建可持续发展的世界作出自己的贡献。文化遗产的价值不仅在于本身所包含的历史艺术和科学意义，而且在于对促进社会进步、增进人类福祉和推动文化多样性等方面的深远影响，我们应该重视并传承好文化遗产的相关知识，保护与传承文化遗产，既是对历史的尊重，也是对现实的担当。

（七）文化遗产的认同价值

文化遗产在塑造个人、群体，乃至国家认同中发挥着关键作用，其认同价值体现在多个层面。对个体而言，文化遗产通过其独有的象征、故事和传统，提供了深刻的自我认知和身份构建的资源。个人通过参与和体验文化遗产活动，如节庆、艺术学习等，加深了对自己文化根源的了解，进而增强了个人的文化认同感。在社群层面，文化遗产作为共享的记忆和经验，促进了群体成员间的共鸣，增强了归属感和集体认同。这种基于共同文化遗产的团结，通过传承和发展特有的文化传统，加强了社群的凝聚力。国家认同方面，文化遗产通过定义和展示国家身份与价值观，成为民族自豪感的重要来源。国家级的文化遗产，如历史古迹和非物质文化遗产，既是国家历史文化的体现，也是塑造国家形象和增强国民自豪感的关键元素。

文化遗产在促进跨文化理解和尊重方面也具有显著的认同价值。不同文化背景的人们通过分享和交流各自的文化遗产，能够增进相互了解，促进基于共同尊重和欣赏的跨文化认同。文化遗产的认同价值具有适应性和动态性，能够随着社会变迁和文化互动的发展而演变。为了保持文化遗产的活力和相关性，其保护和传承需不断适应时代变化，通过创新和对话更新其在当代社会的认同意义。文化遗产的认同价值不仅深刻影响着个体、群体和国家的文化认同，而且通过传承与创新，增强社会凝聚力，促进跨文化交流和理解，并适应社会的持续发展，为维护人类社会的文化多样性与和谐共存提供了坚实的基础。

第四节　文化遗产保护的现状与挑战

一、文化遗产保护的现状

（一）全球意识的提升

全球对文化遗产保护的意识在近年来得到了显著提升，这一变化得益于联合国教科文组织（UNESCO），以及其他国际组织的不懈努力。通过一系列国际公约的制定，如《保护世界文化和自然遗产公约》（1972）和《保护非物质文化遗产公约》（2003），UNESCO 为全球文化遗产保护设立了框架。这些公约不仅定义了文化遗产的范围，还明确了各成员国在保护、保存和传承文化遗产方面的责任。同时，UNESCO 和其他国际机构提供的资金支持和技术援助使得许多发展中国家能够开展文化遗产保护项目，这些项目往往是在没有足够资源的情况下难以实现的。例如，世界遗产基金提供的资源帮助了许多世界遗产地的紧急保护和长期管理工作。全球意识的提升也促使各国政府加强了国内的法律和制度建设。不少国家修订或新制定了文化遗产保护法律，建立了专门的文化遗产保护机构，这些机构负责监督、管理和执行国内的文化遗产保护工作。[①]许多国家设立了国家遗产名录，实施遗产评估和登记制度，以确保文化遗产得到有效保护和合理利用。

国际合作在文化遗产保护领域也在日益增强，许多区域性和双边合作机制都在积极推动跨国界的文化遗产保护工作，这些合作项目既包括保护和修复工作，还涵盖能力建设、公众教育和意识提高等多个方面。通过这些国际合作使各国能够分享保护文化遗产的经验和技术，从而共同应对一些对文化遗产构成威胁的问题，如非法贩运文物问题、自然灾害和战争等。全球意识的提高除了反映在国际和国家层面对文化遗产保护重要性的认识上，也表现在社会公众对文化遗产价值的认识和重视上。国际合作在文化遗产保护领域的日益增强也为

---

① 谢晶晶．泉州南音非物质文化遗产保护研究［D］．华中师范大学硕士论文，2018.

世界各国在这一领域的合作提供了更多可能性，随着全球化的深入发展，文化遗产的保护将面临一系列新的机遇与挑战，为了有效保护并传承给后代，全球社会需要通力合作，各尽已责。

（二）技术在保护中的应用

现代技术，如数字化、三维扫描和遥感技术被广泛应用于文化遗产的记录、监测和保护工作中。这些技术不仅提高了文化遗产管理的效率和精确度，也为遗产的修复和复原提供了新的可能性。在当今的文化遗产保护工作中，现代技术的应用已成为推动遗产保护向前发展的重要力量。数字化技术、三维扫描和遥感技术的广泛运用，不仅极大地提升了文化遗产管理的效能和准确性，还开启了遗产修复与复原的新篇章。

数字化技术使文化遗产即使在原有的物理形态遭到破坏或消失的情况下，仍能以数字化的形式被后世所看到，并以数字化的形式永久保存下来。这不仅为学术研究提供了便利，也为公众接触和理解遥远或难以接近的文化遗产开辟了新途径。三维扫描技术的应用使我们能够以前所未有的精度和细节捕捉文化遗产的物理特征，这对于复杂的遗址或艺术品而言尤为重要，因为它们的每一个细节都是不可或缺的文化信息。通过三维重建，不仅能够更好地保护和修复这些遗产，还能在虚拟环境中重现它们，为公众提供互动体验。遥感技术的运用则为文化遗产的监测和保护提供了全新视角，通过对文化遗址进行空中或远距离的监测，及时发现自然灾害、环境变化或非法活动等对遗产造成的威胁，并据此采取保护措施。

现代技术虽然带来了巨大的文化遗产保护潜力，但也面临着应用方面的挑战，技术更新的速度越快，就越需要保护者对新技术进行持续的研究和适应。同时，高成本的技术应用也可能限制了其在资源有限的情况下的普及程度。现代技术在文化遗产保护中的应用虽然面临着一系列挑战，但其带来的积极影响不容忽视。通过持续的技术创新和合理的资源分配，有望进一步拓展文化遗产保护的边界，为将来的世界留下更加丰富的文化遗产。

（三）教育与公众参与

文化遗产保护的根本在于提高公众对文化遗产价值的认知。建立文化遗产保护工作广泛的社会支持，形成保护文化遗产的社会共识，需要通过教育和公众参与活动的方式来实现。文化遗产保护中，教育和公众参与的作用至关重要。它们不仅能增进公众对文化遗产不可替代价值的认知，更能激发社会广泛支持和参与保护工作的热情。文化遗产保护的重要性可以通过各种教育和宣传活动有效地传达给社会公众，从而形成共识，在各个层面支持文化遗产保护工作。

（1）教育在文化遗产保护意识的塑造上占有核心地位。学校教育应该包含文化遗产保护的课程和活动，如参观历史遗址、博物馆和文化展览，以及通过艺术和手工艺活动学习传统技艺。这些活动不仅能增加学生对本国和世界文化遗产的了解，还能培养他们的保护意识和责任感。

（2）文化遗产与社区之间的重要桥梁是公众参与活动。通过开展公益讲座、座谈会、文化遗产日、互动工作坊等，推动市民了解文化遗产、参与文化遗产。通过参与这些活动，社区居民不仅可以深入了解文化遗产的历史、价值，还可以直接参与到文化遗址的清理、修复等保护工作中。利用新媒体与数字技术也是增加公众参与度的有效途径，通过建立在线平台、社交媒体活动和虚拟展览，使更广泛的公众特别是年轻人轻松接触到文化遗产的信息，激发他们的兴趣和参与意愿，这种方式还能跨越地理和文化界限，使全球公众都能共享和参与到文化遗产保护中。

（3）加强与本地社区的合作是实现文化遗产可持续保护的关键。社区居民是文化遗产的直接守护者，对当地文化遗产有深厚的感情和独到的理解。建立社区参与机制，使社区居民能参与到保护活动和监督工作的决策过程中，既能增强保护工作的有效性，又能使文化遗产保护活动在社区中得到认识、尊重和支持，从而达到长期保护和传承文化遗产的目的。教育与公众参与是文化遗产保护工作不可或缺的重要内容，提高公众的意识和参与度，可以为文化遗产的保护工作打下坚实的社会基础，从而促进文化遗产的长期保护与传承。

（四）法律和政策的不完善

在一些国家和地区，文化遗产保护法律和政策的不完善也是一个难题。缺乏有效的法律框架和执行机制，使得文化遗产保护工作难以进行。在全球范围内，文化遗产的保护受到越来越多的重视。然而，法律和政策的不完善在一些国家和地区成为文化遗产保护工作的巨大障碍。这些挑战不仅涉及法律文本本身的缺陷，还包括政策执行的不力，以及相关机构协调合作的不足。

（1）法律框架的缺失或过时。一些国家的文化遗产保护法律可能已经过时，无法满足当前保护工作的需求。随着时间的推移，新的保护理念和方法的出现，以及新的威胁和挑战的出现，都要求法律框架能够适应这些变化。然而，法律的修订和更新往往进程缓慢，使得保护工作缺乏有效的法律支持。

（2）执行机制的不足。即便一些国家有较为完善的文化遗产保护法律，但在执行机制上存在明显短板。这可能是由缺乏专业的执行人员、资金不足、监管不严等原因造成的。法律中可能存在的模糊条款也给执行带来了困难，导致在实际操作中难以发挥应有的作用。

（3）协调合作的不足。文化遗产保护涉及多个部门和领域，需要政府各相关部门之间的有效协调和合作。但在一些国家，政策制定与执行机构沟通不畅，导致政策执行割裂，执行效率不高。这种跨部门协作不到位，既影响整体规划和保护工作的落实，也使资源利用效率下降。

（4）国际合作的挑战。文化遗产保护是一个全球性的议题，需要国际社会的共同努力。然而，跨国保护行动的法律和政策框架尚不完善，国际合作面临诸多挑战，如何在尊重各国主权的基础上建立有效的国际合作机制，是文化遗产保护法律和政策需要解决的问题之一。

二、文化遗产保护面临的挑战

文化遗产保护面临的挑战是多方面的，包括自然因素、人为因素，以及技术和资源的限制等。

（一）自然因素的影响

自然因素对文化遗产的影响是多方面的、复杂的，不仅限于地震、洪水、火灾等偶发自然灾害，还包括遗产地因长期受自然侵蚀、气候变化而不断受到影响等。随着全球气候变化的加剧，需要国际社会、文化遗产保护机构，以及当地社区共同面对、共同应对这些威胁。

（1）地震：地震对文化遗产构成直接的物理破坏，它可以在短时间内毁坏历史悠久的建筑和考古遗址。地震造成的结构性破坏往往需要复杂而昂贵的修复工作，而某些情况下，原有的遗产状态未必能够得到彻底修复。

（2）洪水：洪水不仅可能对文化遗产场所造成直接的水损伤，还可能导致长期的水分侵蚀问题，影响建筑物的结构安全和文物的保存。洪水还可能导致土壤侵蚀，威胁考古遗址的稳定性。

（3）火灾：火灾是对文化遗产构成威胁的另一种重要自然因素，特别是对于那些由木材和其他易燃材料构建的历史建筑。火灾不仅会导致文化遗产的物理损毁，还可能使得无法复原的艺术品和文献永久丧失。

（4）气候变化：长期的气候变化对文化遗产构成多重威胁，包括海平面上升、极端天气、温度和湿度变化等。这些变化对遗产地的自然环境和文化遗产的保存状态构成了持续威胁。

（二）人为破坏

人为因素对文化遗产构成的破坏是全球性的严峻挑战，特别是非法挖掘、文物贩卖、战争和恐怖主义活动等行为，这些行为不仅直接影响文化遗产的物理完整性，还对全人类共享的文化记忆和历史身份造成不可逆转的损失。

（1）非法挖掘和文物贩卖。非法挖掘活动常常缘于对历史遗产的价值缺乏认识和对经济利益的追求驱动，这些活动破坏了考古遗址的原始状态，导致重要信息和历史证据丧失。文物一旦被盗掘并进入非法市场，就很难追踪和回收，这不仅是所涉国家文化遗产的损失，也是全人类文化遗产的损失。

（2）战争和恐怖主义活动。近年来，战争和恐怖主义活动成为文化遗产破坏的重大人为因素。在冲突区，历史建筑、宗教场所和艺术品常常成为攻击的目标，不仅因为它们的象征意义，也因为破坏它们能够对敌对方造成文化上的打击。这些行为不仅摧毁了无价的文化遗产，也摧毁了当地社区的文化认同和历史连续性。

（3）应对措施。面对这些人为破坏的挑战，国际社会、各国政府、非政府组织和文化遗产保护机构需采取强有力的措施。这包括加强国际法律框架建设、加大《关于禁止和防止非法进出口文化财产和非法转让其所有权的方法的公约》的执行力度、加大对非法贩卖文化财产的打击力度，以及在冲突区域实施特殊保护措施。提高公众对文化遗产价值的认识，激发社会对保护文化遗产的责任感和参与度，也是预防人为破坏的关键。

（三）城市化与发展压力

城市化与发展压力是文化遗产保护领域面临的重大挑战，随着经济的快速增长和城市扩张，[①] 新的建设项目和基础设施开发不可避免地与文化遗产的保护发生冲突。这种冲突通常体现在两个方面：一是新建设项目可能会直接破坏文化遗产所在的自然环境或其物理结构，二是城市化进程中的环境污染和生态变化可能对遗产的长期保存造成威胁。在许多情况下，因城市扩张和新建设项目的推进，历史遗址和文化景观被不恰当地改造，甚至被完全拆除，导致无法挽回的文化损失。例如，因城市发展需要而被破坏或被替代的古城墙、传统住宅区和具有历史意义的建筑物等。这不仅消减了城市文化多样性，而且剥夺了子孙后代对这些文化遗产的认识和享受的权利。文化遗产保护也面临着产业发

① 汤雪璇，董卫. 宁波老城历史文化空间网络体系建构［J］. 生态文明视角下的城乡规划——2008 中国城市规划年会论文集，2008（9）.

展带来的环境污染问题。环境问题，如大气污染、水体污染、土壤侵蚀等，都会使文化遗产的材料损坏进程加快，使其结构稳定性、视觉美感等受到影响，如古建石材受酸雨侵蚀，壁画、雕塑等受工业废气腐蚀等，需采取特殊保护措施予以缓解。

文化遗产保护战略面临城市化和发展的压力，需要多方面的考量和统筹。为确保文化遗产保护工作在城市规划和发展项目中得到充分考虑，政府及有关机构需要制定明确的法规和政策。同时，在平衡经济发展与文化遗产保护关系方面，应鼓励采用可持续发展模式。通过提高公众对文化遗产价值的认识，推动社会各界支持和参与遗产保护工作，也是保护文化遗产的重要工作。

（四）资源和技术限制

在当前的文化遗产保护领域，资源和技术的限制是面临的两个主要挑战。尽管全球对文化遗产保护的认识不断提高，但实际上，很多项目仍然受到资金短缺的制约。资金不足不仅影响了紧急保护措施的实施，还限制了长期维护和管理计划的开展。尽管捐赠和国际援助提供了一定支持，但这些资金往往带有特定的条件限制，可能不完全符合文化遗产最迫切的保护需求。技术方面，近年来，数字化、三维扫描、遥感探测等现代技术的应用为文化遗产的记录和保护带来了前所未有的机遇。这些技术能够提供更详细、更准确的文化遗产数据，有助于科学研究、修复工作和公众教育。

然而，技术应用的广泛性也带来了新的挑战，包括高昂的技术设备成本、专业技能的需求，以及数据管理和存储的问题。对于许多发展中国家和资源有限的地区来说，获取、维护和更新这些高科技设备是一大负担。数字化保护尽管提供了将文化遗产“永久”保存的可能，但数据的长期保存和可访问性仍存在问题。技术迅速发展意味着存储格式和媒介可能迅速过时，导致“数字遗产”难以长期保存。版权问题也是数字化过程中需要重点关注的问题。如何在不侵犯知识产权的前提下，合理使用和共享数字化的文化遗产内容，是一个需要法律、技术共同考量的复杂问题。

文化遗产保护的资源和技术挑战要求政府、国际组织、私人部门和公众共同努力，寻求创新的保护方法和资金筹集机制，同时，积极探索适应未来发展的技术解决方案。通过这些努力，我们可以为后代保留更多的文化遗产，同时，也为全球文化多样性的保护作出贡献。

（五）国际合作不足

在当今全球化时代，跨国界的文化遗产保护成为一个迫切需要解决的国际性问题。虽然国际合作在文化遗产保护方面取得了一定进展，如联合国教科文组织等国际机构的努力不断加强，但在执行力度、资金分配，以及技术共享等关键领域，国际合作仍面临着显著不足。

首先，执行力度的不足体现在对现有国际公约和协议的落实上。虽然多个国际公约旨在促进文化遗产保护，但在具体执行过程中，因缺乏强制性措施和有效的监督机制，导致部分成员国对公约执行不力。其次，在国际合作中，资金分配问题是一个很大的挑战。包括文物修复、保护设施建设、保护人员培训等在内的文化遗产保护工作需要大量的资金投入。但是，国际资金的分配往往无法满足所有需要保护的项目，特别是对那些经济相对落后的国家和地区来说，缺乏资金就成了制约他们进行文化遗产保护的一大因素。最后，在国际合作中，技术共享的不足也是一大难题。这些技术的应用和推广需要强大的技术支持和人员培训，尽管数字化、三维扫描等现代技术为文化遗产保护提供了新手段。由于缺乏有效的技术共享机制，限制了本国文化遗产保护，许多发展中国家很难获得这些先进技术。要形成有效的全球文化遗产保护网络，就需要国际社会加强合作，克服这些挑战，其中包括在文化遗产保护、建立更加公正合理的经费分配机制等方面加大投入；加强履行国际公约，确保有关国际协议得到各国的遵守和落实；以及促进各国利用现代技术保护和保存本国文化遗产的技术共享和人员培训。跨国文化遗产保护面临的挑战，对人类共同文化遗产的保护，只有通过国际社会的共同努力，才能有效应对。

面对纷繁复杂的文化遗产保护挑战，要确保这些不可替代的文化财富在后世得到有效保护和传承，全球社会必须采取一系列综合措施，以下是几个重点策略：

（1）制定较为有效的法规政策。确保文化遗产保护有一个全面、强制性的法律框架，各国政府需要加强对现有文化遗产保护法律的制定和执行。其中既包括严厉打击文物盗掘和贩卖，也包括法律追究破坏文化遗产的责任。

（2）加大经费投入。文化遗产保护修复工作需要大量经费保障。国际社会、政府和私人部门需要加大对文化遗产保护项目的资金投入，特别是对于那些经济条件较差、自身难以承担高昂保护成本的国家和地区，国际援助尤为重要。

（3）采用先进的保护技术。利用数字化、三维扫描、遥感技术等现代技术手段对文化遗产进行记录、监测和保护。同时，推动技术创新，探索新的文化遗产保护方法，如虚拟现实技术在非物质文化遗产传承方面的应用。

（4）提高公众保护意识。通过教育和公众参与活动提高社会各界对文化遗产价值的认识和保护意识。这既包括加强学校教育中的文化遗产知识传授，也包括鼓励公众参与文化遗产保护活动，利用各种渠道进行广泛宣传，如利用媒体、社交平台等。

（5）加强国际合作。文化遗产保护是全球性的任务，需要跨国界的合作和资源共享。加强国际组织之间的协调，推动国际合作项目，共同应对跨境文化遗产保护的挑战，如打击文物非法贩卖、共享保护技术和经验等。

通过这些综合措施的实施，可以构建一个更加坚实的文化遗产保护网络，不仅能有效应对当前的挑战，也能够为保护和传承人类共有的文化遗产提供长期保障。这不仅是对历史的尊重，也是对未来负责的体现，需要全球社会的共同努力和持续关注。

第三章

文化认同

文化认同，指的是个体或群体对特定文化的认知、归属感和认同感。[①]它是个体在社会化过程中形成的，随着时间和环境的变化而演变。本章将探讨文化认同的形成机制、演变过程及其对现代社会的意义。

第一节　文化认同的形成

文化认同的形成是一个多维度和动态的过程，它深刻影响着个体对自身以及所属群体的认识和感知，以下是对文化认同形成过程的详细论述。

一、家庭与早期社会化

文化认同的形成始于个体的早期生活阶段，家庭环境是最初的社会化场所。家庭通过语言传递、风俗习惯、宗教信仰和日常生活实践，向儿童介绍和灌输特定的文化价值观和行为模式，这一阶段，个体通过模仿和内化家庭成员的行为，开始构建起自我认同的基础。家庭与早期社会化在文化认同的形成过程中扮演着至关重要的角色。这一过程始于个体的早期生活阶段，家庭环境成为孩子首次接触社会和文化的主要场所。在这个初始阶段，家庭不仅是爱与关怀的源泉，更是文化传递和社会化的基本单位。家庭成员，特别是父母长辈，通过日常的交流和互动，将自己的语言、风俗习惯、宗教信仰和生活实践传递给孩子，这些元素共同构成了家庭的文化框架。在家庭文化的传递中，语言是文化载体的重要因素。孩子通过日常的对话、故事的讲述、歌曲的传唱，既学习到了自己的母语，又渐渐吸收了文化的寓意和与之相关的社会规范。

风俗习惯和宗教信仰在家庭生活中以各种形式体现，比如节日庆典、饮食习惯和宗教仪式，这些活动帮助孩子理解自己所属文化群体的特征和价值观。家庭日常的生活实践也是形成文化认同的一个重要环节。幼儿通过对家庭日常

---

① 李姝萱，马玉佩．文化认同与中国民族音乐的传承［J］．艺术评鉴，2023（7）．

活动的观察和参与，学习到如何与人交往、如何表达情感，以及如何处理日常事务等。这些经验在教给孩子生活技能的同时，更重要的是帮助孩子理解自己在家庭和社会中的角色和责任。在此过程中，个体开始构筑自我认同的基础，通过模仿，将家庭成员的行为内化。模仿行为不仅限于外在的行为模式，更深层次的是对价值观、信仰和态度的模仿。家庭环境提供了一个安全的空间，让孩子在模仿中实践探索，逐渐形成自己独特的个性和身份。

家庭与早期社会化是文化认同形成的基石，不仅为孩子了解文化、学习文化提供了一个初步的平台，也为孩子后续的社交、个人发展打下了坚实的基础。通过这个过程，孩子不仅学会了如何成为文化的传承者，更重要的是学会了在广阔的社会文化环境中，如何找到自己作为一个独立个体的位置。

二、教育系统的作用

随着个体进入教育系统，学校成为其文化认同进一步形成和发展的重要场域。教育不仅传授知识和技能，也传递社会价值观和文化规范，通过历史、文学和社会学科的学习，个体对自己所属的文化和其他文化有了更深入的了解和认识。教育系统在个体文化认同的形成和发展过程中扮演着至关重要的角色。当个体步入教育系统，无论是在幼儿园、小学、中学还是高等教育阶段，学校成为其文化认同进一步形成和发展的关键场域，对学生价值观、信念体系和对世界的认识有深刻影响的教育，其作用远远超过基础知识和技能的传授。在教育过程中，学生通过历史、文学、艺术、社会学、政治学等科目的学习，既可以获得对自身文化底蕴的深入了解，又可以学习到其他文化的历史和现状，从而培养出对多元文化的尊重和欣赏，这种教育经验促进了学生对文化差异的理解，加深了他们对自己文化认同的认识，并激发了对世界文明多样性的好奇心。

教育系统通过组织各种文化活动、交流项目和社会实践，为学生提供了体验和实践不同文化的机会。这些活动在增强学生社会参与感的同时，也让学生在实践中学习、体会文化的多样性，从而推动个人文化认同的多样化发展。教育系统中的教师和同学也是形成文化认同的重要因素：教师通过其教学方法、态度和行为，向学生传递特定的文化价值观和社会规范；同学之间的互动和交往提供了一个多元化的社交环境，学生在这个环境中通过与来自不同文化背景的同学交流和合作，进一步拓宽自己的文化视野，形成更加包容和开放的文化认同。教育系统是个体文化认同形成和发展的关键场所，它不仅提供了丰富的知识和信息，帮助个体构建对自己和他人文化的理解和尊重，还通过日常的互动和实践活动，促进个体对自我认同的探索和确认，为构建一个和谐多元的社会奠定了基础。

三、社会交往与经验积累

个体在与同龄人、社会集团和不同文化背景的人们互动中，其文化认同会不断被挑战、调整和加强。社会经验的积累使得个体能够从多元视角审视自我与他者，形成更为复杂和多维的文化认同。社会交往与经验积累在个体文化认同的形成过程中起到至关重要的作用。随着个体从家庭和教育系统走向更广阔的社会环境，他们开始与来自不同文化背景的同龄人、社会集团进行交流和互动，这些社会交往不仅是文化认同形成的重要渠道，也是个体认识自我、理解他者和探索世界的重要途径。在与同龄人的互动中，个体不仅分享自己的文化经验，也接触到与自己不同的文化观念和生活方式。这种多元的文化交流在增进对其文化理解和尊重的同时，促使个体反思和重新评价自己的文化背景。个体的文化认同，通过这样的社交方式，逐渐变得更加包容和多元。社会集团，如社团、兴趣小组、志愿者组织等，提供了另一种形式的社会交往平台。在这些集体活动中，个人既可以加深对具体文化实践的认识和体会，又可以和兴趣相近或价值观相近的人产生联系，这种建立在共同兴趣或目标基础上的社会联系，促进了跨文化理解与合作，强化了个人对所属文化的认同感。

个人文化认同发展的一个重要方面，就是与不同文化背景的人之间的互动。在全球化的今天，个人与世界各地的人接触的机会越来越多，这些跨文化的交流与合作在拓宽个人视野的同时，也使个人在多元的文化表达方式的实践中有所体会、有所借鉴，通过这些经验，个体能够建立起一种基于相互理解、尊重和共情的文化认同。社会交往和经验积累对于个体文化认同的形成和发展至关重要，它们不仅使个体的文化认同更加多元和复杂，还促进了个体在全球化背景下的文化适应能力和跨文化沟通技巧，通过不断的社会交往和经验积累，个体不仅能够形成对自我文化的深刻理解，也能够培养对他者文化的尊重和欣赏，从而为建设一个多元和谐的世界社会作出贡献。

四、个体反思与自我认定

文化认同的形成也是个体反思与自我认定的结果。随着个体认知和情感的成熟，他们开始主动探索和质疑早期社会化过程中接受的文化价值和身份。通过自我反思，个体可能会重新定义自己的文化认同，可能包括对原有文化认同的确认、调整或拓展。个体反思与自我认定是文化认同形成过程中的一个关键环节，这一过程涉及个体对自己所属文化，以及与之相关联的价值观、信仰和行为模式的深入思考和评估。随着年龄的增长和社会经验的积累，个体的认知和情感能力逐渐成熟，使他们能够以更加主动和批判的态度审视自我和所处的文化环境。在这一过程中，个体可能会对早期社会化阶段内化的文化价值观和身份进行深入的探索和质疑，这种自我反思不仅限于对个人行为和信仰的内省，也涉及对社会文化现象的分析和批判。通过这样的反思，个体可以更加清晰地认识自己与所属文化之间的联系，以及这种联系如何影响自己的世界观和行为模式。

自我反思的过程可能会导致个体对自己文化认同的重新定义，这种重新定义可能体现为对原有文化认同的确认、调整或拓展。比如，个体可能会发现自己深受某些传统文化价值的影响，从而加强对这些价值的认同；或者，个体可能会识别到自己的文化认同中存在的偏见和限制，从而寻求调整或拓展自己的文化视野。另外，个体反思还可能促使人们探索与自己文化背景不同的其他文化，从而形成跨文化的认同。这种跨文化认同不仅有助于个体在全球化的世界中建立更广泛的社会联系，也促进了对多样性和差异性的理解和尊重。个体反思与自我认定的过程是个体文化认同不断发展和成熟的表现，它要求个体不断地对自己的文化背景、价值观念，以及与他人的关系进行深入的思考和评估，这一过程不仅有助于个体形成更加坚实和多元的文化认同，也为个体提供了实现个人成长和社会融入的机会。通过这样的内省和自我认定，个体可以更好地理解自我，并认同其在多元文化世界中所处的位置，从而为构建更加包容与和谐的社会作出贡献。

五、文化遗产与历史记忆

文化遗产和历史记忆对个体文化认同的形成具有重要影响，历史事件、传统习俗、文化符号和祖先故事等，构成了个体与群体共享的文化记忆，加深了对文化根源和历史连续性的认同感。文化遗产与历史记忆在塑造个体及集体文化认同中扮演着核心角色，它们不仅作为过去与现在之间的桥梁，也是联结个体与其社会、民族或群体认同的纽带。历史记忆通过各种形式的文化遗产——无论是物质的如建筑、艺术品、文物等，还是非物质的如仪式、传统习俗、语言和故事等——得以传承和保存。这些遗产和记忆集结成一种强大的文化力量，深刻影响着个体对自身、所属群体以及他们之间关系的理解和认同。

文化遗产和历史记忆的重要性首先体现在它们能够帮助个体理解自己的文化根源，通过了解与自己文化相关的历史事件、传统习俗和文化符号，个体能够更深刻地感知自己的文化身份和归属感。例如，参加传统节日、学习历史故事或探访历史遗址等活动，都能加强个体对自己文化遗产的认识和尊重。同时，文化遗产和历史记忆在维持和传递社会和文化价值方面发挥着不可替代的作用。它们是社会共同记忆的载体，不仅保存了过去的经验和智慧，也传达了一代代人的信仰、价值观和生活方式。这种跨代的传递确保了文化的连续性，使文化遗产成为现代社会与其历史和传统联结的重要纽带。文化遗产和历史记忆也是社会凝聚力和身份认同的重要来源，共享的历史记忆和文化遗产有助于增强群体成员之间的联系，促进社会凝聚力。当个体和群体在特定的历史时刻或面对共同的挑战时，回顾共享的历史和文化遗产，会产生一种强烈的归属感和集体认同感，这对于维护社会稳定和促进文化多样性的理解与尊重具有重要意义。

数字技术的发展使得文化遗产的保存、研究和分享变得更加便捷，但同时也提出了如何保护文化遗产原有意义和价值的问题。如何在尊重和保护文化遗产的同时，使其在全球化背景下发挥积极作用，成为当代文化遗产研究和管理的重要议题。文化遗产与历史记忆不仅是联结过去与现在的桥梁，也是塑造和传递个体及集体文化认同的重要力量。它们在促进文化连续性、传承社会价值、增强社会凝聚力以及面对全球化挑战时的地位和价值都是不可估量的。理解和尊重文化遗产与历史记忆，对于促进社会和谐与文化多样性的保护至关重要。

六、全球化与跨文化交流

在全球化的大背景下，跨文化交流和移民的增加为个体提供了前所未有的机会，以接触、体验和融入多元文化环境，这种跨文化的互动不仅仅是地理上的移动，更是文化认同和自我认识的重塑过程。个体在这个过程中可能会遇到与自己原有文化背景不同的价值观、生活方式和思维模式，这场遭遇战对个体原本的文化认同提出了挑战，同时也为自我认同的重新审视和拓展提供了机遇。

全球化促进了不同文化之间的接触和交流，使得文化边界变得更加模糊。个体在全球化的交流中，可能会发现自己不再局限于单一的文化认同，而是开始形成跨文化的、流动的或混合的文化认同。这种认同是基于个体在不同文化之间的流动和互动经验，它反映了个体如何在多元文化的世界中寻找归属感和认同感。跨文化交流的增多也给个人学习、成长提供了契机。个体通过与不同文化背景的人交往，在丰富人生阅历的同时，也能更深刻地认识自我、认识世界，从而学习到新的知识、技能和视角。这种理解超越了单一文化的框架，促使个体能够更加开放和包容，对不同的文化持有尊重和欣赏的态度。移民经历更是个体文化认同形成和发展的重要影响因素，移民过程中的适应和融入挑战，迫使个体重新审视自己的文化根源和所处的新文化环境。个体在这一过程中可能会经历文化冲突与身份认同危机，但同时也是自我认同重构和文化融合的过程。个体可能会从中发展出对原有文化和接触文化都有深刻理解和认同的跨文化身份，这种身份使得个体能够在多元文化的世界中自如地切换和融合。

全球化和跨文化交流为个体文化认同的形成和发展提供了新的维度和路径。这种跨文化的动态互动不仅挑战了传统的文化认同观念，也为构建一个更加包容、多元与和谐的世界社会提供了可能。在这个过程中，个体的文化认同变得更加流动和多元，反映了在全球化背景下人类社会的复杂性。

文化认同的形成是一个复杂而动态的过程，它不仅根植于个体所处的特定文化环境和社会结构中，而且随着时间的推移、社会的发展，以及全球化的加深而不断地发生变化。从家庭的早期社会化到教育体系的影响，再到广泛的社会交往和个人的深度反思，每一个环节都在不断地重塑着个体的文化认同。随着全球化的深入，跨文化交流日益频繁，给个体提供了丰富的文化体验和认同选择，同时也带来了新的挑战和机遇。家庭作为文化传递的第一站，通过日常的语言交流、风俗习惯和宗教信仰等，为个体提供了初步的文化框架。这一框架不仅为个体的文化认同奠定了基础，也成为个体后续文化认同发展的参照点。随着个体进入教育体系，学校教育通过提供更为广泛的知识体系和多元的社会实践，进一步拓宽了个体的文化视野，深化了对自身，以及其他文化的理解和认识。

第二节 文化认同的演变

文化认同的演变是一个复杂且动态的过程，它受到历史进程、社会变迁、全球化、技术发展等多重因素的影响。从古至今，随着人类社会的发展和文化交流的加深，文化认同经历了从单一到多元、从封闭到开放的转变，体现了文化多样性和个体认同多维性的增强。

一、古代到中世纪：地域与血缘的文化认同

在古代和中世纪，文化认同主要基于地理位置和血缘关系。这个时期的社会结构相对封闭，人们的生活范围有限，文化交流相对缓慢，因此文化认同往往与特定的地域和族群紧密相关，这种文化认同有着强烈的排他性和保守性，对外来文化持保守或抵触态度。在古代和中世纪，文化认同的构建与维持深受地理位置和血缘关系的影响，这一时期的文化认同体现了人类早期社会组织和文化发展的基本特征。在这段历史时期，社会的主要结构是部落、氏族和封建领地，这些社会单位在很大程度是自给自足、自我封闭的系统。这种社会结构限制了人们的生活范围和与外界的文化接触，使得文化认同在很大程度局限于狭窄的地域和血缘集团内部。地理位置的隔离效应使得不同地区的文化发展各具特色，形成了鲜明的地域文化认同，这种认同基于共同的语言、宗教信仰、风俗习惯和历史传说，为社区成员提供了一种归属感和身份标识。例如，古希腊的城邦文化、中世纪欧洲的封建领主文化等，都是地理位置对文化认同形成影响的典型例子。

血缘关系在这一时期的文化认同中同样扮演着核心角色，家族和氏族是社会组织的基本单位，血缘关系成为定义个体身份和社会地位的主要依据。在这种背景下，文化认同不仅体现在共享的文化传统和价值观上，更体现在对家族和氏族历史的维护和传承上。血缘关系的强调加深了对家族荣誉和传统的重视，促进了文化认同的内聚性和持久性。这一时期的文化认同具有明显的排他性和保守性。由于文化交流相对缓慢，外来文化往往被视为威胁，容易引发社群的排斥和对立。这种态度在一定程度限制了文化的交流和融合，但也促使各地区文化在相对孤立的环境中保持独特性和多样性。

古代到中世纪的文化认同反映了人类社会早期的组织形式和文化交流模式。地理位置和血缘关系是构成文化认同的关键因素，它们共同塑造了个体和社群的文化身份，为后世文化认同的演变奠定了基础。这一时期的文化认同虽然具有排他性和保守性，但也在文化的多样性和持久性方面发挥了重要作用。

二、近现代：民族国家与文化认同

进入近现代，随着民族国家的形成和国家意识的觉醒，文化认同开始向基于民族和国家的认同转变。教育制度的建立、国家媒体的发展，以及官方语言的推广等，都加强了基于民族国家的文化认同。这种认同强调共同的历史、语

言、传统和文化价值观，促进了民族团结，但同时也可能导致民族主义情绪上升。进入近现代，随着全球化进程和民族国家概念的确立，文化认同经历了一次深刻的转型，从地域与血缘的传统模式逐渐演化为更为广泛的民族国家认同，这一转变在很大程度得益于民族主义的兴起和国家意识的觉醒，特别是在欧洲的民族国家形成过程中尤为显著。

国家的建立不仅是政治和地理概念的统一，更是文化认同和民族意识集结的体现。教育制度的普及和建立，尤其是公共教育的发展，成为近现代文化认同形成的关键因素。学校教育成为传播国家语言、历史、文化和价值观的主要渠道，通过教科书、课程和国家历史的教授，塑造了一代又一代人的国家认同感。这种教育不仅提供了共享的知识基础，更重要的是强化了对民族历史和文化遗产的认同，从而加深了国家意识。同时，国家媒体的发展对于近现代文化认同的塑造也起到了不可忽视的作用，报纸、广播和电视成为宣传国家意识、民族精神和文化价值的重要工具。通过媒体的广泛传播，国家能够有效地向公众传递统一的信息和价值观念，增强国家凝聚力和民族认同。

官方语言的推广也是近现代文化认同转变的重要方面，语言不仅是交流的工具，更是文化认同和民族归属感的重要标志。通过将某一语言定为国家官方语言，强化了这种语言在教育、政府事务和公共生活中的使用，从而加强了基于共同语言的文化认同。这种基于民族国家的文化认同在促进国家团结、建立共同的历史和文化记忆方面发挥了积极作用。

近现代文化认同的形成与演变体现了民族国家建构过程中文化、教育和媒体等因素的综合作用，这一时期文化认同的转变既促进了国家统一和民族团结，也带来了对文化多样性的挑战和思考，反映了文化认同在不断变化的社会历史背景下的复杂性和多维性。

三、全球化时代：多元与流动的文化认同

随着全球化的加速和信息技术的飞速发展，文化认同的演变进入了一个新阶段。人们的生活方式、沟通方式，以及获取信息的渠道发生了根本变化，文化交流变得前所未有的频繁和深入，这使得文化认同不再局限于单一的民族或地域，而是变得更加多元和流动。个体可能同时拥有多重文化认同，包括民族认同、地域认同、全球认同等，这些认同在不同情境和不同时间点可以呈现出不同的优先级。文化认同的演变标志着从固定、单一的认同向流动、多元的认

同的转变。这一转变的背后，是全球文化交流与互动的推动，这是全球化的加速，也是信息技术革命的推动。如今，移动网络传播的跨越国界、传播范围广的全球性媒体，让不同文化的接触变得日常化。全球各地的文化元素，人们都能很容易地接触并吸收，这种文化交流的频繁与深入，推动了个人文化认同的多元化。人们不再仅仅以出生地、族群或血缘关系界定自己的文化认同，而是依据个人的经历、兴趣和价值观念选择性地认同多种文化。举例来说，一个出生于亚洲、成长于欧洲的人，可能会同时对亚洲和欧洲的文化产生认同，而他们也可能会通过互联网的学习与沟通，对其他地区的文化产生认同。

全球化也促使文化认同变得更加流动和灵活，随着全球移民的增加和国际旅行的便利，人们有更多机会在不同的文化背景下生活和工作，这些经历使得他们能够跨越传统的文化边界，形成跨文化的认同感。这种流动的文化认同反映了当代世界的复杂性，个体可以根据不同的社会环境和个人选择，在不同的文化身份之间灵活切换。然而，这种多元和流动的文化认同也带来了新的挑战。对于个体来说，如何在多重文化认同中找到自我定位，如何平衡不同文化认同之间的冲突和矛盾，成为需要面对的问题。对于社会来说，如何在尊重多元文化的同时维持社会凝聚力，如何处理不同文化认同之间的交流和融合，也是需要深入探讨的议题。

全球化时代的文化认同演变反映了当代社会的多元性和流动性。这一时代的文化认同不仅仅是关于个体如何看待自己和他人的问题，更是关于如何在全球化背景下理解和应对文化多样性的问题。这要求个体、社会乃至国家层面的深思熟虑和积极对话，以促进更加包容、开放与和谐的全球文化环境。

四、数字时代：虚拟与现实的文化认同

在数字时代，文化认同的边界进一步被互联网和社交媒体的兴起所延伸。虚拟社区和网络文化成为个人文化认同形成的新空间，人们可以表达自我、探索身份，在虚拟世界建立联系，不受地域限制，这种文化认同既包括传统意义上的文化元素，也融入了数字文化的特点，是现实与虚拟相互作用的产物。文化认同的建构过程，在数字时代发生了空前的变化，网络与社交媒体的广泛普及，使虚拟社区与数字文化成为人们对文化认同的建构与探究的新前沿。这个时代的个体，在现实与虚拟的交织中，他们的文化认同不再仅仅局限于传统的地缘、血缘的界限，而是不断地演化。虚拟社区为个人探索和自由表达文化身

份提供了一个独特的平台，人们可以根据共同的兴趣、价值观和经历，在这些数字空间中汇聚成一个跨越国界的文化共同体。这种基于共同兴趣和认同感的社区为个体提供了新的文化归属感，使得文化认同的构建变得更加多元和灵活。

网络文化本身也成为个人文化身份认同的一个重要环节，从网络用语、表情包到各种亚文化现象，数字文化的元素逐渐渗透到人们的日常生活中，成为个体表达和交流的重要工具。这种数字文化的特点，如即时性、互动性和创造性，影响着个体的文化认同形成和表达方式，使得文化认同更加流动和开放。数字时代的文化认同还体现了现实与虚拟的复杂互动，许多人在虚拟世界中探索和体验不同的身份，这些虚拟身份反过来又影响着他们在现实世界中的自我认知和行为，这种从虚拟到现实的反馈循环，使得文化认同在数字与现实间不断地被重构和重新定义。然而，数字时代文化认同的形成也面临挑战，虚拟空间的匿名性和去中心化特点虽然为文化表达提供了自由度，但也可能导致文化碎片化和身份的表面化。同时，网络空间的信息泛滥和过度商业化也可能对个体的文化认同产生扭曲和影响。

数字时代的文化认同是一个复杂的、多维度的建构过程，既涉及个体如何建构并表达其在虚拟与现实之间的文化认同，也涉及文化的延续性与深度如何在全球文化流动的数字化中寻找并维持。推动文化多样性，加强跨文化的理解与交流，对理解和研究这一时代文化认同的演变具有十分重要的意义。文化认同的演变是人类社会进步和文化互动深化的直接反映。历史上，人类社会从较为封闭的地域与血缘集团向构建基于民族国家的广泛认同转变，再进入全球化和数字化时代，这一过程标志着文化认同形成机制和表现形式的根本演化。这些变迁不仅展示了文化的广泛多样性，也揭示了个体认同在不同历史阶段的复杂性和多变性。

第三节　文化认同的现代意义

文化认同在当今日益全球化和信息化的现代社会中，扮演着极其重要的多重角色。它不仅是个体自我理解和归属感的核心，也是塑造社会结构、促进国际关系和引导全球化进程的关键因素。文化认同影响着人们的思想方式、行为模式和交流方式，同时，它也是社会多样性和包容性的基础。在国际舞台上，文化认同成为国家间互相理解和合作的桥梁，有助于缓解冲突和促进和平。随着全球化的深入发展，文化认同更加凸显了其在维护文化多样性、促进跨文化交流和应对全球性挑战中的不可或缺的作用。深入理解和尊重不同的文化认同，对于建设一个更加和谐、互联互通的世界至关重要。

一、个体自我认知和归属感的基础

在快速变化和多元化的现代社会中，文化认同为个体提供了一个稳定的自我认知框架和归属感。通过认同特定的文化，个体能够理解自己的起源、价值观和行为习惯，这是个体自尊和自信的基础。在现代社会的广阔背景下，快速的社会变化和文化多样性的增加为个体的自我认知和归属感提出了新的挑战。文化认同作为个体与特定文化之间的内在联系，成为个体理解自我、塑造身份的重要基础。

通过特定文化的认同，个体不仅能够理解和确认自己的起源、价值观和行为习惯，还能在广泛的社会文化环境中找到归属感和安全感。这种文化认同感来源于个体对其文化遗产的认识和体验，包括语言、宗教、传统习俗、艺术和历史等方面。这些元素共同构成了个体的文化背景，帮助其在多元化的世界中建立独特的自我认知。比如，个人通过对特定的文化传统和节日的学习和参与，既可以加深对自身文化根源的认识，又可以增进与同文化群体成员之间的联结和归属感。文化认同还为个体提供了一种价值观和道德准则的框架，引导其在社会中的行为和决策。这种价值观的内化过程对于形成个体的道德判断和社会行为模式至关重要。它不仅决定了个体如何看待世界和他人，也决定了个体如何在社会中定位自己和他人。在现代社会中，文化认同的形成和发展不再是一个单一方向的过程。随着全球化和数字化的发展，个体更容易接触到多元文化，可能会形成跨文化的认同感。这种跨文化的文化认同使得个体能够在更广阔的视野中看待自我和世界，增强了对不同文化的理解和包容性。

文化认同是个体在现代多元社会中建立自我认知和归属感的关键，它不仅是个体与其文化根源之间的桥梁，也是个体在全球化背景下理解多元文化和建立跨文化交流能力的基础。通过深化对自身文化认同的理解和尊重他人的文化认同，个体可以在复杂多变的现代社会中找到自己的位置，实现自我成长和社会融合。

二、社会多元化和包容性的促进

文化的多样性是现代社会的基本特征之一，文化认同的尊重和包容是实现社会和谐与稳定的关键,[①] 通过促进不同文化认同的交流和理解，可以减少文化冲突，增强社会的包容性和适应性。在当今全球化和信息化时代，社会多元化成为一种普遍现象，各种文化背景的人们在相同的社会空间内生活和互动。在此背景下，对文化认同的尊重与包容，既是促进个体间相互体谅的基础，也是社会和谐稳定得以实现的关键所在。文化认同的多样性体现了人类文化的丰富性和复杂性，而如何在这样的多元化背景中促进社会的包容性和适应性，成为现代社会面临的重要挑战。

尊重和包容不同的文化认同意味着承认每个人或群体都有权利保持和发展其文化特征和价值观。这不仅涉及法律和政策层面的保障，更重要的是社会文化环境的营造。在日常生活中，从教育体系到媒体传播，从公共政策到社会实践，都需要体现对多元文化认同的尊重和包容。例如，学校教育应该包含多元文化内容，增强学生对不同文化的了解和尊重；媒体在报道时应避免文化偏见和刻板印象，展现多元文化的正面形象。

促进不同文化认同之间的交流和对话，是减少文化冲突和增强社会包容性的有效途径。跨文化交流活动，如文化节、艺术展览和国际交流项目可以为不同文化背景的人们提供互动和理解的机会。通过这些活动，人们可以亲身体验和感受其他文化的美好，增进相互间的尊重和理解。强化社会的包容性和适应性还需要建立在公平和正义的基础之上。这意味着在社会政策和实践中需要考虑不同文化群体的需求和权益，确保所有人都能在公平的环境中发展其文化认同。例如，政府应该提供语言支持和文化服务，帮助移民群体更好地融入社会，同时保持其文化特色。社会多元化和包容性的促进需要社会各界的共同努力，包括政府、教育机构、媒体，以及公民社会的积极参与。通过尊重和包容不同的文化认同，促进跨文化交流和对话，以及建立公平和正义的社会环境，可以有效减少文化冲突，增强社会的包容性和适应性，进而促进社会的和谐与稳定。

三、跨文化交流与全球合作的桥梁

在全球化的今天，文化认同不仅是个体或群体自我定义的重要方面，更成为跨文化交流与全球合作的重要桥梁。随着国际间的互动日益频繁，理解和尊重不同的文化认同变得至关重要，它可以促进不同文化背景的人们之间的沟通

---

① 管仕廷．论和谐文化的主要特征［J］．社科纵横，2012（10）．

与合作，进而共同应对全球性挑战。

文化认同的共享与理解有助于建立国际间的信任与合作。在全球化背景下，国家间的合作越来越需要在相互理解和尊重的基础上进行。通过文化交流活动，如国际艺术节、文化展览和学术研讨会，不同国家的人民可以更深入地了解彼此的文化特色和价值观，从而建立起相互之间的信任。这种信任是进行国际合作、共同应对全球性问题的基石。

文化认同的交流有助于促进全球性问题的解决。面对气候变化、经济发展不平衡、国际安全等全球性挑战，不同文化背景的人们可能会有不同的看法和解决方案。通过跨文化交流，可以集合多元的视角和智慧，促进创新性解决方案的产生。例如，传统知识和本土智慧在应对气候变化方面提供了独特的视角和实践，而这些知识往往根植于特定的文化认同之中。

跨文化交流还有助于促进经济全球化中的文化多样性和社会包容性。随着全球经济一体化的发展，文化产品和服务的国际流通日益增加。尊重和包容不同文化认同可以促进文化产品的多样性，为全球消费者提供更丰富的选择。同时，通过促进不同文化的交流和融合，可以增强社会的包容性，促进不同背景的人们在经济全球化进程中的平等参与。

文化认同在全球化背景下扮演着联结不同国家和地区的桥梁角色。通过促进跨文化交流和国际合作，文化认同不仅有助于增进国际间的理解和信任，也为全球性问题的解决提供了多元的视角和创新的方案。为了建设一个更加和谐、包容和可持续发展的全球社会，尊重和理解不同的文化认同至关重要。

四、文化遗产的保护与传承

现代社会对文化遗产的保护与传承赋予了新的意义，文化认同的强化促进了对传统文化和非物质文化遗产的重视，这不仅是对过去的尊重，也是对未来的负责，确保文化多样性的持续存在。在当代社会中，文化遗产保护与传承的任务被赋予前所未有的重要性。随着全球化的加速和文化同质化的威胁，强化文化认同成为维护文化多样性和促进文化可持续发展的关键。文化遗产，无论是有形的如建筑、艺术品、文献，还是无形的如语言、传统仪式和手艺，都是人类智慧和创造力的结晶，记录人类历史的发展轨迹，承载着丰富的文化意义和社会价值的文化遗产，不仅是对过去的一种尊重，更是对未来的一种负责。通过保存这些文化资产，我们为后代保留了一个了解和学习先辈生活、思想和艺术的窗口。这种跨时代的联结增强了人们对自己文化根源的认同感，同时也促进了跨文化的理解和尊重。随着技术的发展和数字化的普及，文化遗产的保护和传承方式也在发生变化。数字化技术为文化遗产的记录、保存和分享提供了新的可能性，从而使得文化遗产更加易于访问和学习。例如，通过虚拟现实技术，人们可以跨越时空限制，亲身体验遥远或消失的文化现象，这种体验在很大程度增强了公众对文化遗产的兴趣和参与度。

社会对文化遗产的保护与传承的认识也在不断深化，人们开始意识到文化遗产并非只属于某个国家、某个民族，而是属于整个人类的共同财富。联合国教科文组织世界遗产项目就是一个典型的例子，这种全球视角的认同促进了文化遗产保护的国际合作与交流。通过这样的国际合作，不仅可以使那些具有世界意义的文化遗产得到更有效的保护，而且可以促进不同文化之间相互了解、相互尊重。在现代社会中，文化遗产的保护和传承起到举足轻重的作用，既是对人类历史文化多样性的尊重，更是对未来的负责，通过加强文化认同和利用现代技术，我们可以确保文化遗产得到有效保护和传承，为后代留下宝贵的文化资源。

五、创新与创造力的激发

现代社会的创新与创造力的重要源泉是文化认同的交流与碰撞。不同文化背景的融合，带来了推动社会进步和文化发展的新视角和灵感，包括艺术、科技和教育等各个领域。文化认同的交流与碰撞成为创新与创意发展的关键动力，创新与创意的激发对现代社会起到至关重要的作用。

文化的多样性和交流在全球化的背景下为创新与创造力提供了丰富的土壤和灵感来源，在艺术、科技、教育等各个领域都是如此。不同文化背景的融会贯通在催生新理念的同时，更激发出推动社会文化全面发展的创新火花。跨文化的交流在艺术领域使艺术作品具有多样性，艺术家在借鉴不同文化元素的基础上创造具有全新风格和表现形式的作品，这些作品能够跨越文化界限，触动更广泛的观众心灵。在科技领域，来自不同文化背景的科学家和工程师合作，能够从不同的角度对问题进行审视，并找到创新的解决方案，这种跨文化的合作模式已经成为促进科技进步的重要力量。在教育领域，跨文化的交流同样对教学有重要的影响，多元文化的教学环境将鼓励学生开放思维，以培养其全球视野。无论是艺术领域还是教育领域，跨文化的交流都起到不可忽视的作用，在丰富人们视野的同时，也促进了人类文化的发展和进步，为他们今后的人生和工作在全球化的世界中奠定一个稳固的基础。文化认同的碰撞不仅是文化要素的简单叠加，更是文化的深层次融合、取长补短，它要求我们探索共性，发现创新的可能性，是基于对每一种文化特征的尊重，这种跨文化的交流与合作在加深人们对不同文化理解与尊重的同时，也为社会的进步注入了新的活力，为文化的发展注入了新的创造力。

文化认同的沟通与碰撞对于创新与创意的激发，有着无法取代的推动作用。既促进了艺术、科技、教育等方面的发展，又是一个开放、包容、充满活力的社会建设的钥匙。理解和利用文化认同的交流和碰撞，对于促进社会进步和文化发展，在全球化和数字化日益深化的今天，意义深远。

六、个体和群体抵御文化同质化的能力

随着全球化深入发展，文化同质化的趋势日益明显。强烈的文化认同感帮助个体和群体维护自身独特性，抵御外来文化的过度影响，保持文化多样性。在全球化的大背景下，世界各地的文化越来越面临同质化的挑战，这种趋势虽然促进了跨国界的沟通和理解，同时也引发了对文化多样性丧失的担忧。在这种背景下，个体和群体的文化认同感显得尤为重要。文化认同，作为个体或群体对自己所属文化的归属感和认同感是抵御全球文化同质化趋势、维护文化多样性的关键力量。文化认同使个体和群体有能力识别并珍视自己文化的独特价值。在全球化带来的外来文化冲击下，这种认同感促进了对本土文化的深入探索和重视，使得个体和群体不仅仅满足于接受全球流行的文化形态，而是积极寻求并强化自己文化的独特性。

强烈的文化认同感推动了文化的传承和创新。面对全球化的挑战，个体和群体通过创新的方式适应和回应，同时不放弃自己文化的根基。这种创新不仅体现在文化产品的创造上，也体现在传统文化实践方式的现代化适应上，从而确保文化的连续性和活力。文化认同感还有助于建立跨文化对话和理解的桥梁，在全球文化同质化的压力下，有强烈文化认同感的个体和群体更有可能成为文化多样性的倡导者和保护者。他们能够从自身文化的视角出发，与其他文化进行交流和对话，促进不同文化之间的相互尊重和理解。个体和群体的文化认同感在全球化背景下发挥着至关重要的作用，它不仅帮助个体和群体维护自己的文化独特性，抵御外来文化的过度影响，还促进了文化的传承、创新和跨文化对话，从而保持了文化多样性的丰富性和活力。因此，加强文化认同感的培养和保护是应对全球同质化挑战、维护文化多样性的重要策略。

在促进社会多元化、包容性和全球化合作方面，文化认同在现代社会中所

发挥的作用远远超出传统意义上的归属感和自我认知的框架，显示出无与伦比的价值。随着世界变得越来越互联，多元文化的交流和融合已成为现代社会的常态。在这一背景下，文化认同的意义被重新定义，不仅仅是关乎个体和群体之间的内在联系，更关乎其在全球范围内促进文化的交流、理解和尊重的能力。

文化认同的强化对于维护社会的多元化和包容性至关重要。在全球化的浪潮中，不同的文化背景、信仰和价值观在日常生活中交织碰撞，尊重和理解这些不同的文化认同，不仅有助于减少文化冲突，增强社会的和谐性，也是建立一个开放、包容社会的基础。通过鼓励多元文化的表达和认同，可以促进不同文化间的相互学习和借鉴，增强社会的整体适应性和创新能力。文化认同在维持和促进文化多样性方面发挥着核心作用，文化多样性是人类社会宝贵的资源，它丰富了我们的世界观和生活经验。通过保护和传承不同的文化遗产和传统，强化文化认同，不仅有助于保存人类历史和文化的多样性，也为未来创造提供了无限的可能性和灵感。在这一过程中，个体和群体对自身文化的认同感与尊重成为推动文化持续发展的动力。

文化认同是促进全球合作与和平共处的关键。在面对全球性挑战如气候变化、贫困、疫情等问题时，不同文化和国家间的合作成为解决这些问题的必要途径。文化认同的交流和理解不仅可以减少误解和偏见，建立信任和尊重，也可以激发合作的新思路和解决方案。通过共享和欣赏不同的文化遗产，我们可以建立一个更加紧密、相互支持的全球社区。

综上所述，文化认同在现代社会中的意义远远超出了个体层面，它在促进社会多元化、文化多样性以及全球合作中发挥着不可替代的作用。理解和尊重不同的文化认同不仅是实现个体自我实现的基础，更是构建一个和谐、创新和可持续发展社会的关键。在全球化和信息化的今天，培养全球视野、推动文化的交流与理解是我们共同的责任和挑战。

第四节　文化认同的未来趋势与挑战

在全球化快速发展的背景下，文化认同正面临前所未有的挑战，这些变化不仅影响着个体的身份感和归属感，也对社会的整体结构和国际关系产生深远影响。首先，文化流动性的增加导致传统文化边界的模糊，个体和集体越来越多地经历跨文化的身份构建，这既是文化多样性的体现，也是文化认同冲突的潜在原因。其次，信息技术的飞速发展，尤其是互联网和社交媒体的普及，为人们提供了前所未有的文化表达和交流平台，但同时也带来了信息过载、网络虚拟身份与现实身份的差异等问题，对个体的文化认同产生深刻影响。全球化同时带来对本土文化的挑战，如何在全球化的大背景下保持和发展本土文化成为一个亟待解决的问题。① 面对这些趋势和挑战，需要国家、社会和个体三方面的共同努力，通过教育、政策制定和国际合作等手段，促进文化的理解、尊重和融合，以构建一个更加包容与和谐的全球化世界。

一、多元化与融合

随着全球人口流动加速和信息技术的发展，不同文化的交流和融合将更加频繁，这种多元文化的融合推动了新的文化认同形式的出现，如跨文化认同、混合文化认同等，这些新兴的认同形式反映了现代社会文化多样性的增加，同时也挑战着传统的文化认同概念和边界。在全球化和信息技术高速发展的当代社会，文化的多元化与融合已成为不可逆转的趋势。

全球人口的流动性日益增强，人们跨越地域和国界，将各种文化背景带入新的环境中。同时，互联网和社交媒体的普及使文化交流变得前所未有的便捷和迅速，不同文化间的互动和影响变得日益密切，在这样的背景下，传统文化身份正遭遇空前的挑战与蜕变。多元与融合在增加社会文化复杂性的同时，也使文化认同的新形态不断产生，跨文化认同、混合文化认同等体现自我定位和多元文化背景下个体身份认同过程的概念应运而生。这些新兴的文化认同形态，以单一的族群、地域或宗教为基础，突破了传统的文化认同模式，表现出更多的柔性和流动性。个体可能在多个文化圈中同时存在，从而形成一种复合型的认同，这种认同包含多种文化元素，在丰富现代社会人文景观、推动文化创新与发展的同时，这种文化的多元与融合也带来了对传统文化理念与边界认同的挑战。现代社会面临的一个重要问题是如何在多元文化交融的过程中，既保持文化的特性，又保持传统的价值，在不同文化之间如何处理矛盾和冲突。同时，新兴的文化认同形式也要求我们在全球化的背景下，重新思考文化认同的定义、构成要素和功能，以及文化的理解、尊重与包容是如何促进的。

未来的文化认同，在多元融合的现实面前，开放性、流动性、包容性将越来越能体现出来。这就需要个体、社会，乃至国家层面的文化政策和教育实践适应这种变化，在努力保护和传承有价值的文化遗产的同时，积极探索，推动

---

① 康丛．在全球化背景下保持中华文化品质［J］．山西青年管理干部学院学报，2012（02）．

跨文化的交流与融合。通过这样的努力，打造一个更加多元、更加和谐、更加可持续发展的全球文化生态。

二、本土化与全球化的张力

全球化带来的文化同质化的趋势与本土文化的保护与振兴之间的紧张关系将会继续保持下去。全球化一方面推动文化的沟通与分享，但同时也可能造成文化同质化，对本土文化唯一性造成侵蚀。未来文化认同面临的重要挑战是如何保护和促进本土文化在全球化背景下的发展，保持文化的多样性。

文化的流动与交流在全球化的浪潮中日益加快，带来文化同质化的空前潮流。这一趋势促进了不同文化间的相互了解与融合，但同时也引发了人们对保护本土文化的担忧。随着全球文化趋向一体化，地方文化面临着前所未有的挑战和压力，尤其是那些较为脆弱和边缘化的文化体系。全球化不仅促进了经济和科技的全球一体化，也加速了文化产品的全球流通。国际媒体巨头的影视作品、音乐和网络内容在全球范围内广泛传播，形成了一种强大的文化霸权，影响着人们的价值观、生活方式和审美标准。这种广泛的文化传播虽然增进了不同文化之间的了解和接触，但也导致了一种文化的标准化和同质化，使得地方文化特色和多样性面临被淹没的风险。

保护和振兴本土文化在全球化带来的文化同质化趋势面前显得格外重要。地方文化是一个地区历史、传统和认同的重要体现，不仅对于维持文化多样性至关重要，也能积极促进社会凝聚力和地区的发展。如何既接受外来文化的正面影响，又在全球化的大背景下保护本土文化、发展本土文化，就成了摆在我们面前的重要课题，需要国家、地区和社区共同努力，才能应对这一挑战。政府可以通过制定文化保护政策、提供财政支持和鼓励文化交流活动来保护和促进本土文化的发展。社区和民间组织则可以通过教育、培训和社区活动来传承和弘扬地方文化。利用数字技术和社交媒体平台可以为地方文化提供一个全球性的展示平台，让更多人了解和欣赏地方文化的独特魅力。

本土化与全球化之间的张力是现代社会不可避免的现象，在全球化的大背景下，保护和促进本土文化的发展，维持文化多样性，不仅需要政策和资金的支持，更需要全社会的共同参与和努力。通过增强地方文化的活力和吸引力，可以有效抵御文化同质化的趋势，为构建一个多元而和谐的全球文化生态系统作出贡献。

三、数字文化与认同

数字技术的发展，特别是社交媒体与虚拟现实技术的运用，正在深刻影响着人们的文化认同。数字空间成为促进文化表达与认同建设的新领域，为虚拟社区的形成与文化的数字化传播提供有力支撑，但由此也带来不少新挑战，如在网络空间中的文化隔阂、数字鸿沟问题，以及在线身份与真实身份间的矛盾等。

随着数字化时代的快速发展，社交媒体与虚拟现实技术在改变人们与世界互动方式的同时，也为促进文化表达与认同建设开辟了新的途径。我们既需要充分利用这些技术，从不同角度对文化进行表达和传播，也需要正视其带来的冲击，在数字化时代下积极寻求解决之道。数字空间，如社交网络平台、在线论坛和虚拟世界已成为文化交流和个体认同表达的重要场所，它们促进了跨地域的文化交流，允许人们在没有物理限制的情况下建立和参与虚拟社区，共享和传播文化内容。然而，这种数字化的文化认同构建过程并非没有挑战。网络空间的文化隔阂问题尤为显著，不同文化背景的用户在互联网上的交流有时会因为缺乏面对面的交往而导致误解和冲突。

数字鸿沟问题也不容忽视，即技术获取不平等可能加剧社会不平等，阻碍某些群体参与数字文化生活，从而影响他们的文化认同感。在线身份与现实身份的冲突也是一个重要议题，在虚拟世界中，每个个体都有机会去自由表达不同的身份，在某种程度促进了个体自我探索和文化认同的多样性，但也有可能造成线上线下身份的割裂，使个体在现实生活中很难把不同的身份整合在一起，从而对其文化认同的稳定性和一致性造成影响。

数字文化与认同的关系是复杂而多维的，它既为文化的表达和交流带来新的机会，也带来了一连串的问题和挑战。今后如何利用数字技术促进文化认同的健康发展，如何解决由此产生的新问题，将是教育工作者、政策制定者和技术开发者共同面临的重要课题。

四、文化冲突与融合的管理

随着文化交流的日益加深，不同文化间出现摩擦和冲突的可能性也随之加大。如何管理和调解文化冲突，促进不同文化的和谐共处，是今后文化认同面临的重要挑战，这就要求政策制定者、教育工作者和社区领袖等共同努力，通过教育、对话和合作促进文化理解和尊重。在当今全球化信息化的时代，不同文化背景的人们接触与互动日益频繁，文化差异的存在，导致误解、偏见，甚至冲突时常发生。所以，在文化冲突的化解过程中，必须重视对不同文化之间的相互理解与尊重，这不仅是政策制定者的责任，也需要教育工作者、社区领袖，以及每一个文化主体的共同努力。

（1）政策制定者应着力于制定包容性政策，确保文化多样性得到尊重和保护。其中包括制定反歧视的法律、对多元文化项目的支持，以及对文化交流活动的鼓励等。通过这些政策措施，减少文化摩擦产生的可能性，同时，也为不同文化背景的民众提供平等参与的机会。

（2）教育在管理文化冲突和促进文化融合方面起到至关重要的作用，教育与文化融合的关系至关重要。对于不同的文化传统和价值观念，学校和教育机构应该提供跨文化的教育课程，对学生理解和尊重，教育能培养学生的跨文化沟通能力，使之在多元文化环境中有效交流与协作。社区领袖和非政府组织在促进文化融合与解决文化冲突中占有举足轻重的地位。他们能组织文化交流活动和对话平台，为不同文化背景的社区成员提供相互学习与认识的机会，既有利于增进不同文化间的相互了解，又能促进社会的和谐与团结。

（3）对于促进文化融合与消除文化矛盾的正面文化交流信息应该得到广泛传播，避免对文化冲突的负面信息的传播，这样有助于减少对立与误解的发生。同时，对于媒体和网络平台也有传播正面文化交流信息之责。媒体可以报道成功的跨文化合作案例，向人们展现不同文化之间和谐共处的可能性和美好前景，从总体上说明管理文化冲突与促进文化融合需要多方面的努力与合作，这是政府支持、政策引导、社区参与和媒体的正面影响所能发挥的重要作用的。

五、文化认同的可持续性

文化认同的可持续性成为当前全球瞬息万变的大环境中一个复杂而又迫切需要解决的问题。既要保护和传承传统文化，又要适应新的社会、经济和环境挑战，才能保证文化认同的不断发展。实现文化认同可持续的关键有以下几个方面。

（1）保持文化的连续性是保证文化认同可持续的基础。通过教育系统、文化机构、社团活动等传承文化经典、推动文化实践，需要各级政府和社团的共同努力。如在学校教育课程中纳入传统美术、手工艺及节庆活动，鼓励后辈学习传承。同时，通过数字化档案和虚拟现实技术等现代技术手段对文化遗产进行保护和展示，使之跨越时空，为全球观众所接触和了解。

（2）需要在文化实践中融入可持续发展理念，使文化认同成为推动社会发展、促进环境保护的原动力。传统文化往往蕴含着对当前环保事业和社会发展具有重要价值的与自然和谐共生的智慧。通过对这些文化元素的挖掘和推广，既可以保护文化多样性，又可以提供一个独特的视角和方法来解决当代环境问题。

（3）在全球化和社会变革面前，保持文化认同的可持续性，重要的方法是寻找和构建一种新的文化认同模式。人们在多元文化交流融合中，既尊重自身文化传统，又开放地接受其他文化的价值与实践，从而发展出一种跨文化的认同感。这种跨文化的认同，在促进不同文化之间相互理解和尊重的同时，也有助于在全球化的背景下，个体找到归属感和自我认同。另外，文化认同的可持续性也要考虑社会政策和文化政策的制定。政策制定者应重视保护文化多样性，支持本土文化的发展，促进文化交流，以保证在全球化过程中，文化认同具有持续性和生命力。传统与现代、本土与全球、个体与社会等多重因素需要综合考虑，才能保证文化认同的可持续性。通过对文化遗产的保护和传承、对可持续发展理念的融入、对支持性政策的制定等方式寻找认同的新途径，夯实文化认同可持续发展的根基。

未来文化认同的演变无疑将沿着多元化、动态化和全球化的轨迹发展。这一进程反映了当代社会日益增长的文化交流强度、信息技术的飞速发展，以及全球人口流动的加速。在这样的背景下，文化认同的构建不再是一个静态或单一维度的过程，而是一个广泛涉及社会、政治、经济和技术因素的动态过程。要应对这一趋势和挑战，确保文化的多样性和人类社会的和谐共处，需要采取一系列综合性的策略，通过加强国际合作，利用数字技术，提供政策支持和教育创新，促进不同文化背景的人们之间和谐共处，共同构建更加开放、包容、创新的全球社会，保护和促进文化多样性。

| 第四章 |

互动技术概述

第一节　互动技术的发展历程

互动技术作为现代信息技术的重要分支，其发展历程充分体现了技术创新与人类沟通方式的深度融合。从最早的用户界面（User Interface，UI）到今日的高度沉浸式体验，互动技术的发展在拓宽科技边界的同时，也深刻地改变了人类的生活方式和社会结构。

互动技术的演进是信息时代一个标志性的发展轨迹，它在塑造现代社会的沟通方式、娱乐形式，乃至工作模式方面起到了决定性的作用。从最初的图形用户界面（Graphical User Interface，GUI）到触摸屏技术，再到今天的增强现实、虚拟现实，以及人工智能（Artificial Intelligence，AI）驱动的交互系统，互动技术的快速发展不仅展现了科技创新的力量，也反映了人类对更自然、更直观交流方式的不懈追求。

首先，用户界面的演化。互动技术的早期发展主要集中在用户界面的设计上，旨在让计算机操作更加直观和人性化。20 世纪 80 年代，图形用户界面的出现让个人计算机的使用变得简单易懂，极大地扩展了计算机的应用领域和用户群体。随着触摸屏技术的普及，直接用手指操作成为可能，进一步降低了使用门槛，增强了用户体验。

其次，从交互到沉浸。随着技术的进步，互动技术的发展逐渐从简单的交互转向创建沉浸式体验。虚拟现实技术通过模拟三维环境，让用户能够“身临其境”地体验虚拟世界；而增强现实技术则在现实世界中叠加虚拟信息，为用户提供丰富的信息和体验。互动技术的应用范围不断扩大，已经从游戏娱乐到教育培训，再发展到医疗与设计等领域，从而极大扩展了它的应用场景。

最后，人工智能的融合为互动技术的发展带来了新的发展维度，使互动体验变得更为智能化和个性化，根据用户的行为模式提供个性化的服务和内容，从智能助手到自适应学习系统，人工智能的融合在使互动技术变得更有创新性的同时，也变得更有动态感。人工智能的融合还深刻影响着人类社会的生活方式和社会结构，改变了人们的交流方式，缩短了信息传播的时间和空间距离，从而加速了全球化进程。

一、初期阶段（20 世纪 50—70 年代）

在 20 世纪中叶，随着计算机科学的初步发展，人机交互技术开始萌芽，标志着现代互动技术的起源。这一时期，图形用户界面和早期的互动系统为用户提供了与计算机交互的新方式，[①] 开启了计算机技术易用性和互动性的探索之旅。

（1）图形用户界面。20 世纪 50 年代，图形用户界面的概念初见端倪，它代表了早期互动技术的原型，为用户提供了一个直观的、图形化的操作界面。与传统的命令行界面相比，图形用户界面通过图标、窗口和菜单等视觉元素，大大降低了计算机操作的复杂度，使得非专业用户也能够轻松上手，这一创新不仅推动了个人计算机的普及，也为软件设计和人机交互研究开辟了新的方向。

（2）早期的互动系统。在这一时期，Douglas Engelbart 在斯坦福国际研究所（SRI）创立增强研究中心，进行了一系列开创性的工作，极大地推动了互动技术的发展。20 世纪 60 年代，Engelbart 提出了“增强人类智能”的概念，并通过实验室研究，发明了鼠标，开发了多窗口界面和实时文本编辑等技术，这些创新不仅预示了后来个人计算机的发展方向，也为未来的互动技术奠定了坚实的基础。Engelbart 的工作引领了计算机科学从单纯的计算工具向交互式通信工具转变的趋势。他的研究成果在 1968 年的“母体之母”演示中向世界展示，这次演示展现了文字处理、超文本链接、视频会议等技术的早期形态，被视为现代计算机互动技术的重要里程碑。

（3）对未来互动技术的影响。这一时期的互动技术虽然原始，但它们对后续技术的发展产生了深远的影响。图形用户界面的普及为后来的触摸屏技术和虚拟现实界面奠定了理论和实践基础。同时，Engelbart 的开创性工作不仅提高了计算机的互动性，也拓展了计算机应用的边界，从而促进了计算机技术在教育、设计、工程等领域的应用。20 世纪 50—70 年代的互动技术初期阶段，虽

---

① 叶惠玲. 图形用户界面的著作权保护与外观设计专利保护研究［J］. 现代信息科技，2019（02）.

然技术设备简陋、应用范围有限，但这一时期的探索和创新为后来的技术进步和应用变革奠定了基础。这些早期的研究和发明不仅改变了人们与计算机的交互方式，也开启了探索人机协作新模式和创造未来互动体验的无限可能。

二、发展阶段（20 世纪 80—90 年代）

20 世纪 80—90 年代，互动技术进入了一个关键的发展阶段，伴随个人计算机的兴起和互联网的普及，标志着互动媒体的诞生和互动技术的快速发展。

（1）个人计算机的兴起。1984 年，苹果公司推出了 Macintosh，这是第一款面向普通消费者并配备图形用户界面的个人计算机。Macintosh 的推出不仅革命性地改变了个人计算机市场，更重要的是，它通过其友好的用户界面大大降低了计算机使用的技术门槛，使得非技术用户也能轻松地与计算机进行互动。Macintosh 的成功推动了图形用户界面在个人计算机中的普及，为后续的互动技术发展奠定了坚实的基础。

（2）互动媒体的诞生。20 世纪 90 年代，随着互联网的普及、超文本标记语言（HTML）和万维网（WWW）的出现，互动技术与网络技术的融合为互动媒体的诞生提供了技术平台。这一时期，网络上的信息交流开始由单向传播转变为双向互动，用户不仅可以接收信息，还可以通过超链接访问相关内容，实现信息的快速跳转和深入探索。万维网的发明人蒂姆·伯纳斯 - 李（Tim Berners - Lee）通过提出万维网，极大地促进了信息的共享和传播，开启了全球信息时代。互联网的快速发展促使互动媒体形态多样化，从最初的文本和图片到后来的视频、音频和动画，再到如今的虚拟现实和增强现实，互动技术的应用领域不断扩大，深刻影响着人们的学习、工作和娱乐方式。

（3）对社会影响的深远意义。20 世纪 80—90 年代的互动技术发展不仅仅是技术进步的体现，更是社会文化变迁的重要标志。个人计算机的普及和互联网的兴起极大地加快了全球化进程，使得跨文化、跨地域的交流和合作成为可能。互动媒体的出现改变了传统的信息传递方式，促进了知识的民主化和信息的自由流通，为人类社会的发展开辟了新的路径。20 世纪 80—90 年代的发展阶段是互动技术历史上的黄金时期，个人计算机的普及和互联网的兴起不仅推动了技术的革新，还深刻改变了社会结构和文化形态，为进入信息时代奠定了坚实的基础。

三、成熟阶段（21 世纪初至今）

21 世纪初至今，互动技术进入了成熟阶段，标志着从单一的用户界面向全方位、多维度互动体验的转变。这一阶段的特点是移动设备的普及、虚拟现实和增强现实的快速发展、云计算与大数据的应用，以及物联网（Internet of Things，IoT）技术的兴起。

（1）移动设备的普及。智能手机的普及，尤其是2007年iPhone的推出，彻底改变了人们的互动方式。触摸屏技术的应用使得用户与设备的交互更加直观和自然，极大地提高了用户体验。智能手机的广泛使用不仅限于通信，它还整合了摄影、音乐播放、网上浏览等多种功能，成为人们日常生活中不可或缺的一部分。智能手机的普及也促进了移动互联网的发展，为社交网络、移动支付和在线服务等提供了强大的平台。

（2）虚拟现实和增强现实。随着计算能力的提升和传感器技术的进步，虚拟现实和增强现实技术为用户提供了前所未有的沉浸式体验。虚拟现实技术通过创建一个全方位的虚拟环境，使用户仿佛置身其中，广泛应用于游戏、教育和训练等领域。而增强现实技术则通过将虚拟信息叠加到现实世界中增强用户的现实体验，可应用到很多方面，比如导航、购物、教育等。这两项技术的发展不仅提供了娱乐和教育的新可能，同时，也带来了专业领域的革命性变化，比如工业设计和医疗领域。

（3）云计算与大数据。云计算与大数据技术的发展对交互技术的智能化有很大的促进作用。云计算提供了强大的计算资源，可以对大量数据进行存储和处理，而大数据技术则有可能将有价值的信息从海量数据中提取出来。这些技术的应用让基于用户行为的推荐系统、智能家居控制系统等个性化交互体验成为现实，使用户体验的个性化、智能化程度有了很大的提升。

（4）物联网。物联网技术的发展使交互技术在日常生活中的各方面得到扩展。通过将传感器和智能设备集成到日常物品中，如家电、汽车和穿戴设备等，物联网技术使得这些物品能够收集数据、互相通信，并响应用户的操作，不仅提升了生活的便利性和舒适性，也为城市管理、环境监测和健康管理等领域提供了新的解决方案。21世纪初至今的成熟阶段，见证了交互技术的多样化发展和应用的深入人心，极大丰富了人们的日常生活，也开启了社会进步发展的新路径。随着技术的不断进步，互动技术的应用将更加广泛，对人类生活方式和社会结构的影响将更加深远。

互动技术的发展历程标志着人类与机器交互方式的革命，它不仅见证了技术革新的历史，也深刻影响了人类的沟通方式、工作习惯及生活风貌。从早期的命令行界面到今天的虚拟现实和人工智能，互动技术的每一次进步都是人类对于更自然、更直观交互方式探索的成果。这些技术的发展不仅促进了信息的快速流通，也为人类社会的组织形态、教育模式乃至文化认同带来了深远的变革。

（1）初始阶段：用户界面的简化。早期的互动技术集中于简化用户界面，使计算机技术从专业人员的专属工具变为大众可接触和使用的设备。图形用户界面的出现，使得非技术背景的用户也能轻松地与计算机系统互动，极大地扩展了计算机的应用范围和用户基础。

（2）发展阶段：网络与移动革命。随着互联网和移动通信技术的发展，互动技术进入了快速发展阶段。互联网的普及使得信息交流不再受地理位置的限制，智能手机和平板电脑的出现则进一步推动了移动互联技术的普及，使得人们能够随时随地进行信息交换和处理。

（3）成熟阶段：智能化与个性化。21 世纪初至今，互动技术的发展重点转向了智能化和个性化。人工智能、机器学习等技术手段使互动系统对用户需求的理解更精准；开发虚拟现实、增强现实技术为用户带来前所未有的沉浸式体验；未来互动技术将朝着全面互联与高度智能的方向发展；物联网技术的应用将使日常生活中几乎所有的物品都成为互动的一部分；随着人工智能的进一步发展，互动技术将更加理解人类，提供更具人性化的服务；同时，随着互动技术在人类生活各个方面的深入运用，与之相关的道德和隐私安全等问题也迫切需要解决。

互动技术的发展既是技术进步的历程，也是人类文化和社会组织演变的缩影，随着新技术的不断涌现，互动技术将不断引领人类社会向更智能更互联的方向发展，同时，也将促使我们在技术革新中不断思考如何保持人类的核心价值和社会责任，这是随着人类社会发展而产生的必然，我们要更加重视互动技术的发展，以便更好地发挥其作用。

第二节　虚拟现实

一、虚拟现实的基本知识

（一）虚拟现实的定义

虚拟现实是指通过计算机技术和虚拟环境生成技术，创建一个在视觉、听觉、触觉等多个感官上模拟的三维空间环境，让用户如同身临其境般体验并与该环境中的对象进行交互的技术。这种环境是计算机生成的，能够模拟现实世界的场景，也能创造出完全超出现实的虚构世界。用户通过特定的输入设备，如头戴显示器或手套，与虚拟环境中的元素进行互动，实现沉浸式的体验。

（二）虚拟现实的基本特征

虚拟现实是一种通过计算机技术创造的模拟环境，它使用户能够沉浸在一个由软件生成的三维空间中，这个空间可以是模拟现实世界的场景，也可以是完全虚构的世界。虚拟现实技术的基本特征包括：

（1）沉浸性。沉浸性就是使用户感觉自己成为计算机生成环境的一部分。这种体验在虚拟现实技术中尤为关键，其核心是通过模拟人类的感知系统，包括触觉、味觉、嗅觉，以及运动感知来激发用户的感觉和情感反应。当用户对虚拟环境中的各种刺激作出反应时，便会在心理上产生深度共鸣，仿佛置身于真实世界中。

（2）交互性。交互性是用户能够与虚拟环境中的对象或者其他用户进行实时互动，这种交互可以通过多种方式实现，如视觉上的选择和操作、语音指令、手势控制等，高度的交互性使得虚拟现实体验更加真实和吸引人。

（3）构想性。构想性又称创造性或想象性，指虚拟的环境是用户想象出来的，使用者在虚拟空间中可以与周围物体进行互动，同时，这种想象体现出设计者相应的思想，可以拓宽认知范围，根据自己的感觉与认知能力吸收知识，创造客观世界不存在的场景或不可能发生的环境。①

（4）自适应性。虚拟现实系统能够根据用户的行为和偏好进行自我调整，提供个性化的体验。比如根据用户的视线移动对视角进行相应调整，根据用户的学习进度对教学内容进行调整等。在虚拟现实技术日益发展的同时，自适应性也逐渐成为一个重要的研究方向，虚拟现实系统在自适应性研究上的应用，也将为用户带来更为沉浸式的个性化体验。

（5）多感官体验。虚拟现实技术致力于模拟多种感官体验，包括视觉、听觉、触觉乃至嗅觉和味觉，从而为人们提供全方位的沉浸式体验，这种多感官模拟是在高度发达的硬件和软件基础上完成的。虚拟现实技术在赋予人们全新的体验方式上扮演了至关重要的角色，随着技术的不断进步和应用范围的日益扩大，它将在未来扮演举足轻重的角色。

（三）虚拟现实系统的组成

虚拟现实系统是一种复杂的技术集成体，旨在创造一个让用户能够沉浸、

---

① 罗国亮. 虚拟现实导论［M］. 北京：清华大学出版社，2022.

交互和体验的计算机生成三维虚拟环境的平台。一个完整的虚拟现实系统主要由以下几个核心组成部分构成：

（1）输入设备。这些设备用于捕捉用户的动作和意图，并将这些信息传递给计算机系统。常见的输入设备包括运动跟踪器（用于追踪用户头部、手部或全身的位置和运动）、数据手套（捕捉手部动作和手势）、运动传感器和眼动跟踪器等。

（2）计算机系统。作为虚拟现实系统的大脑，计算机系统负责处理输入设备提供的数据，并根据这些数据实时生成或更新虚拟环境。这要求计算机具有高性能的图形处理能力和足够的计算速度，以确保虚拟环境的流畅和逼真。

（3）输出设备。输出设备是用户体验虚拟环境的窗口，它们将计算机生成的虚拟环境以视觉、听觉，甚至触觉的形式呈现给用户。头戴显示器是最常用的视觉输出设备，提供沉浸式的视觉体验。立体声耳机、环绕声系统和触觉反馈装置（如振动手柄）也是常见的输出设备，用于增强沉浸感。

（4）软件。虚拟现实软件包括操作系统、开发工具和应用程序。这些软件负责创建虚拟环境的内容、管理用户交互，以及确保系统的整体性能。虚拟现实软件使得开发者能够设计和实现复杂的虚拟世界，包括场景建模、动画、物理模拟和用户界面设计等。

（5）用户界面。用户界面允许用户以直观的方式与虚拟环境进行交互。它包括菜单、图标、虚拟控制器和其他视觉元素，帮助用户导航虚拟环境、执行任务和与虚拟对象进行交互。

（6）感官反馈系统。系统将通过声音、触觉，甚至嗅觉反馈等方式向用户提供环境反馈，以增强虚拟现实体验的真实感。例如，通过特制的手套和服装传递触觉反馈，模拟真实世界中的触觉体验。

（四）虚拟现实技术的发展历程

虚拟现实技术的发展历程可以追溯到 20 世纪 50 年代，经历了从早期的概念探索到现今的广泛应用多个阶段，以下是虚拟现实技术发展的详细介绍。

1. 概念的萌芽（20 世纪 50—60 年代）

在 20 世纪 50—60 年代，虚拟现实技术的概念初步萌芽，标志着人类对于超越物理世界限制、探索虚拟环境的早期尝试。这一时期的技术探索虽然原始，但为虚拟现实技术的未来发展奠定了重要基础。

（1）Sensorama 模拟器。1956 年，美国发明家莫顿·海里格（Morton Heilig）设计并构建了 Sensorama 模拟器，这一设备被视为虚拟现实技术的雏形之一。

Sensorama 模拟器是一种多感官体验机器，能够同时刺激用户的视觉、听觉、嗅觉和触觉。它通过一个特制的机器，播放立体的影像，并伴有声音、振动，以及气味的释放，创造出一种身临其境的体验。尽管 Sensorama 从未商业化，但其对虚拟现实技术的影响深远，展示了通过技术手段创造全面沉浸式体验的可能性。

（2）头戴式显示器。20 世纪 60 年代，伊万·萨瑟兰（Ivan Sutherland）（一位在计算机图形学领域的先驱）与他的学生一起开发了世界上第一台头戴式显示器。这一设备通过头戴的方式，使用户能够直接观看到计算机生成的三维图形世界，虽然设备笨重且外形原始，但它是首次尝试利用计算机技术创建沉浸式视觉体验的重要步骤。萨瑟兰的这项发明不仅预示了虚拟现实技术未来的方向，也为后续的技术发展提供了重要的技术原型。这一时期的技术实验和设备开发虽然在现在看来技术尚不成熟，设备也不实用，但它们展示了通过技术手段创造沉浸式体验的巨大潜力。这些早期的尝试不仅引发了科技界对虚拟现实概念的广泛兴趣，也启发了后续数十年内科学家和工程师在虚拟现实技术上的持续探索和创新。

从这些早期的实验中，我们看到了虚拟现实技术从简单的模拟和展示逐渐演化为今天这种高度复杂、多感官互动的虚拟体验，这一发展过程不仅彰显了人类对于探索未知世界的不懈追求，也预示着虚拟现实技术未来无限的可能性。

2. 技术探索与原型构建（20 世纪 70—80 年代）

20 世纪 70—80 年代，虚拟现实技术进入了技术探索与原型构建的阶段，这一时期出现了多个早期的虚拟环境系统，并且开始在专业领域内寻求应用，特别是在太空模拟训练中的尝试，标志着虚拟现实技术实用化的开始。

（1）VIDEOPLACE。20 世纪 70 年代，VIDEOPLACE 成为一种创新的虚拟环境系统，它通过使用特殊的立体图像技术，允许用户在不需要佩戴任何特殊设备的情况下，通过屏幕观察到立体图像。VIDEOPLACE 的开发标志着虚拟现实技术在提供视觉沉浸体验方面的一个重要进步。虽然这一系统在交互性和沉浸感上还存在限制，但它为后来虚拟现实环境的视觉展示提供了重要的技术参考和启发。

（2）NASA 的应用。20 世纪 80 年代，美国国家航空航天局（NASA）的虚拟现实技术应用开启了这一技术在专业领域应用的新篇章。NASA 利用虚拟现实技术进行太空模拟训练，这不仅提高了宇航员的训练效率和安全性，也验证了虚拟现实技术在复杂任务训练中的实用价值。NASA 的应用包括模拟太空行走、飞船操作等任务，这些应用需求推动了虚拟现实技术在交互性、实时性，以及视觉和动作同步等方面的发展。NASA 对虚拟现实技术的应用不仅展现了虚拟现实在专业领域内的巨大潜力，也促进了该技术向更广泛应用领域的拓展。

20 世纪 70—80 年代是技术探索与原型构建阶段，虽然技术和应用都还处于初步探索阶段，但这一时期的工作为虚拟现实技术的发展奠定了坚实的基础。通过这些早期的尝试，科学家和工程师逐渐理解了虚拟现实技术的潜力和挑战，为后续的技术突破和应用创新打下了重要基础。从 VIDEOPLACE 的视觉探索到 NASA 的专业应用，这些工作不仅推动了虚拟现实技术的进步，也为未来虚拟现实技术的商业化和广泛应用提供了宝贵的经验和技术储备。

3. 技术成熟与商业化尝试（20 世纪 90 年代）

20 世纪 90 年代，虚拟现实技术进入了一个关键的转折点，技术成熟与商业化尝试并行发展，这一时期的进展为虚拟现实技术的广泛应用奠定了基础。

（1）虚拟现实建模语言（VRML）。1994 年，虚拟现实建模语言的提出，是虚拟现实技术在互联网上应用的重要里程碑。VRML 允许开发者在互联网上创建和共享三维虚拟环境，使得虚拟现实体验不再局限于高端设备和专业领域，而是向广大网络用户开放。通过 VRML，用户可以在网络上浏览三维虚拟世界，进行交互，这极大地推动了虚拟现实技术的普及和网络虚拟世界的发展。VRML 的出现，不仅为虚拟现实内容的创建和共享提供了标准化的方法，也为后续虚拟现实技术与网络技术的融合奠定了基础。

（2）商业化尝试。20 世纪 90 年代中期，计算机技术的快速发展为虚拟现实技术的商业化尝试提供了可能。市场上开始出现首批针对消费者的虚拟现实设备，如 Virtual Boy 和 VFX1 头盔，这些设备试图将虚拟现实技术带入日常消费者的生活中，提供游戏、教育等领域的虚拟现实体验。虽然由于技术限制和高昂的成本，这些早期的商业化产品未能实现大规模普及，但它们的出现证明了虚拟现实技术在消费市场的应用潜力，并为后续的技术改进和产品迭代提供了宝贵的经验。

20 世纪 90 年代的技术成熟与商业化尝试阶段，虚拟现实技术经历了从概念到实践的转变。VRML 的推出为虚拟现实内容的创建和共享提供了新的平台，而早期的商业化产品尽管未能实现预期的市场成功，但它们为虚拟现实技术的未来发展方向和商业模式探索提供了重要启示。这一时期的发展不仅推动了虚拟现实技术的技术进步，也为虚拟现实技术的广泛应用和商业化成功奠定了坚实基础。

4. 技术突破与广泛应用（21 世纪初至今）

从 21 世纪初至今，虚拟现实技术的发展进入了一个快速的技术突破与广泛应用的新时期，标志着这一领域的成熟和技术的多样化应用。

（1）智能手机的普及。智能手机的广泛普及不仅改变了人们的通信方式，也为虚拟现实技术的普及提供了新的可能性。Google Cardboard 的推出，利用智能手机作为显示设备，通过一个简单的纸板结构和镜片，大众便能够以极低的成本体验到虚拟现实。这种创新大大降低了虚拟现实技术的门槛，让虚拟现实体验不再是高端技术的专利，而是走进了普通人的日常生活。

（2）高端虚拟现实头显。Oculus Rift、HTC Vive 和 PlayStation VR 等高端虚拟现实头显的推出，标志着虚拟现实技术的成熟，这些设备提供了包括高分辨率显示、头部精准追踪、空间定位和手部互动等功能在内的前所未有的高品质沉浸式体验，使用户的沉浸体验、互动体验大幅提升。这些高端设备不仅在游戏和娱乐领域获得了巨大成功，而且为模拟训练、设计预览和专业领域的远程协作提供了新的解决方案，在教育、医疗、建筑设计等诸多领域也得到了广泛应用。

（3）增强现实与混合现实。随着技术的不断进步，增强现实与混合现实技术的发展为虚拟现实技术带来了新的维度。Microsoft HoloLens 和 Magic Leap 等设备的出现，不仅实现了虚拟图像与现实世界的无缝融合，还提供了与虚拟对象直接交互的能力。这些技术的应用，使得用户不再局限于完全虚拟的环境中，而是能够在真实世界中体验增强的信息和互动，开辟了教育、工业设计、远程协助等新的应用场景。

21 世纪初至今的虚拟现实技术发展，不仅见证了技术的重大突破和应用的广泛扩展，也展示了虚拟现实技术在未来社会发展中的无限可能性。从智能手机的低成本体验到高端头盔的高质量沉浸感，再到增强现实与混合现实技术的新应用领域，虚拟现实技术正成为改变人们生活方式和工作方式的重要力量。

二、虚拟现实的技术原理

虚拟现实技术是一种通过计算机模拟生成的可以交互的三维环境，它使用户能够“沉浸”在一个由软件创建的虚拟世界中。这种技术通过模拟人类的感官体验，尤其是视觉、听觉和触觉，创建一个尽可能接近真实或超越现实的体验，虚拟现实的技术原理主要包括以下几个方面。

（一）三维图形渲染

三维图形渲染技术在虚拟现实的发展和实现中扮演着核心角色。这一技术依赖于高性能图形处理单元（GPU）和复杂的渲染算法，使得复杂的三维场景可以实时生成并呈现在计算机上。这些场景由精细建模的对象、逼真的纹理贴图，以及精准模拟的光照效果构成，共同营造出一个高度真实的虚拟环境，为用户提供沉浸式体验的视觉基础。在虚拟现实中，三维图形的渲染过程涉及多个步骤和技术。

首先，虚拟环境中的每一个物体都需要通过专业的三维建模软件来创建，这些建模软件包括从简单的几何形状到复杂的角色，以及自然环境等各个方面。然后，为这些模型应用纹理贴图，纹理贴图是一种图像，能够被映射到三维模型上，赋予其表面细节，如颜色、材质等，使模型看起来更加真实和丰富。在三维图形的生成过程中，灯光效果的渲染是至关重要的一环，渲染算法通过模拟自然界的光线反射和折射在不同的表面上，创造出动态的阴影、光线明暗、色彩过渡，使场景的真实感进一步增强。

此外，包括全局照明（Global Illumination）、高动态范围成像（HDRI）等高级功能在内的现代渲染技术可以使虚拟环境的光照效果更加自然和逼真，从而达到沉浸式的虚拟现实体验。而为了使渲染过程在极短的时间内完成并保持高帧率和低延迟，保证用户不会感到晕眩或不适，要求GPU具有极高的处理能力和渲染算法的高效性。现代GPU不仅拥有成千上万的处理核心并行处理图形数据，还支持各种优化技术，如着色器缓存、几何体裁剪等，以加速渲染过程。这些技术是随着计算机图形学的发展和硬件的改进而不断改进的。三维图形渲染技术是虚拟现实体验的基础，它综合应用三维建模、纹理贴图和光照效果等多种技术，使虚拟环境具有高度的真实感。随着GPU性能的不断提升和渲染算法的不断优化，未来的虚拟现实技术将能够提供更加丰富、逼真和沉浸的用户体验。

（二）头戴显示设备

头戴显示设备是虚拟现实技术中的关键组件，为用户提供了一个直观的窗口，用户可以通过这个窗口步入并体验由计算机生成的三维虚拟环境。这些设备通过将一个或多个高分辨率屏幕置于用户的眼前，结合精密的头部跟踪技术，创造了一个沉浸式的视觉体验。

屏幕上显示的画面会根据用户头部的动作实时进行更新，无论是向上看、向下看、转头或是倾斜，系统都能精确捕捉到这些动作，并相应调整视角和图像，以确保用户视野中的虚拟世界与其实际动作一致，从而极大地增强了沉浸感和现实感。头戴式监视器内部的跟踪设备，如陀螺仪、加速度计、磁力计等传感器可以对使用者的头部位置及方向进行实时监测。部分高端头戴显示设备还采用了进一步提升用户交互体验和移动自由度的外部传感器或摄像头，提供更精准的空间定位和头部追踪。

现代头戴显示设备装置还搭载了可侦测使用者视线方向的眼球追踪技术，让视角转换变得更自然，甚至允许用户通过视线选择菜单选项或与虚拟环境中的对象进行互动。为了提供更加舒适的体验，当前和未来的头戴式显示器在设计上不断追求轻便与更符合人体工程学。设备的重量分布、头带的调节机制，以及面部垫的材质都被精心设计，以适应不同用户的头部形状和大小，减少长时间使用带来的疲劳感。

随着技术的进步，头戴显示设备的显示质量也在不断提高，包括更高的分辨率、更广的视场角和更低的延迟，这些都是为了提供更清晰、更真实、更流畅的视觉体验。未来的头戴显示设备可能还会集成更多先进功能，如增强现实融合、多感官刺激（如嗅觉、风感）等，以实现更全面的沉浸式体验。头戴式显示设备作为虚拟现实体验的核心入口，其设计和技术的不断进步是推动 VR 体验向前发展的关键因素，通过持续的技术创新，头戴显示设备不仅能提供更加真实和沉浸的虚拟体验，还能使这种体验更加舒适和自然，从而为用户打开一个全新的虚拟世界的大门。

（三）运动跟踪

运动跟踪技术在虚拟现实系统中起到至关重要的作用，它是实现用户与虚拟世界交互的基础。通过精确跟踪用户的身体动作，虚拟现实系统能够提供一个响应式和互动的虚拟环境，其中用户的每一个动作都会影响他们在虚拟世界中的体验。这种交互不仅限于基本的头部和手部移动，也包括步行、跳跃，甚至更复杂的身体姿势变化。

运动跟踪技术主要依赖于一系列传感器和摄像头，它们可以被安装在用户的环境中（如房间的四周）或直接集成在头戴显示器和手持控制器中。这些设备利用各种技术，如光学追踪、惯性测量单元（IMU）、磁力追踪等来捕捉用户的动作和位置信息。例如，外部摄像头可以通过识别房间中的特定标记或用户佩戴的反光追踪器来确定用户的位置和运动，而 IMU 传感器则能够通过检测加速度和旋转来追踪设备的方向和移动。运动跟踪系统将这些数据实时传输给虚拟现实软件，软件根据这些信息来调整虚拟环境的视角、位置和交互对象。这意味着当用户向前走时，虚拟环境也会相应地移动；当使用者伸手触摸或捕捉虚拟物体时，系统会对这些动作做出精确的反应，营造出真实的触觉与操作感。

现代虚拟现实系统正在不断改进和优化其追踪技术，以提高运动追踪的精确度和降低延迟，这包括开发更高性能的传感器、改进数据处理算法，以及采用机器学习技术来预测用户的动作和意图。无须外接感应器的内建或自我追踪技术也随着技术的进步而正在研发中，将使虚拟现实系统变得更轻便、设定更简单。运动跟踪技术的不断进步为虚拟现实体验的真实感和沉浸感设置了新的标准，它不仅使用户以前所未有的自然、直观的方式与虚拟世界进行互动，还为虚拟现实技术的未来应用，如远程协作、虚拟旅游、高级教育和训练模拟等打开了无限的可能性。

（四）立体声音效

声音在虚拟现实体验中占有举足轻重的地位，它通过模拟真实世界的听觉体验，为用户带来身临其境的感受。利用立体声技术与更为先进的空间音频技术在虚拟环境中重现声音的来源与方向，使用户能够根据声音判断物体的位置和距离，增强虚拟世界的真实感和临场感，从而模拟声音在空间中的位置感，但相比之下，空间音频技术对声音如何在三维空间中的传播有更准确的模拟。在虚拟现实体验中对空间音频技术的运用，可以使用户对虚拟世界的感受得到进一步提升，包括声音的方向、距离，以及环境对声音的反射和衰减等效果。此技术可实时调整使用者转头时的音频输出，确保声音来源的方向感与用户的视觉体验一致，创造出极为真实的听觉体验。空间音频的实现通常需要复杂的数位信号处理音源，包括定位声音、模拟环境、用户头部运动的追踪等。例如，当用户接近虚拟环境中的一个音源时，系统会相应增大声音的音量和清晰度，同时模拟声音在空间中的回响和远近效果。如果用户转头向另一个方向，声音也会根据新的头部方向进行调整，模拟真实环境中声音传播的物理特性。

在虚拟现实系统中的声音设计还考虑到声音的心理作用，通过音频来提升情绪体验和情境感受，通过精心设计的背景音乐、环境声音和角色对话，能够在情感层面加强用户对虚拟环境的投入和体验的整体沉浸感。随着技术的不断进步，未来的虚拟现实系统将不仅仅局限于音质和空间感的精确度提升，还包括对复杂声学环境的更好模拟，以及对虚拟环境中用户行为的更智能响应，能够提供更精细、更逼真的空间音频体验。这些进步将使虚拟和现实之间的界限进一步消除，让用户沉浸式的体验达到前所未有的境界。

（五）触觉反馈

触觉反馈技术又称触觉技术，是虚拟现实体验中不可缺少的一环，提供给用户一个全新的交互维度。这项技术可以通过手持装置、触觉手套、触觉服饰或其他形式的触觉界面，将触觉感受从现实世界延伸到虚拟环境中，让使用者在看到与听到虚拟世界的同时，还能够直接“感觉”到它。通过包括但不限于震动、压力、温度变化等多种方式实现触觉反馈，例如手持设备或触觉手套在用户触摸虚拟现实环境中的虚拟物体时，通过细微的震动或施加力量，会模拟出真实的触摸、抓握或碰撞的感觉。更高级的触觉反馈设备甚至能模拟出更复杂的物理感觉，如质地的粗糙或光滑、物体的重量，甚至是温暖或寒冷的感觉，在增强虚拟现实体验的沉浸感和真实感的同时，也使用户与虚拟环境进行交互的方式变得更为自然与直观，从而在提升用户情感投入与满意度的同时，极大地提高了用户对虚拟世界的认同度。在教育和训练、游戏娱乐、远程操作等多个领域，触觉反馈技术都显示出巨大的应用潜力和价值。

触觉反馈技术在模拟复杂的物理过程和精细操作中尤为重要。在医学模拟训练中，触觉反馈能够帮助医生和医学生感受到手术过程中的各种触觉信息，如穿刺、切割或缝合时的阻力感，从而提高手术技能的学习效率和安全性。在远程控制和机器人技术中，触觉反馈可以为操作者提供关键的物理感官信息，使其可以对机械手臂或其他进行精细操作的设备进行更精确的控制。未来的触觉反馈技术有望随着技术的不断发展而变得更加精细化和多样化，能够提供更广泛的物理感觉模拟，从而为虚拟现实体验带来更深层次的沉浸和交互体验。通过持续的创新和研究，触觉技术将继续拓展虚拟与现实之间的交互界限，为用户带来更加丰富和真实的感官体验。

虚拟现实技术的根本目标是通过营造一个全方位的沉浸式环境，让用户感觉完全置身于另一个世界。为了实现这一目标，虚拟现实系统在为用户提供丰富听觉体验的同时，配合立体音效和空间音频技术，依靠先进的三维图形渲染技术，生成逼真的视觉场景；精准的运动追踪技术确保在虚拟环境中实时反映用户的每一个动作，提升用户参与感和互动体验；触觉反馈技术的应用使沉浸感得到进一步提升，在虚拟世界中可以让用户对物体和环境进行“感知”。随着技术的不断发展，虚拟现实已经超越了最初的游戏和娱乐领域，开始在很多领域发挥重要作用，比如医疗、教育、军事及工业设计。在医疗领域，无论是手术模拟、病人康复还是心理治疗，都采用了虚拟现实技术；在教育领域为学生探索复杂的科学概念和历史事件提供了一种通过互动体验的全新学习方式；

而在军训期间，虚拟现实仿真环境则为战士提供了一个平台，让他们在实战中学到安全的经验。这些应用不仅展现了虚拟现实技术的多样性和灵活性，同时也预示着它将以更广阔的应用前景，继续推动数字媒体体验和人机互动等领域的发展。

三、虚拟现实技术应用研究

虚拟现实技术正以其无与伦比的沉浸式互动体验，悄然革新着我们的生活方式，特别是在工作、教育、娱乐等关键领域显示出巨大的潜力和价值。虚拟现实技术通过虚拟环境的营造，让用户沉浸式地体验和探索一个既真实又超越现实的全新世界，使我们对现实世界的认知和交互方式得到极大的拓展。从医学院学生的无风险操作模拟、学生通过虚拟旅行对历史文化的深入了解，到设计师在虚拟空间中的创意设计、士兵在模拟战场上的战术训练，以及消费者在虚拟商店中的尽情购物，这些应用案例仅仅是虚拟现实技术潜力的一瞥。虚拟现实有望随着技术的不断发展和优化，在未来为我们带来更多重新定义人类生活和工作方式、开启交互体验新时代的创新应用。

（一）虚拟现实技术在医学培训与模拟方面的应用

在医学教育和手术训练领域，虚拟现实技术已成为一种创新而有效的工具。通过模拟高度逼真的手术环境，虚拟现实技术为医学生和专业医生提供了一个安全无风险的操作平台，使他们能够沉浸在几乎与现实无异的手术场景中进行练习和学习。利用虚拟现实技术进行医学培训，能精确模拟人体解剖结构与手术过程，使医学生能够在虚拟环境中学习并掌握包括切割、缝合、器械操作在内的手术技能。

高度逼真的手术模拟还可以再现出血控制、意外伤害处理等各种手术中可能遇到的突发状况，对学生进行突发事件的处理和决策能力的训练。虚拟现实技术相对传统的手术培训而言，一个显著的好处就是它的风险不大。医学生可以在没有危害到真实患者的前提下，进行大量的手术操作练习，通过重复训练熟悉手术流程和提高操作精度。这种培训方式使初学者在实际操作中可能出现的错误大大减少，操作的安全性得到提高。另外，虚拟现实手术模拟系统通常都会有详细的教学指导与反馈机制，医学生可以根据系统提供的指导进行操作，同时，系统会根据操作精确度和效率给出即时反馈，帮助学生识别自身不足并加以改进，这种即时反馈机制对于技能的快速提升至关重要。随着虚拟现实技术的不断发展，它被越来越广泛地应用于医疗培训和手术仿真。

未来，虚拟现实技术有望通过增强触觉反馈技术，模拟手术过程中的触感，或者通过整合人工智能技术提供个性化学习方案和更复杂的手术场景模拟，进一步提升手术训练的真实感和互动性，这些进步将使医学教育的效率和质量得到进一步提高，为今后培养出更多具有高技能的医疗行业专门人才。

（二）虚拟现实技术在教育与学习方面的应用

虚拟现实技术在教育和学习领域的应用，正在创造一个让学习过程更直观、更生动、更吸引人的教学新时代。通过佩戴虚拟现实头盔，学生在课堂上不再局限于四面墙，而是能够通过时空穿越，对课本上的内容进行亲身体验。虚拟现实技术能够提供一种全新的学习视角和体验，无论是漫步在古罗马的街道，沉浸在浩瀚的太空旅程中，还是潜入深海探索未知的海底世界，甚至缩小到微观尺度观察细胞结构。这种沉浸式的学习方式使学生的好奇心和探索欲得到极大的激发，使原本枯燥、难以理解的知识变得有声有色、妙趣横生。如历史课程，通过虚拟现实再现历史事件和人文遗迹，使学生仿佛亲身体验历史，加深了学生对历史事件背后的情景、人物的认识；在地理课程中，学生可以在能增强对地理知识的兴趣和记忆的虚拟环境中游览世界各地的著名景观。

虚拟现实技术还能为学生的个性化学习路径提供支持，学生可根据学习进度和兴趣选择适合自己的探索领域，教师还能根据学生的学习情况提供针对性的教学内容和指导，帮助学生发挥最大的潜能，提高学习效率和学习质量。特别是在科学教育中，运用虚拟现实技术模拟实验室环境进行虚拟实验操作，能够让学生重复进行实验操作直到熟练掌握正确的实验技能，有效地帮助学生提高对复杂科学原理的理解与掌握，从而在学科上取得更好的成绩。随着虚拟现实技术的日益发展完善，在教育领域中的应用前景将更加广泛与深入。

虚拟现实技术正成为教育领域的一项重要标准配置，既能给学生以更丰富高效的个性化的学习体验，又能给教师以更灵活有效的教学工具，使教育不局限于传统的课堂和课本，而变成一场生动立体的知识探索之旅，在教育中发挥更大的作用。

（三）虚拟现实技术在房地产与建筑设计方面的应用

虚拟现实技术在房地产和建筑设计领域的应用，正在彻底改变客户与设计师的交互方式，以及我们对空间的理解和体验方式。建筑师和设计师通过使用虚拟现实技术，在展现建筑外观的同时，也能模拟光照效果、材料质感和空间布局，将二维图纸和概念转化为三维虚拟模型，为客户提供全面立体的设计预览。客户戴上虚拟现实头盔后，就能在各个角度、不同视角的虚拟环境中自由走动，对未来的住宅或办公场所进行审视，这种直观的体验帮助客户在空间的流动性、功能分区、内饰设计细节等方面对设计师的想法有了更深刻的理解。对于光线如何穿透空间、视线如何被引导等一些传统方式难以表达的设计理念，虚拟现实技术都能表现得淋漓尽致。

设计过程中虚拟现实技术的运用也会对设计师与客户的交流起到很大的促进作用。通过在虚拟环境中的体验，顾客可以即时提出自己的观点和需求，而设计师则可以根据这些反馈迅速做出调整和优化。这样的交互过程在加速设计迭代的同时，也使得设计的精确度和客户的满意度得到提升。房地产销售过程中，虚拟现实技术同样大有可为，能够提供虚拟看房服务，使潜在买家在不用亲身到场的情况下，就可以对多个房产项目进行预览，大大节省了时间成本和交通开支。另外，虚拟现实技术对于正在建设中的项目或地理位置比较偏远的项目也是一种有效的展示手段，吸引了更多潜在客户的眼球。随着虚拟现实技术的不断进步和成本的逐步降低，相信会有不少房地产和建筑设计项目采用这一技术。

未来的虚拟现实技术在结合增强现实和人工智能等新兴技术的同时，还能为设计人员提供更加丰富的交互式设计体验，使建筑设计与房地产行业得到进一步发展，从而创造更多的商业机会和社会价值。通过这些技术的融合应用，设计师能够创造出更加创新和符合用户需求的空间，而客户则能够以前所未有的方式体验和参与到自己未来生活空间的设计过程中。

（四）虚拟现实技术在军事训练方面的应用

虚拟现实技术在军事训练领域正成为一项革命性的训练工具，为普及安全且成本效益高的训练方案作出了巨大的贡献。利用虚拟现实技术对真实的战场环境进行模拟，可以使士兵在没有真实武器和弹药的情况下进行各种战术动作和应急反应的训练，这种高度逼真的模拟训练既包括基础的个人战术技能，如射击、掩护、侦察等，还涵盖复杂的协同作战和指挥控制训练。基于虚拟现实技术的训练场景可根据训练需求进行定制，可以从沙漠、丛林到城市环境，再现各种地形和战斗情景，满足各部队的不同训练需求，在虚拟环境中完成从简单到复杂的战斗任务，使士兵学习如何在各种情况下作出正确判断和行动。虚拟现实技术还能模拟敌对力量的行为和战术，使士兵在面临真实敌人的时候有应对经验。虚拟现实训练的一个重大优势是它能够提供即时反馈和详细的行动回顾，使训练者对每个决策和动作的正确性和效率进行分析，在训练结束后共同回顾过程并对每个动作进行分析，从而使士兵在吸收战术知识、改进战斗技能方面得到至关重要的反馈。

虚拟现实训练还能使军事训练费用和安全隐患得到大幅降低。传统的实弹训练既费用高昂，又存在安全隐患，利用虚拟现实技术，士兵在安全的环境中反复进行战斗技能的训练，直到熟练掌握所需的战斗技能。随着虚拟现实技术的发展，它在军事训练中的运用也越来越广泛，未来随着虚拟现实军事训练系统智能化程度的不断提高，将把人工智能技术整合到训练中去，为系统提供更具个性化和适应性的训练方案。另外，由于硬件性能的不断提高和成本的不断下降，虚拟现实训练系统的普及程度也越来越高，成为提高军事人员实战能力的重要手段之一。

（五）虚拟现实技术在虚拟旅游方面的应用

旅游行业应用虚拟现实技术开辟了一条全新的旅行之路，让人们探索世界的可能性大大提高。通过佩戴虚拟现实头盔，用户可以身临其境地体验世界各地的名胜古迹、自然风光和人文景观，同时又不会离开家，不受地理和时间的限制。这种别具一格的旅游体验，不仅为那些因健康、经济或其他原因不能到野外旅行的人提供了全新的选择，也为广大旅行爱好者提供了一条全新的探索未知境界的途径，可谓一举多得。从自然景观到人文历史，从城市风貌到乡村风光，虚拟旅游的体验内容极其丰富，几乎无所不能。用户可以站在埃菲尔铁塔的顶端俯瞰整个巴黎，也可以在长城上漫步，感受千年历史的沉淀，或者在撒哈拉沙漠中欣赏落日的壮景。更重要的是，虚拟旅游能够根据用户的兴趣，甚至与虚拟环境中的物体进行交互，提供一种交互性极强的体验。在旅游策划、宣传等方面应用虚拟现实技术，开辟了一条新的旅游营销渠道，旅游机构可以利用虚拟现实技术制作引人入胜的旅游预览视频，让潜在的游客在实际出行前就能够预览旅游目的地的精彩景点，激发他们的旅游兴趣。同时，虚拟现实旅游还为旅游产品的定制化和个性化提供了可能，旅游公司可以根据客户的具体需求，设计专属的虚拟旅游体验，满足不同客户的需求。

未来的虚拟旅游将随着虚拟现实技术的不断进步和普及，提供更丰富的视觉和交互体验，呈现出更真实、更生动的效果。这不仅会进一步促进旅游业的发展，而且会使人们的旅游观念和行为发生变化，使旅游变得更加便利、更加安全、更加环保。人们可以通过虚拟旅行，跨越物理界限，体验不同文化的魅力，促进全球文化的交流与认识，从而更加便捷地探索和认识这个世界的美好。

虚拟现实技术发展迅速，其应用领域远不只医疗、教育、设计、军事训练、旅游等领域，而是渗透到更广泛的行业，以及日常生活领域。随着技术的不断进步，虚拟现实不仅能提供更高质量的视觉和互动体验，还将开启新的沟通方式、工作模式和娱乐形式等。比如，虚拟现实技术在心理治疗、远程区域教育、远程工作协作、社交等方面，应用潜力巨大。未来随着虚拟现实技术的不断成熟和普及，它将以怎样的方式重塑我们的工作方式、学习方式、社交方式和娱乐方式，为数字生活带来更丰富、更具深度的体验，是我们可以期待的。

四、虚拟现实对文化遗产的意义

虚拟现实技术不仅仅是技术上的革命性创新，更重要的是在历史文化宝库中打开了一扇大门，虚拟现实技术以其独特的沉浸式体验和高互动性为文化遗产的保存、教育和传播提供了新的可能性。在传统文化遗产保护和展示方式面临诸多限制的当下，虚拟现实技术通过精确的三维扫描和数字建模，让那些因自然灾害、战争破坏或时间流逝而毁损或消失的文化遗产得以重现，让大众得以跨越时空的界限，身临其境地感受历史文化的韵味。这一技术的运用，不仅使久远或不复存在的文化传承得以“起死回生”，也为文化的传承和创新在全球范围内提供了一条教育交流的新路径。

（一）文化遗产的保护和再现

在当代社会，随着科技的飞速发展，虚拟现实技术已经成为文化遗产保护与再现的重要工具。这项技术通过高精度的三维扫描和数字建模，为我们提供了一种前所未有的方式来精确重建那些因自然灾害、战争冲突或长期的时间侵蚀而遭受损毁或完全消失的文化遗产。这种数字化的再现手段不仅能够为失去的文化遗产提供一种形式上的“永生”，使其得以在虚拟世界中被保存和展示，而且极大地促进了保护专家和学者对这些建筑和艺术品的原始状态及其历史价值的研究和理解。

用虚拟现实技术创建的文化遗产数字副本，不仅能还原遗产的真实物理结构和视觉细节，而且在一定程度模拟出其材质光影效果及其与周围环境的关系，这些文化遗产数字副本还能为学者和研究者提供一个丰富的研究和教育资源，使他们能够深入剖析遗产的建筑特色、历史背景及其在特定历史时期的社会文化意义，而不仅仅是简单地对外观形态进行复制。在数字化再现文化遗产的过程中，虚拟现实技术除了提供数字模型的显示和交互功能外，还能再现遗产所处的历史环境和背景，使公众能够在虚拟环境中体验到遗产当时的社会文化氛围，从而能极大地丰富公众对文化遗产的认识和感受，使文化遗产的教育与传播变得更加生动和有效。

虚拟现实技术在文化遗产保护中的应用也对遗产保护提出了新的挑战和机遇。一方面，它要求保护工作者掌握新的技术技能，以便更好地利用这些先进工具进行遗产保护和研究。另一方面，它也促使我们思考如何在不破坏遗产原有物理状态的前提下，利用数字技术进行有效保护和管理。虚拟现实技术为文化遗产的保护与再现开辟了新的视野，它不仅为失去的遗产提供了一种新的生命，还极大地推动了对遗产价值的研究和普及。随着虚拟现实技术的不断发展和完善，未来在文化遗产保护和教育传播方面的应用将更加广泛和深入，为我们保存和理解人类共有的文化财富提供了强有力的支持。

（二）提升公众参与度和教育价值

虚拟现实技术在文化遗产的教育和普及中所发挥的作用是不可比拟的，它以全新的方式将文化遗产呈现在人们面前，以交互式的体验加深人们对文化遗产的了解和认识，从而极大地增强了文化教育的互动性和沉浸感。利用虚拟现实技术提供的沉浸式体验，人们仿佛身临其境地游览古迹和历史遗址，通过三维视觉呈现和交互式操作，不仅可以增加人们对文化遗产的了解和认识，而且培养了公众对文化遗产的保护意识。虚拟现实技术在文化遗产保护和传承中扮演着非常重要的角色，使观众更好地了解文化遗产的历史背景与艺术价值，并可以在虚拟环境中进行互动以加深对文化遗产的了解与认识，提高对历史与文化知识的学习兴趣和动力。不仅如此，虚拟现实技术还为教育者提供了一个强大的平台，以促进教学方法与内容的革新，利用虚拟现实技术设计富有教育意义的虚拟课程和活动，使学习者能够以互动的方式，通过角色扮演与任务解决等多种形式进行学习，从而达到寓教于乐的目的。

虚拟现实技术在提升文化教育价值方面的作用是全方位的：在提高参与性和学习兴趣上，以更直观的方式将历史与文化知识呈现出来；在提高教育内容上，以虚拟环境的方式将历史与人文知识进行更深度的展示。学习者对文化遗产的价值与意义有深入的认识，这是主动探索的学习过程，比起被动接受知识，对学习者的思考和认知发展具有更大的促进作用。虚拟现实技术对突破物理空间的限制起到很大的作用，使那些难以亲身到达的遗产地，如遥远的国家或对公众封闭的区域成为公众可访问和学习的对象，不仅使文化教育的范围更加广泛，而且使文化遗产的普及与传播更加平等和全面，使不同文化背景的公众都能共享人类的文化遗产，增进对不同文化的理解和尊重。

虚拟现实技术在提升公众参与度和提升文化教育价值方面发挥着举足轻重的作用。它不仅改变了公众对文化遗产的认识和接触方式，而且为文化教育的创新和发展开辟了一条新的路径。随着虚拟现实技术的不断进步和普及，预计未来对文化遗产保护和教育领域会产生更加广泛而深刻的影响，使文化遗产得到更好的传承和发展。

（三）促进跨文化理解和尊重

在全球化的背景下，促进不同文化间相互认识与尊重显得尤为迫切。随着虚拟现实技术的飞速发展，它已经成为推动不同文化间相互认识与尊重的一种前沿科技应用。利用虚拟现实技术，全球使用者无须走出自己的家门，即可身临其境地接触到世界各国的文化遗产，并且这一技术的运用不仅可以使用户对其外观有直观的认识，更多的是使用户对其背后的历史故事和文化意义有深入的了解和认识，由此带来的深度文化体验不仅有助于为跨文化交流搭建起一座全球文化多样性与包容性的桥梁，而且对于不同文化间的相互了解与尊重起到了极大的促进作用。

运用虚拟现实技术，用户可将自身置于遥远国家的历史遗址之中，仿佛亲身漫步于古埃及金字塔之间，或是徜徉在中国故宫的长廊下，“身临其境”地感受其历史的底蕴。在这些虚拟的环境中，用户既能对历史文化遗产的细节如建筑风格和艺术装饰进行观察，又能在互动式的内容中了解到建筑的建造背景、历史事件及相关的文化传统和信仰，这种体验方式较之传统的文化学习要直观得多，对不同文化的好奇心和探索欲也能得到激发，从而对不同文化的认识与尊重也能得到提升。

虚拟现实技术在促进跨文化理解和尊重方面的作用并不仅限于单向的文化展示，它也提供了一个平台，让不同文化背景的人们可以在虚拟空间中进行交流和互动。例如，通过参与到虚拟的文化节庆活动，用户可以与来自世界各地的其他参与者一起体验节日的习俗和仪式，这种互动不仅加深了对该文化的理解，也促进了不同文化之间的交流和融合。虚拟现实技术的应用还有助于突破历史教育的界限，通过重现历史事件和文化交流的场景，使用户能够从多元文化的视角理解历史，认识不同文化在历史发展中的作用和贡献，这种多维度的历史体验有助于打破文化偏见，促进对全人类共同历史的尊重和认同。

虚拟现实技术通过为用户提供沉浸式的文化体验，极大地促进了跨文化的理解和尊重。它不仅使得文化遗产的教育和传播更加生动和有效，也为全球文化的多样性和包容性贡献了力量。随着虚拟现实技术的不断发展和应用，其在建立全球文化共融的桥梁方面的作用将会更加显著，为促进全球文化的和谐共生开辟更广阔的道路。

（四）推动科技和文化的融合发展

在当前科技迅速发展的时代背景下，虚拟现实技术在文化遗产领域的应用已经成为推动科技与文化融合发展的一个重要手段。这种融合不仅推动了科技的创新和进步，也为文化遗产的保护、研究与传播提供了新的视角和方法。通过虚拟现实技术，我们可以对文化遗产进行更加真实直观的再现和阐释，这一过程需要科技开发人员与文化学者密切合作与交流，共同探索适应文化传承需求的技术与文化结合点，并对技术进行持续创新与改进。

在文化遗产领域应用虚拟现实技术促进科技与文化相互融合。科技领域为了更加真实地再现文化遗产，不断推出更高精度的三维扫描技术、更先进的图像渲染技术和更丰富的交互设计，来共同探索如何通过科技手段对文化遗产进行保护和传承；同时这种跨学科的合作模式，也使科技专家和文化学者对文化遗产的价值和意义有了更全面的认识和更深入的了解；这种紧密的合作促使双方跳出各自领域的框架。而虚拟现实技术在文化遗产领域的应用也使科技对文化遗产的保护和传承起到了极大促进作用，这种跨学科的合作模式在科技界和文化界都有很大的借鉴意义，不仅促进了科技与文化的相互融合，也使文化遗产得到了更有效的保护和传承；同时，这种跨学科的合作模式，也使科技专家和文化学者在实践中不断探索。这些技术进步在为虚拟再现文化遗产服务的同时，也推动着虚拟现实技术在其他领域的应用与发展。

文化遗产的复杂性和多样性也为促进科技开发人员不断突破现有技术的限制、探索更多可能性，提供了丰富的灵感和科技创新的挑战，这种科技与文化的融合发展，也为文化遗产的传承和普及开辟了一条新的道路。虚拟现实技术让文化遗产不再受地理和物理条件的限制，全世界的用户都能通过虚拟的环境与自己的文化遗产零距离接触、零距离体验。这种无边界的文化体验不仅有助于增强公众对文化遗产的认知和兴趣，而且有助于促进不同文化之间的了解和尊重，有助于全球文化多样性和包容性的建设。

虚拟现实技术在文化遗产领域的应用不仅是科技与文化融合发展的典范，更是推动文化遗产保护、研究与传播的一支重要力量，在文化遗产保护、研究与传播等方面，虚拟现实技术的应用这种多学科交叉的合作模式，以及技术创新的推动力，将为保护和传承人类文化遗产开辟更为广阔的前景，不断推动科技文化领域的发展。

（五）增强研究与恢复工作的准确性

虚拟现实技术在文化遗产领域的应用，特别是在研究和恢复工作中的应用，正逐渐成为文化遗产保护的一项重要技术手段。通过高精度的三维扫描和数字建模，虚拟现实技术能够为研究人员提供一个前所未有的精确和详细的视角，以分析文化遗产的结构特征、材料成分，以及受损情况。这种技术的应用，不仅极大地提高了文化遗产研究的准确性和效率，也为保护和修复工作的科学性和有效性提供了强有力的支持。

虚拟现实技术中的三维扫描和数字建模能够创建出极为精确的文化遗产数字副本，这些数字副本能够细致地还原遗产的每一个细节，从而使研究者能够全面深入地进行分析，而不会对原始遗产造成任何物理上的干扰，这一点对于文化遗产特别重要，因为它们极其脆弱或者难以直接考证。研究人员通过对这些数字模型的分析，能够对遗产的破坏程度、腐蚀程度等进行准确的鉴定，从而为修复工作打下科学的基础。

虚拟现实技术的应用还可以模拟包括自然因素（如温度、湿度、光照）和人为因素（如触摸、污染）在不同环境条件下对文化遗产的影响和改变。这种模拟能力对制定有效的保护措施起到关键性的作用，如能预测某段时间内紫外线对古代壁画颜料的影响或评价在特定环境条件下文化遗产材料的老化速度等，保护人员可根据模拟结果制定出更为周全的保护措施，以延长文化遗产的寿命。

虚拟现实技术在文化遗产的教育和公众参与方面也具有很大意义，通过创建交互式的虚拟展览，使公众不仅可以近距离地了解文化遗产的历史和文化背景，还能在虚拟互动中了解保护和修复工作的重要性与复杂性，这种直观互动式的学习方式有效地提高了公众对文化遗产保护工作的认识和支持。

虚拟现实技术在提高文化遗产研究和恢复工作的精确性方面有举足轻重的作用，它以精确的三维扫描和数字建模为基础，通过对文化遗产反应的模拟和预测，在为文化遗产的科学保护和有效修复提供强有力的技术支撑的同时，也为文化遗产的教育和公众参与开辟了新的路径。随着虚拟现实技术的不断进步和应用范围的日益扩大，它在文化遗产保护领域所起的作用将越来越突出，为促进人类文化遗产的传承和保护贡献更多的力量，从而更好地发挥虚拟现实技术对文化遗产保护工作的重要作用。

（六）激发新的创意与丰富艺术表现形式

虚拟现实技术的兴起为艺术创作和文化传承的表达提供了全新的维度，在促进艺术与科技融合的同时，也为传统文化元素的现代转化和再创造开拓了广阔的空间。艺术家和创意工作者通过虚拟现实技术的运用，能够在一个高度自由、互动的虚拟空间中，对文化遗产的认识和畅想进行探索和表达，从而创作出既有传统文化内涵又富有现代创造力的艺术作品。在虚拟现实环境下，艺术家可以自由地再现和重新阐释传统文化元素，从而突破物理世界的限制。例如，虚拟的古代宫殿可以被创造出来，既能还原其建筑风格和装饰艺术，又能加入现代艺术的元素和个人创意，如现代音乐和互动装置等，使之成为一个跨时代对话的场所，以激发观众对传统文化的兴趣和好奇心，又能促使观众对传统与现代之间联系的深入思考。

将虚拟现实技术应用到艺术创作上，为艺术家提供实验和展示新艺术形式的平台，在虚拟的空间里进行无拘无束的创作与尝试，从而将不同艺术风格与表现手法融为一体。这些作品可以是三维动态的视觉艺术，也可以是沉浸式的音乐和表演艺术，为观众提供了一种不仅仅局限于视觉享受的全新艺术体验，在听觉上、触觉上，乃至情感上都产生共鸣。虚拟现实技术还能推动传统文化的传承和创新，通过对文化遗产的创新表达和艺术的再创造，艺术家在赋予传统文化新活力的同时，通过现代解读传统文化元素并加以创新运用，使之更容易为现代社会所接受、所领悟。在丰富当代艺术表现形式的同时，这种跨时代的文化对话与创新也提供了保护和发展传统文化的新思路、新途径。

虚拟现实技术为艺术家和创意工作者开辟了广阔的创作空间，让他们可以对有关文化遗产的创意理念进行自由的探索和表达。这在推动艺术与科技融合的同时，也提供了无限可能，让传统文化得以传承与创新。随着虚拟现实技术的不断进步与应用，未来将会有更多创新的艺术作品诞生，为人类的文化遗产和艺术创作带来更多的活力和灵感。

（七）推动法规和道德的发展

随着虚拟现实技术越来越广泛地应用于文化遗产领域，它所带来的问题也日益突出。这些问题主要涉及文化遗产本质和价值核心的版权、数字资产所有权等。面对这一新兴领域，有关机构和组织在避免文化挪用和不当使用、保护文化遗产真实性和完整性的同时，亟须制定新的规定和标准，以确保虚拟再现和使用文化遗产能够充分尊重原有文化的价值和意义。

首先，版权问题是虚拟现实技术应用于文化遗产时最先遇到的问题之一。许多文化遗产作品，尤其是那些属于公共领域的历史艺术作品，在被转化为数字格式并通过虚拟现实平台展示时，其版权归属和使用权限便成为争论的焦点。当艺术家或创意工作者在虚拟环境中重现或重新解释这些文化遗产时，如何界定新创作内容与原有文化遗产之间的版权界限，也是一个亟待解决的问题。其次，数字资产所有权的问题同样重要。随着文化遗产被转换成数字格式，它们不仅仅是文化记忆的载体，也变成了具有经济价值的数字资产。在这种情况下，确定这些数字资产的所有权，以及如何公平地分配由此产生的经济利益，对于促进文化遗产的保护与合理利用具有重要意义。

文化差异性和文化挪用的问题也是虚拟现实技术应用于文化遗产时必须面对的问题。不同文化背景下对于某些文化遗产的理解和价值判断可能存在巨大差异，错误地再现或解释这些文化遗产可能会引发文化不敏感和文化挪用的指责。如何在尊重原有文化背景的基础上进行创新和表达，成为虚拟现实内容创作者需要认真考虑的问题。为应对上述问题，需要有关机构及组织主动作为，通过制定一系列全面的法规和标准，为文化遗产的虚拟再现和使用提供明确的指导和规范，既要有法律层面的内容，又要有道德方面的指导原则。建立这样一个综合性的法规框架，既能保证文化遗产在新技术环境下得到合理利用和有效保护，又能促进文化多样性和全球文化遗产的共享，同时，有利于应对虚拟现实技术在文化遗产领域应用所带来的一系列问题。

虚拟现实技术在文化遗产领域的应用虽然带来了新的可能性，也存在着一些问题。要克服这些问题，需要不断地发展和改进，在确保文化遗产得到尊重和保护的基础上，使之能够以新技术的方式得到传承和创新，从而面对当前面临的挑战。

第三节　增强现实

一、增强现实技术定义

增强现实技术定义为一种技术，它通过计算机技术将虚拟信息与现实世界融合在一起，实时地在用户的视觉上增加、覆盖或是与之交互。这种技术通过在现实世界中增加图像、文字、音频等虚拟信息，以增强用户对现实世界的感知。用户可以通过特定的设备，如智能手机、平板电脑或特制的增强现实眼镜看到由计算机生成的虚拟图像与现实世界的场景叠加的效果，从而获得更加丰富、互动的体验。

二、增强现实技术基本特征

增强现实技术的基本特征主要包括实时互动、三维注册和虚实结合。

（1）增强现实技术的基本特征之一是实时互动。实时互动指用户与增强的虚拟对象可以进行实时交互，增强用户体验。通过在用户的视野中叠加虚拟信息，如图像、视频或数据，与现实世界实现无缝整合，用户可以通过自然的手势、语音或触摸屏输入与增强的虚拟元素进行实时互动，这种交互性不仅提升了用户体验，让虚拟信息变得更加直观易懂，同时，也为多个领域带来革命性的应用可能，包括教育、游戏、医疗、商业等，在现实世界中的功能得到了扩展。

（2）增强现实技术的基本特征之二是三维注册。三维注册是指虚拟图像与现实世界中的物体能够精确对齐，保证视觉一致性。在现实世界的物体和环境中准确地叠加即将到来的虚拟信息，这就要求在保证虚拟内容与现实世界中的对象对齐，实现无缝融合的空间定位和方向追踪技术的高度精准。三维注册不仅提高了增强现实体验的真实感和沉浸感，而且对于教育、设计、制造等领域的应用至关重要，使用户能够以直观的方式与增强内容互动，从而提升学习、设计和决策的效率。

（3）增强现实技术的基本特征之三是虚实结合。虚实结合则是增强现实技术的核心，它通过将计算机生成的虚拟信息叠加到现实世界中，为用户创造出一个同时包含真实和虚拟元素的增强环境。这种技术通过识别图像、物体或空间定位信息，实时地将虚拟信息覆盖或插入到现实世界中，创造出一种既包含实际存在又包含虚拟元素的增强现实场景。这样的技术应用使得用户能够在现实世界中看到增强的虚拟内容并与之进行互动，从而扩展了现实世界的信息和体验。

三、增强现实技术组成

增强现实技术主要由以下几个组成部分构成：

（1）显示设备。如头戴显示器、智能眼镜或智能手机和平板电脑，用于向用户展示虚拟图像。在增强现实系统中，显示设备通过将虚拟图像叠加到用户的现实世界视图中，来发挥至关重要的作用。这些设备包括提供沉浸式体验的头戴式显示器、提供数字内容与物理环境更加无缝集成的智能眼镜，以及可广泛使用且无须专门设备即可实现增强现实应用的智能手机或平板电脑。每种类型的显示设备可满足不同的用户需求和应用，使得增强现实技术具有通用性并适用于教育、娱乐和医疗保健等各个领域。

（2）传感器和摄像头。用于捕捉用户的动作和周围环境，以及场景定位和场景识别。增强现实技术中的传感器和摄像头对于捕捉用户动作和周围环境、实现精确的场景定位和识别至关重要。这些组件使增强现实设备能够将数字信息与现实世界无缝集成，通过处理来自传感器和摄像头的输入数据，增强现实系统可以调整虚拟叠层以匹配用户的视角和环境背景，增强用户与增强元素之间的交互，从而获得更加身临其境的真实体验。

（3）处理器。负责处理输入的数据，并结合现实世界实时生成虚拟图像。增强现实系统中的处理器在管理和合成数据输入以生成与现实世界实时无缝融合的虚拟图像方面发挥着关键作用。它协调传入的传感器数据和预定义的虚拟元素之间的复杂相互作用，根据用户的视角和周围环境计算增强内容的适当定位、方向和缩放。这确保了身临其境的增强现实体验，其中数字增强功能自然地集成到用户的物理环境中，从而增强了真实感和交互性。

（4）输出设备。包括音频和前置反馈设备，增强用户的感官体验。这些组件共同工作，为用户提供一个融合真实世界和虚拟信息的增强现实体验。增强现实系统中的输出设备包括音频和触觉反馈设备，可显著增强用户的感官体验。这些技术协同工作创造出有凝聚力的增强现实体验，将虚拟信息与现实世界融合在一起。音频输出设备提供相关的声音丰富环境，而触觉反馈设备提供有形的感觉，模拟虚拟对象的触摸和感觉，它们共同加深了沉浸感，使虚拟交互在虚拟环境中变得更加真实和有意义。

四、增强现实核心技术

（一）跟踪注册技术

为了实现虚拟信息和真实场景的无缝叠加，要求虚拟信息与真实场景在三维空间中进行“配准”，即跟踪注册。这包括使用者的空间定位跟踪和虚拟物体在真实空间中的定位两个方面的内容。而移动设备摄像头与虚拟信息的位置需要对应，这就需要通过跟踪注册技术来实现。跟踪注册技术首先检测需要“增强”的物体特征点以及轮廓，然后跟踪物体特征点自动生成二维或三维坐标信息。[①] 跟踪注册技术的好坏直接决定增强现实系统的成功与否。常用的跟踪注册方法有基于跟踪器的跟踪注册、基于机器视觉的跟踪注册、基于无线网络的跟踪注册和混合跟踪注册四种。

（二）显示技术

增强现实技术显示系统是比较重要的组成模块，为了达到真实场景与虚拟

---

① 韩玉仁，李铁军，杨冬．增强现实中三维跟踪注册技术概述［J］．计算机工程与应用，2019（9）．

信息的融合，提升实际应用便利程度，使用低响应度、色彩较为丰富的显示器是其重要基础。显示器包括头盔显示器和非头盔显示设备，透视式头盔能够为用户提供信息显示、环境录入、虚拟融合情境。在具体操作过程中，这些系统的操作原理和虚拟现实领域中的沉浸式头盔基本相同。其和使用者交互的接口及图像等综合在一起，使用更加真实有效的环境表现事实，使用微型摄像机拍摄外部环境图像，使计算机图像在得到有效处理后，虚拟以及真实环境的图像能够得以叠加。光学透视头戴式显示器可以在这一基础上利用安装在用户眼前的半透半反的光学合成器，充分与真实环境融合在一起，真实的场景可以在半透镜的基础上为用户提供支持，并且满足用户的相关操作需要。

（三）虚拟物体生成技术

增强现实技术在应用的时候，其目标是使虚拟世界的相关内容在真实世界中得到叠加处理，在算法程序的应用基础上，促使物体动感操作有效实现。当前，虚拟物体的生成是在三维建模技术的基础上得以实现的，其能够充分体现出虚拟物体的真实感。在对增强现实动感模型研发的过程中，需要能够全方位和立体化地将物体对象展示出来。虚拟物体生成的过程中，自然交互是其中比较重要的技术内容，该技术能够对增强现实进行有效辅助，使信息注册更好地实现，并可利用图像标记实时监控外部输入信息内容，使得增强现实信息的操作效率进一步提升，从而保证用户在信息处理过程中可以有效实现信息内容的加工、提取等操作。①

（四）交互技术

交互主要是为更好地呈现虚拟环境，增强现实系统的交互方式主要分为以下三种。第一，通过现实世界中的点位选取进行交互是最为常见的一种交互方式，例如，最近流行的 AR 贺卡和毕业相册就是通过图片位置进行交互的。第二，将空间中的一个或多个事物的特定姿势或者状态加以判断，这些姿势都对应着不同的命令。使用者可以任意改变和使用命令进行交互，比如用不同的手势表示不同的指令。第三，使用特制工具进行交互。比如，谷歌地球利用类似鼠标一样的东西进行一系列的操作，从而满足用户对于 AR 互动的要求。

（五）合并技术

增强现实的目标是将虚拟信息与输入的现实场景无缝结合在一起。为了增

---

① 王雪丽．增强现实技术应用现状及其关键技术探讨［J］．洛阳师范学院学报，2018（5）．

强使用者的现实体验效果，不单单只考虑虚拟事物的定位，还需要考虑虚拟事物与真实事物之间的遮挡关系，以及须具备四个条件：几何一致、模型真实、光照一致和色调一致。这四者缺一不可，任何一种缺失都会导致增强现实效果的不稳定，从而严重影响现实体验。

五、增强现实应用研究

增强现实技术作为一种全新的数字交互技术，将虚拟图像、文字或其他媒体内容叠加在用户的现实视野中，以打破现实与虚拟世界的界限，为使用者在物理环境中提供增强的交互视觉体验的同时，也保留了用户对现实世界的感知，增加了虚拟元素之间的互动性，从而为用户创造了一个全新的感知维度。与完全沉浸式的虚拟现实相比，增强现实技术在保留原有感知的基础上，通过增加虚拟元素之间的互动性，为使用者提供了更丰富的视觉交互体验。增强现实技术在多个领域都有应用案例，从教育到医疗、从零售到娱乐等各个方面都有所涉及，展示了增强现实技术在提高工作效率、教育互动性、娱乐体验，以及用户参与度等方面的巨大潜力。随着技术的不断发展和应用范围的扩大，增强现实技术将进一步深化其在现代社会中的影响力，为人们的生活、学习和工作带来更加丰富和便捷的体验。

（一）增强现实技术在教育与学习方面的应用

增强现实技术的引入给当前的教育领域开创了一种丰富教育内容和教育形式的互动学习新模式。教育者通过将传统的教学资料与前沿的增强现实技术相结合，提供给学生一个直观的、充满活力的、具有互动性的学习环境。以科学教育为例，通过学生的平板电脑或智能手机屏幕可以直观地展示复杂的生物细胞结构或化学分子的三维模型，学生甚至可以通过手势对这些模型的每一个细节进行放大、旋转和探究，这种身临其境的体验让抽象的概念变得具象化，并且通俗易懂。增强现实技术在历史教育中同样扮演了重要角色，传统的历史学习以文字和图片为主，而增强现实技术则能将历史事件以三维动画的形式呈现出来，使学生身临其境地感受历史事件的发生过程及其背后的文化背景，增强学习的趣味性和效果，使学生对历史事件有更深刻的认识。如学生可利用增强现实技术“参观”古埃及的金字塔或“亲临”二战的诺曼底登陆现场等，既提高了学习的参与性和互动性，又使学生对历史事件有更深层次的认识和理解。

增强现实技术在历史教育中的应用对学生的参与性也有很大的促进作用。

在增强现实支持的课堂上，学生不再是一个被动的信息接收者，而是能够主动地去探索、发现、互动，这种参与式的学习方式有助于提高学生的积极性，激发学生的探索欲，激发学生的创造力。同时，增强现实技术也为教师提供了一种新的教学工具，为了适应不同学生的学习需求和学习节奏，教师可以灵活地调整增强现实内容，根据教学内容和学生的反馈进行相应的调整。增强现实技术在教育和学习领域的应用，在使学习内容更加丰富、直观的同时，学习过程的互动性和趣味性也会有很大的提高，对于提高学生的理解力和记忆力有很大的促进作用。随着技术的不断进步和普及，增强现实技术有望在未来的教育领域为传统教育模式带来深刻的变革，扮演更加重要的角色。

（二）增强现实技术在医疗健康方面的应用

增强现实技术应用于医疗健康领域正成为提高手术精确度、改善医学教育质量、提高病人理解度的关键手段。通过将虚拟信息与真实世界相融合，增强现实技术为医生和患者提供了前所未有的视觉辅助和互动体验。在手术指导中，增强现实技术可以将患者的 CT 扫描或核磁共振成像以三维形式叠加在医生的视野中，从而对病人内部结构进行精确了解，使医生在开展手术前对病人有深入的了解而能对手术路径进行更好的规划，在避免关键组织损伤的同时，对手术过程进行更好的实时指导，使微创手术、复杂手术在运用增强现实技术后安全性和成功率得到很大的提升，也为医生提供了一种全新的教学模式。

增强现实技术还能对手术工具的精确位置和深度进行实时显示，对手术的精细操作有进一步的提升作用。在医学教育领域，增强现实技术通过提供立体的、动态的虚拟模型，以及各种疾病的形成机制和治疗方法，使学生更直观地了解人体解剖结构和生理功能。相对于传统的教学方式，增强现实技术使医学教育更加生动活泼，互动性更强，学生的学习兴趣和效率也大大提高。学生可以通过增强现实设备对未来医生临床技能提升至关重要的虚拟模型进行不同角度和深度的探索，甚至模拟手术操作。对于患者来说，增强现实技术通过将疾病的虚拟模型和治疗过程展示给患者，帮助患者更好地了解自己的健康状况和治疗方案。这种直观的信息传递方式，不仅可以降低病人的焦虑和恐惧，而且可以增强病人的信心和激发治疗热情，使治疗的依从性和有效性得到提高。

在医疗卫生领域，增强现实技术的应用正在成为一支重要力量，推动医疗服务质量的提高。随着技术的不断进步和应用的深化，增强现实技术有望在未来的医疗健康领域为医生提供更多的手术辅助、为医学生提供更高效的学习工具、为患者带来更深层次健康教育发挥更大的作用。

（三）增强现实技术在零售与电子商务方面的应用

增强现实技术正在零售和电子商务领域引发一场革命，通过提供全新的购物体验来满足现代消费者对互动性和个性化服务的需求。在这个数字化日益盛行的时代，增强现实技术允许消费者在没有物理接触商品的情况下，就能深入地了解产品的特性和适用性，极大地丰富了在线购物的维度。

对于服装和鞋类产品，增强现实技术提供了一种虚拟试穿的解决方案，消费者通过智能手机或平板电脑的摄像头捕捉自身形象，随后应用程序会将选定的衣物或鞋子以三维图形的形式“穿戴”在消费者的虚拟形象上。这种方式不仅能即时查看不同款式或颜色的试穿效果，还能从各个角度进行审视，在大幅降低因尺码不合适或外观不满意而产生的退换率的同时，帮助消费者做出更明智的购买选择。

在家居和装饰品销售方面，增强现实技术可以让消费者对家具或装饰品的摆放效果进行预览，这些也都可以在他们的生活环境中进行预览。用户可以通过简单的界面操作实时查看其与家中其他装修的搭配效果，从而选择家具模型，调整家具的位置、角度甚至尺寸。这不仅提升了购物体验的趣味性和互动性，消费者在购买前就能确定产品是否符合自己的家居风格和空间需求，同时也让家居设计变得更加简洁、精准。

增强现实技术也提供了一个创新的营销工具给零售商，零售商可以通过增强现实应用程序创造引人关注的互动广告，引导消费者探索虚拟的产品展示和体验，从而增强品牌认知度和消费者的购买意愿。同时，这一技术的应用也为帮助零售商优化产品设计和营销策略提供了一条收集消费者偏好和行为数据的新途径。增强现实技术在零售和电子商务领域的应用，不仅极大地丰富了消费者的购物体验，提供了更加个性化和互动性的服务，同时也为零售商开辟了营销和服务的新模式。随着技术的进一步发展和普及，AR 技术将在零售领域发挥更大的作用，为消费者和零售商创造更多价值。

（四）增强现实技术在维修与技术支持方面的应用

增强现实技术在维修和技术支持领域的应用开启了一种全新的服务模式，使得远程协助和指导成为可能，极大地提高了服务效率和质量。运用增强现实技术，现场技术人员可直接看到复杂设备的内部结构、故障诊断资料与维修步骤的详细情况，并可通过透明叠加的形式进行信息的呈现，对设备的具体情况有最直观的认识，对所需操作指导有直接的帮助和说明。比如，当一台机器出现故障时，现场维修工可佩戴增强现实眼镜，从增强现实应用程序中调取相关的维修手册与故障排除指南进行故障的排除与维修工作。系统将根据机器的实时状态和工程师的观点，甚至包括工具的选择和使用方法等，动态展示拆解顺序、更换部件位置等相应的维修信息和指导步骤。如果现场工程师遇到疑难问题，可以通过增强现实系统实时加入远程专家，像专家在现场亲自指导一样，将他们的手势和标记直接呈现在工程师的视野中，从而使解决问题的时间大大缩短，维修的精确度和效率也得到提高。

在提供技术支持方面，增强现实技术也显示出其得天独厚的过人之处。消费者或用户可以通过增强现实技术，在日常使用设备的操作问题上获得直观的指导和帮助，如家电、电子产品等。使用者只需通过智能手机或增强现实眼镜对准装置，便可看到装置的操作提示、功能说明，甚至故障排除方式，而这一互动式的引导方式让使用者在操作或解决问题时，能够快速且精准地完成，让使用者的使用体验及满意度大幅提升。增强现实技术应用于维修与技术支持领域对现场技术人员的工作能力有强大的辅助作用，使技术门槛和培训费用得到大幅降低。同时，也为消费者带来便捷高效的服务体验，提高了客户满意度。随着增强现实技术的不断发展与成熟，预计将会有越来越多的企业和产业采用这一技术，以提升服务质量、降低运营成本，最终将取得更高的客户满意度和市场竞争力。随着增强现实技术的不断普及，相信未来在维修和技术支持的各个领域都会得到更广泛的应用。

（五）增强现实技术在游戏与娱乐方面的应用

增强现实技术在游戏和娱乐产业的应用彻底改变了传统的游戏体验，带给玩家前所未有的交互式、沉浸式体验。增强现实游戏通过融合虚拟世界与现实世界，让玩家可以直接与虚拟人物互动，在自己熟悉的现实环境中探索新的冒险故事。这种全新的游戏模式在增强游戏趣味性和参与性的同时，也鼓励玩家走出家门，到现实世界中去探索，从而推动户外活动与现实社会的交流。比如，一款著名的 AR 游戏让玩家在现实世界的地图上寻找和捕捉虚拟生物，玩家需要亲自前往不同的地点，通过智能手机的摄像头捕捉并与之互动。通过智能手机的摄像头进行捕捉并与之互动的游戏方式，既能享受到游戏的乐趣，又能对周围的环境进行探索，认识本地的历史与文化，甚至与其他玩家进行面对面的交流与合作。

增强现实技术在主题公园中得到了广泛运用，为参观者带来了全新的参观体验，通过佩戴的增强现实设备或对智能手机的使用，参观者在欣赏展品的三维模型、动态信息和互动故事的同时，让参观过程变得更加生动活泼起来。一个历史博物馆可以利用增强现实技术对历史场景进行重现，使游客在参观古代遗迹时能够亲身体验当时人们的生活状态和重大历史事件的再现，从而增加游客的学习兴趣和历史认知程度。增强现实技术应用于游戏与娱乐领域，除了给玩家带来全新的游戏模式和娱乐体验外，还为游戏开发商和内容创作者在创意空间和商业机会上开辟了一条新的道路，随着增强现实技术的不断进步和普及，相信今后会有更多创新的增强现实游戏和娱乐产品问世，为公众带来更加丰富的娱乐生活体验。

六、增强现实技术对文化认同的影响

增强现实技术作为一种将数字信息与现实世界融合的先进技术，正在对文化认同产生深刻的影响，它不仅改变了我们体验文化遗产和与文化遗产互动的方式，还重新定义了个人与社群如何认知和归属于特定文化的过程。增强现实技术对文化认同的影响主要体现在以下几个方面。

（一）增强现实技术提高了文化遗产的可访问性和参与度，这对于强化文化认同感具有重要作用

增强现实技术的发展和应用，尤其在文化遗产的展示和教育中，已经成为加强公众文化认同感的重要工具。这一技术通过将数字化的信息层叠于现实世界之上，允许用户在实际环境中与历史信息和文化元素进行互动。例如，在一个装备增强现实技术的历史遗址游览过程中，参观者可以通过自己的智能设备看到古代建筑在其全盛时期的虚拟重建，或是观看历史人物在遗址中的模拟生活场景，这不仅是对眼前遗迹的一个补充，更是一种让参观者穿越时空、亲身体验历史的方式。

增强现实技术的应用也极大地提高了文化教育的互动性和参与度。在博物馆内，传统的展览通过增强现实技术被赋予新生，观众可以直接与展品互动，获取更深层次的解释和了解其背后的故事，如通过扫描一个古代器物即可看到其制作过程的动画展示或是历史用途的场景再现。这种技术不仅使文化遗产变得更加生动和真实，也激发了公众探索和学习的兴趣，加深了他们对自己文化根源的认识和认同。通过将增强现实技术应用到古代器物的制作过程和历史用途的场景再现上，为公众提供身临其境的沉浸式和互动式的体验，有效弥补了传统文化遗产传播方式的局限，从而为广大公众，特别是年轻一代提供一种全新的学习和体验方式。随着增强现实技术的不断进步，其在文化遗产保护和教育中的作用将愈发显著，对于促进全球文化认同感的构建具有深远影响。

（二）增强现实技术促进了跨文化交流和理解，有助于构建多元和包容的文化认同

增强现实技术在促进跨文化交流和理解方面发挥着至关重要的作用，它通过提供一种创新的方式让人们接触和体验全球多元文化，成为构建多元和包容文化认同的有力工具。增强现实技术为促进跨文化交流与理解提供一种创新的方式，将全球多元文化呈现在人们的视野中，成为构建多元与包容文化认同的有力手段。增强现实技术使用户能够在自己的文化环境中，通过智能设备直观地体验到其他文化的丰富多样性，包括艺术表演、传统节庆、日常生活习俗等，这种沉浸式的体验方式极大地拓宽了人们的文化视野。通过增强现实技术，用户不仅仅是作为旁观者观看其他文化的表现形式，更是以一种互动的方式参与其中。例如，用户可以通过增强现实应用参与到虚拟的文化节庆中，学习外国的舞蹈步伐，或是在虚拟环境中尝试制作传统美食，这种体验的互动性不仅增加了文化学习的趣味性，也加深了用户对其他文化深层次价值和意义的理解。

增强现实技术通过这种直观和互动的跨文化体验，促进了不同文化背景的人们之间的相互理解和尊重。当体验过其他文化的传统和风俗之后，人们更容易认识文化多样性的价值，以及多元视角下对世界的认知与认同的开放与包容程度也日益提高。这不仅有助于消除文化的偏见和冲突，也为全球化背景下的跨文化交流与融合奠定了坚实的基础。增强现实技术为跨文化交流和理解提供了一条新的途径，使人们以全新的方式体验和参与到不同文化中，既丰富了个人的文化视野，又促进了全球文化的相互认识和理解，在促进多元与包容的全球文化认同的构建上功不可没。随着增强现实技术的进一步发展与日益普及，它在促进全球文化多样性与认同建设上扮演的角色将愈发举足轻重。

（三）增强现实技术通过创新的方式传承和刷新传统文化，为文化认同的现代表达提供了平台，这对于强化和刷新公众的文化认同具有深远的意义

在由增强现实技术所支持的新时代中，艺术家和文化工作者得以突破传统表现方式的局限，以全新的视角和形式向现代观众展示古老的文化遗产，而将传统文化元素与现代科技手段相融合，又可以创造出既符合现代审美又保留文化精髓的艺术作品，从而使人们对传统文化的认知得到进一步的强化和刷新。这种创新的文化表达方式在为传统文化注入新活力的同时，也使传统文化更容易为现代社会所接受和欣赏。例如，传统的绘画与雕塑可以通过增强现实技术

转化为充满活力的视觉体验，而在用户现实环境中“活”起来的古老故事与传奇故事则提供了身临其境的故事叙述方式。这种技术使文化传承成为一种互动体验的过程，使文化内容的吸引力和影响力大大增强，而不再是静态和单向的信息传递。

增强现实技术也为全球观众了解和体验非本土文化提供了便捷的途径，这对于构建跨文化的认同感也具有积极作用。当人们通过增强现实技术轻松体验到其他文化的美学和价值时，他们对这些文化的认知和欣赏能力将得到提升，从而促进了不同文化之间的理解和尊重。增强现实技术通过为传统文化与现代生活的融合提供创新的表达平台，不仅保障了文化遗产的有效传承，也促进了文化认同的现代化和全球化。这种技术的应用，不仅让传统文化在现代社会中找到了生存和发展的新空间，也帮助公众以更开放的心态理解和接受多元文化，共同构建一个更加包容和多元的世界文化认同。

第四节　混合现实

混合现实技术是虚拟现实技术的进一步发展，该技术通过在虚拟环境中引入现实场景信息，在虚拟世界、现实世界和用户之间搭起一个交互反馈的信息回路，以增强用户体验的真实感。混合现实技术具有真实性、实时性、互动性、构想性等特点。混合现实的实现需要在一个能与现实世界各事物进行交互的环境，如果一切事物都是虚拟的，那就是虚拟现实的领域了。如果展现出来的虚拟信息只能简单叠加在现实事物上，那就是增强现实。混合现实的关键点就是与现实世界进行交互和信息的及时获取，从概念来说，混合现实与增强现实更为接近，都是一半现实一半虚拟影像，但传统增强现实技术运用棱镜光学原理折射现实影像，视角不如虚拟现实的视角大，清晰度也会受到影响。为了解决视角和清晰度问题，新型的混合现实技术将会投入更丰富的载体中，除了眼镜、投影仪外，目前研发团队正在考虑用头盔、镜子、透明设备做载体的可能性。混合现实是一个快速发展的领域，广泛应用于娱乐、教育、医疗等行业。[①]

一、技术原理

混合现实技术作为一种尖端的交互技术，它构建了一个能够让现实世界与

① 中国虚拟现实（VR）行业研究报告［R］. 2016.

数字对象共存，并能够实时交互的现实与虚拟世界无缝融合的环境。混合现实技术的核心在于，它可以完美地将虚拟内容与现实世界的视觉感知相结合，创造出一个新的环境，这个环境同时包含真实的世界元素和虚拟的元素。这个过程往往涉及以下几项关键技术。

（一）感知现实环境

混合现实技术的一个核心组成部分是其对现实环境的高度感知能力，混合现实设备使用各种传感器（如摄像头、红外传感器、深度摄像机等）捕捉用户的现实环境，包括空间的三维结构、物体位置、用户的动作和视线方向等信息。混合现实设备中的摄像头、红外传感器和深度摄像机等扮演着至关重要的角色。摄像头捕捉现实世界的视觉信息，为混合现实系统提供了对环境的基本视觉认知。红外传感器则用于检测环境中的热源分布，有助于混合现实系统更好地理解环境中物体的位置和状态。深度摄像机的加入是混合现实技术的一大突破，它利用发射和接收特定波长的光线来测量物体的距离，从而捕捉环境中的三维结构，实现对物理空间的把握。这些收集到的信息经过复杂的数据处理和分析，使混合现实系统能够构建起用户周围环境高度精确的数字化模型，既包括物理空间的几何结构，又包括环境中物体的精确位置、大小和其他属性；并且混合现实系统能够实时跟踪用户的动作和视线方向，保证虚拟内容的展示与用户的交互行为紧密对应，从而达到高度沉浸式的体验。

这种对现实环境的深度感知和理解为混合现实技术的应用奠定了基础。它不仅使得虚拟对象能够以极高的真实感被叠加到现实世界中，还使得用户能够以自然的方式与这些虚拟对象进行互动。这种环境感知能力还大大扩展了混合现实技术在教育、娱乐、医疗等领域的应用前景，使得混合现实技术成为连接虚拟与现实、扩展人类感知和交互能力的重要桥梁。混合现实设备的感知现实环境能力是实现混合现实体验的关键。通过综合应用摄像头、红外传感器和深度摄像机等多种设备，混合现实技术能够精确捕捉和解析现实环境，为用户提供一个与虚拟内容无缝融合的互动空间。这不仅为用户带来了前所未有的沉浸体验，也为多个行业的发展开辟了新的道路。随着传感技术的不断进步和混合现实技术的不断优化，我们相信，混合现实技术将在未来发挥更加重要的作用，创造更多可能性。

（二）生成虚拟内容

混合现实技术的核心操作之一是生成虚拟内容，这一过程至关重要，它直接影响混合现实体验的质量和实用性，基于对现实环境的感知，混合现实系统利用高性能计算机图形技术生成相应的虚拟对象或场景。这些虚拟内容可以是静态的图像、动画，也可以是能够与用户互动的复杂三维模型。

混合现实系统在生成虚拟内容时，首先依据传感器收集到的环境数据来定位虚拟对象在现实世界中的精确位置。这一步骤确保了虚拟内容能够与现实环境中的物理对象和空间结构准确对齐，从而实现真实与虚拟的无缝融合。随后，利用高性能计算机图形技术，混合现实系统开始生成虚拟内容，这些内容的范围极为广泛，从简单的静态图像和动画到复杂的三维模型都涵盖其中。这些虚拟对象不仅能够在视觉上与现实环境融为一体，还能够根据用户的互动进行动态响应和变化，提供真实感十足的互动体验。例如，当用户通过混合现实设备观察一个历史遗址时，他们不仅能够看到遗址的当前状态，还能通过虚拟重现技术看到该遗址在历史上的原貌，甚至与历史上的人物进行虚拟互动。这种体验在很多领域都有很大的应用潜力，比如教育、娱乐等，可以让用户从一个全新的角度、以一个全新的方式去挖掘文化底蕴、领悟文化底蕴。

混合现实支持创建个性化、定制化体验，混合现实系统能够动态调整虚拟内容的展示和互动逻辑，根据用户的喜好和互动历史，让每一次的混合现实体验都别具一格。这种个性化的体验在提升用户满意度和参与度的同时，也为混合现实技术的运用提供了更为广阔的空间。混合现实技术的核心环节之一就是生成虚拟内容，通过高性能的电脑图形技术，能够创造出既真实又互动的虚拟世界，为用户提供丰富多彩的沉浸式体验。随着技术的进步，未来混合现实技术在生成虚拟内容方面的能力将进一步增强，为用户带来更加震撼和丰富的体验。

（三）融合现实与虚拟

混合现实技术在融合虚拟内容与现实世界方面所面临的核心挑战和创新点在于能够以前所未有的精确度和真实感将虚拟内容与现实世界融合起来，而这就要求有精确的空间定位和定向技术来保证虚拟对象在现实世界中的正确位置和方向，以及有高度逼真的渲染技术使虚拟对象与现实环境在视觉上达到无缝融合的效果。

空间定位和定向技术是保证虚拟对象能够在现实世界中准确放置的基础，这就涉及将虚拟对象锚定在特定的物理位置，并能够根据用户的视角和位置动态地调整虚拟对象的方向和表现。在开发混合现实技术的过程中，对于虚拟对象的定位和渲染等方面的技术都要求有极高的精准度和逼真度。要完成这一过程，就需要有高精度的传感装置和先进的计算算法，再加上实时数据处理能力，才能实现虚拟内容的展示与现实场景的实际情况完全对齐，从而达到无缝的真实与虚拟世界融合的效果。通过这种方式，可以让使用者在体验虚拟世界的同时，也能有身临其境的真实感受。

高度逼真的渲染技术则确保了虚拟对象不仅在空间上与现实世界匹配，而且在视觉上与现实环境无缝集成。这就要求混合现实系统能够根据环境变化和用户互动实时生成模拟现实世界中的光影、质感等视觉效果并加以调整的极其真实的图像和动画。这种高度逼真的视觉效果在提升用户沉浸感的同时，也极大地增强了混合现实体验的真实感和可信性。实现这种高度融合的混合现实体验，不仅增强了用户对虚拟内容的认同度和互动性，同时也为混合现实技术在众多领域的应用拓展了潜力，如教育、娱乐、设计等。在为专业领域带来革命性工作和学习工具的同时，也为我们探索历史、学习新知识、体验不同文化提供了一条全新的路径。

混合现实技术实现虚拟与现实的无缝融合，关键在于将高度逼真的渲染技术与精准的空间定位和定向技术相结合。随着这些技术的不断发展与完善，混合现实技术将在未来为我们提供混合现实的更丰富、更真实、更具互动性的体验。

（四）实时互动

混合现实技术的一大突破在于其支持用户与虚拟内容之间的实时互动，这种互动不仅是混合现实体验的核心，也极大地增强了用户的沉浸感和参与度。这通常通过手势、语音命令、视线跟踪等自然用户界面（NUI）实现。MR 系统能够实时响应用户的操作，更新虚拟内容的状态，提供动态的互动体验。在混合现实体验中，手势控制允许用户通过简单的手势来操作虚拟对象，比如，拖动、旋转或缩放，使得与虚拟内容的互动更加直观和自然。语音命令进一步简化了用户界面，用户可以通过口头指令来控制虚拟环境，无须复杂的物理输入设备。视线跟踪技术则通过检测用户的视线方向来确定其关注点，使得 MR 系统能够更精确地响应用户的意图和行为。混合现实系统的核心在于能够实时地处理这些输入，即时更新虚拟内容的状态以匹配用户的操作。这种动态的互动体验使得用户不仅能够观察虚拟世界，还能够与之进行交互，甚至影响虚拟环境的发展和变化。这样的互动性不仅增加了混合现实体验的趣味性和教育价值，也为各种应用场景提供了广泛的可能性——从游戏和娱乐到教育培训，再到工业设计和医疗模拟。实时互动的实现，依赖于先进的计算技术和算法，这些技术能够快速处理大量的传感器数据，识别用户的操作意图，并以极低的延迟更新虚拟环境。这不仅要求混合现实设备具有强大的处理能力，还要求软件算法具有高效的数据处理和实时渲染能力。实时互动是混合现实技术的关键特性之一，它通过手势、语音和视线等自然用户界面实现，提供了一种全新的、动态的和沉浸式的用户体验。随着技术的进步，实时互动的准确度和响应速度将进一步提高，为用户带来更加丰富和真实的混合现实体验。

二、混合现实应用研究

混合现实技术的应用范围正在迅速扩展，涵盖教育、医疗、工业设计、娱乐，以及零售等多个领域，以下是五个典型的混合现实技术应用案例，展示了这一技术如何在不同领域内发挥其创新和变革的潜力。

（一）混合现实技术在教育方面的应用

混合现实技术在教育领域的革新性应用已经开始改变传统的学习模式，在历史教育上的影响尤为显著。通过利用混合现实技术，教育者可以创建交互式历史学习平台，以增强学生对历史事件和文化遗迹的了解与感受，而不是仅仅将知识以文字的形式呈现在书本上。学生通过穿戴混合现实设备，能够进入历史事件的现场去身临其境地体验和学习，比如，对古埃及金字塔的学习，学生将直接“步入”金字塔内部进行探索与感受，而不是仅仅通过书本上的图片来想象它的宏伟与神秘。这样的教学模式，既可以增强学生对历史事件的认识和记忆，又可以培养学生对历史文化遗产的自觉保护意识。对法老墓进行近距离的观察，在壁画上对墓室结构、古埃及神话故事等进行详细的了解，这种直观的学习方法，使学生对历史知识的吸收、理解有了很大提高。同样，学生在研习中国近代史战争课程中，也能像目睹历史上的危急时刻一样，通过混合现实技术在重大战役中“参与”，感受历史人物的决断与战斗的张力。这种身临其境的经历不仅激发了同学们对历史的兴趣，更加深了他们对历史事件背后深层次原因和影响的理解。

混合现实技术还能够提供更加个性化的学习体验。根据每个学生的学习进度和兴趣点，混合现实系统能够调整呈现的内容和难度，甚至能够根据学生的互动行为提供即时反馈和建议，这大大提高了学习的效率和质量。在技术支持下，这种互动的历史学习平台不仅限于学校的历史课堂，还可以扩展到博物馆、历史遗址等场所，为公众提供丰富的历史文化教育资源，这不仅有助于提升公众的历史文化素养，也为文化遗产的保护和传承开辟了新的路径。混合现实技术在教育领域的应用，尤其是在历史学习上的运用，不仅改变了传统的教育模式，提高了教育的互动性和趣味性，更为学生提供了一个全新的、直观的学习体验。随着技术的进一步发展和应用的深化，未来的历史教育将变得更加生动和有效，能够激发学生更深层次的学习动力和历史探索的热情。

（二）混合现实技术在医疗方面的应用

混合现实技术被引入医疗领域，特别是在手术训练和规划方面，标志着医学教育和临床实践有了很大飞跃。这一技术的应用，不仅是技术上的革新，更重要的贡献是手术安全性和手术效率的提高。通过混合现实技术，医生可以全面虚拟模拟手术过程，然后再进行实际操作。这种模拟不是简单的二维图像展示，而是将患者的特定器官，包括器官的大小、形状、位置，以及与周围组织的关系等，在三维空间内进行精确复现，而这一切，都是手术成功的关键因素。虚拟的医学成像技术对手术过程中的复杂情况有可预见的模拟作用，医生在虚拟的手术环境下进行手术策略的试错和预演，在手术准备中做到心中有数并降低手术中的不确定性及风险性是混合现实技术的优势之一。虚拟的手术模拟对手术成功也有正面的作用，它为医生在手术前的试错和预演提供多种可能的方案和路径，使医生在手术过程中有章可循。

对于教育和培训来说，混合现实技术提供了一种高效、直观的学习方式。年轻医生和学生可以通过虚拟手术模拟进行重复训练，不受时间和地点的限制，快速提升自己的临床技能。随着技术的不断发展，未来的混合现实手术模拟将更加精确和高效。例如，结合人工智能技术，混合现实系统能够根据患者的具体情况自动生成个性化的手术模拟方案，甚至能够实时提供手术决策支持。通过增强远程协作功能，混合现实技术还能够支持多地点的医疗团队同时参与到同一手术模拟中，共享信息、协同作业，进一步提升手术模拟的效率和质量。混合现实技术在医疗手术培训和规划中的应用不仅改变了传统的手术准备方式，提高了手术的安全性和成功率，也为医学教育提供了新的可能。随着技术的进一步成熟和普及，预计未来在医疗领域将有更多创新的应用出现，为患者提供更优质的医疗服务，为医生提供更高效的工作手段。

（三）混合现实技术在工业设计方面的应用

混合现实技术在工业设计领域的应用正彻底改变着产品设计和评审的传统模式。混合现实技术通过提供一个共享的虚拟三维空间，不仅极大地增强了设计的直观性和互动性，而且在提高设计效率、加强团队协作，以及优化产品设计过程方面发挥了重要作用。通过混合现实技术，设计师和工程师能够在同一虚拟环境中共同查看和操作产品的三维模型，这种方式超越了传统的二维图纸和简单的三维模型浏览，使每个团队成员都能以第一视角深入设计中，从各个角度和尺度检查产品的细节。这种高度的直观性使设计的精确性和决策效率有了很大提高，减少了设计过程中的误区，也减少了重复工作。混合现实技术支持设计的即时修正与迭代，在虚拟空间中，设计师可以即时对设计方案进行修改，所有参与评审的团队成员都可以即时看到改变的效果，而这种快速的反馈循环，从概念到成品，对产品的开发过程起到极大的加速作用，同时，也为鼓励创新思维发展的更具活力和灵活性的设计探索提供了支持。

混合现实技术也推动了跨区域团队之间的配合，通过混合现实设备进入同一个虚拟设计空间，无论团队成员身处何处，讨论、审查、协作都可以实现。这打破了地理位置的限制，使聚集更广泛的专业知识和创新理念、提升设计全球竞争力的全球化团队合作成为可能。在实际应用中，混合现实技术能够提供强有力的支持，无论是复杂的机械设计，还是时尚的消费类电子产品，抑或是创新的家居产品。设计师可以利用混合现实技术，在真实使用场景中模拟产品的表现，以达到优化设计的目的，例如，材料的选择、色彩的搭配、机械结构的测试等。混合现实技术在工业设计领域的应用，在提升设计与评审效率与品质的同时，也在拓展设计创新边界的过程中，加强了团队间的协作与交流。随着技术的进一步发展和成本的降低，混合现实技术有望成为工业设计领域的标准工具，为未来产品设计制造带来更多的可能性。

（四）混合现实技术在娱乐方面的应用

混合现实技术在娱乐产业中的运用，特别是在创造沉浸式虚拟演唱会体验方面，正在为观众带来前所未有的观演体验，并对人们的音乐会参与及享受方式在全球范围内产生重大冲击。混合现实技术将虚拟与现实世界融为一体，创造出令人难以置信的演唱会体验，让每个观众都能得到身临其境的视觉和听觉感受。借助于混合现实头盔的使用，每个观众都能“虚拟出席”演唱会的现场，以得到与真实演唱会一样的效果。这一技术不仅将舞台布景、灯光效果，乃至每一次现场的喝彩、掌声等视觉细节重现，更重要的是让观众与演出互动。例如，观众可以通过投票选择下一首歌曲，或者和其他虚拟观众一起参与互动游戏等方式，与虚拟演出进行手势或声音的互动。这种全新的娱乐体验完全打破了地理位置的限制，让全世界的歌迷都可以毫无障碍地欣赏到同一种表演。对于那些因距离遥远、票价昂贵或场地容量有限而无法亲临现场的音乐爱好者来说，混合现实技术提供了一种全新的解决方案，使每一位粉丝都有机会近距离观看他们最喜爱的艺术家表演。

混合现实技术还为艺术家和演出主办方提供了更多创新演出的可能性，艺术家可以利用混合现实技术创造出无法在现实中实现的视觉效果，如虚拟舞台、虚拟乐队伴奏或是跨越时空的合唱，为观众带来独一无二的视听享受，同时，也为演出主办方在吸引全球观众、扩大演出的受众范围和商业潜能方面开辟了新的创意空间与市场机遇。混合现实技术在娱乐产业中的运用不仅为观众带来了全新的观演体验，也为艺术家和演出主办方在创意空间上开拓了新的视野与创造了新的机遇，在为观众提供全新的观演方式的同时，也带来了新的商业机会和潜在的经济增长点。技术的进一步发展和普及将使未来的娱乐体验更加多元和丰富，给全球观众带来更多的惊喜和感动。

（五）混合现实技术在零售方面的应用

在当今零售业中，混合现实技术的应用正在彻底改变消费者的购物体验，尤其是在服装零售领域。混合现实技术所创造的虚拟试衣间不仅是技术创新的体现，更代表了零售业向着更加个性化、互动化方向迈出了一大步。这一技术的运用，不仅让消费者的购物体验得到了很大提升，同时也为零售商提供了一种有效的手段，减少退货、提高销量。通过混合现实技术，虚拟试衣间可以让消费者马上看到各种衣物“穿戴”在自己身上的效果，而无须实际更换。这一过程只需通过消费者站在特定位置的智能镜面之前或穿戴式设备等混合现实设备来实现。虚拟试衣间的系统可以实时捕捉使用者的形象并将已选定的服装直接“穿戴”在使用者身上，带来非常方便快捷的购物体验，同时带来很大的娱乐价值。

虚拟试衣间的系统还能根据使用者的形体特征、历史购物数据进行个性化推荐服装及风格，既提高了消费者的购物满意度，又增强了品牌的忠诚度；虚拟试衣间还能更精确地对服装进行尺寸和样式匹配，在降低退货率方面也起到很大的作用。可以说，虚拟试衣间的推出不仅提高了购物体验的便捷性和高效性，而且对于提升消费者品牌忠诚度，以及降低退货率起到很大的作用。虚拟试衣间的应用对减轻零售商的物流和库存压力，对环境保护都有一定的贡献，减少了因退货而产生的碳排放。

虚拟试衣间还为零售商提供丰富的消费者资料，包括消费偏好、试穿频率和购买转化率等数据，为零售商的市场策略和库存管理提供有力支撑，使其对市场需求有更准确的把握，提高了经营效率。在零售行业应用混合现实技术，特别是虚拟试衣间的创新，既改变了消费者的购物方式，又提高了购物体验的便捷性和趣味性，也为零售商提供了一条有效途径，使其在提高销售效率的同时降低退货率。虚拟试衣间在零售行业的应用，在减轻库存压力的同时，对环境保护有正面贡献。同时，也为零售商提供了一条提高销售效率、减少退货率的有效途径。随着技术的不断进步与发展，未来的零售体验将会变得更加丰富多彩，从而为消费者带来更多的惊喜与便捷。

混合现实技术证明了其广泛应用于多个行业的潜力和变革能力。从教育到医疗，从工业设计到娱乐，再到零售，混合现实技术不仅提升了操作和学习的效率，增强了用户的互动体验，还开辟了创新服务和产品的新途径，这些案例对于混合现实技术潜力来说，只是冰山一角。随着技术的不断进步和成本的逐步降低，混合现实技术将不仅仅局限于现有的领域，还将更广泛地应用于生活的各个方面，在城市规划、交通管理、远程协作等新的领域中，混合现实技术将得到更大应用。更重要的是，混合现实技术将不断深化人机交互方式，在极大丰富人们数字生活和改变人们工作方式的同时，提供更直观自然的交互体验。未来，混合现实技术的应用将随着人工智能、大数据等技术的融合，在极大扩展人类感知界限和创造力的同时，为用户带来前所未有的使用体验，变得更加智能和个性化。

三、未来趋势

作为融合虚拟现实、增强现实等先进技术的综合体，混合现实技术正在快速发展并不断扩大其应用范围，未来混合现实技术的发展趋势主要体现在以下几个方面。

（一）更加自然的交互方式

在混合现实技术的未来发展中，实现更自然和直观的用户交互方式成为一个重要趋势。随着自然用户界面的不断进步，混合现实技术正朝着使用户交互过程更加无缝和直观的方向发展。

手势控制、语音命令，以及视线跟踪技术已经开始被广泛应用于混合现实系统中，这些技术大大简化了用户与虚拟内容互动的复杂度，让用户能够以最自然的方式与混合现实环境进行沟通和操作。手势识别技术允许用户通过简单的手势来操控虚拟对象，从而消除了传统输入设备的物理限制；语音识别技术使用户能以口头指令直接与混合现实系统进行交互，从而开创了全新的交互模式；视线跟踪技术通过追踪用户的视线方向来确定用户的关注点，使混合现实系统能够更准确地响应用户的意图，提高了交互的精确性和自然性；以及今后的混合现实系统在生物识别技术的运用下会加入更多的高级功能，如面部表情识别和心率监测，使混合现实系统在对用户情绪和生理状态的认识上更进一步，从而提供更为个性化和精细化的交互体验，这些将随着混合现实技术的不断更新而不断地得到完善。面部表情识别技术能够捕捉用户细微的表情变化，从而在适应用户情绪状态的虚拟环境中，对用户的情绪作出相应的反应或调整。心率监测则有助于系统对用户的身体反应进行评估，提供数据支持进行健康监测或情绪分析。这种朝着自然用户界面方向发展的趋势，不仅使用户使用混合现实技术的门槛大大降低，用户体验得到提升，同时也为混合现实技术打开了更广阔的应用空间。

（二）高度集成的物理与数字环境

混合现实技术的发展正朝向实现物理世界与数字虚拟内容之间更深层次的融合。这种高度集成的物理与数字环境将使虚拟对象不仅仅在视觉上与现实世界无缝结合，更能在功能上与现实世界中的物理对象发生互动和响应，创造出前所未有的交互体验。这一进展预示着混合现实技术将引领教育、娱乐、医疗等多个领域的变革。

在教育领域，混合现实技术能够提供沉浸式学习环境，学生可以通过与虚拟对象的直接互动来学习复杂的概念和技能。例如，生物课程中，通过与虚拟细胞结构的互动，使学生对细胞功能有了深刻的认识；学生在进行历史教育时，可以走进历史现场，与虚拟的人物进行历史事件的沟通，从而得到一种更加鲜活的历史经历。混合现实技术将在娱乐领域提供更为丰富的娱乐体验，同时也提供了更多的互动体验。观众可以在自家的客厅观看虚拟音乐会，与虚拟演员进行互动，也可以与现实世界中的物体在虚拟的游戏中进行互动，享受身临其境的游戏体验。

在医疗领域，混合现实技术的应用将使医生能够通过虚拟图像更加直观地了解患者的身体状况，甚至在进行手术前通过与虚拟器官模型的互动来进行手术模拟，从而提高手术的精确性和安全性。这种物理与数字环境的高度集成，依赖先进的图形渲染技术、数据实时处理技术，以及精准的空间定位技术。随着这些技术的不断发展和成熟，混合现实技术所能提供的物理与数字环境的融合度将越来越高，虚拟对象与现实世界的交互将变得更加自然和真实。这不仅将极大地丰富人们的生活体验，还将开启教育、娱乐、医疗等领域新的发展方向，带来深远的社会影响。随着技术的进步，未来的混合现实体验将变得更加丰富多彩，为用户带来更加真实、互动和个性化的新体验。

（三）更广泛的应用场景

混合现实技术将随着技术的成熟和成本的降低而在更多的领域得到应用。

除了目前的游戏、教育、设计等领域，混合现实技术未来可能扩展到远程工作、社交、智能家居控制等日常生活的方方面面，为用户带来前所未有的体验和便利。在远程工作方面，我们的工作方式、工作环境都会因为混合现实技术的应用而发生很大变化。通过混合现实技术，远程工作人员可以像置身于同一个空间一样，在虚拟的办公环境中与同事进行面对面的沟通与协作。这样既提高了异地办公的效率，又增加了队员之间的互动和交流质量。在社交方面，混合现实技术将提供给人们全新的社交体验，用户无论距离多远，都可以在虚拟空间与家人和朋友互动，参与虚拟派对、游戏等活动，这种新型的社交方式将跨越地理限制，加深人们之间的情感联系。

智能家居控制是混合现实技术应用的又一重要领域，通过混合现实技术，用户可以通过调节灯光亮度、温度或通过虚拟界面监控家中安防系统等，对家中的智能设备进行更直观的控制。这种互动方式在提升智能家居系统易用性的同时，也将更多的便捷与舒适带到家居生活中。为用户提供更丰富、个性化服务的混合现实技术在零售、旅游和健康保健等领域的应用也会越来越多。例如，在零售领域，混合现实技术可以先帮顾客"试穿"衣服，或者先对家具进行"试用"，再进行选购；在旅游领域，混合现实技术可以提供身临其境的旅行体验，让用户足不出户就可以游遍全球名胜。

随着混合现实技术的进一步发展，它将以更丰富、更便捷、更具个性化的生活体验为用户带来更广泛的日常生活中的应用。这一技术的普及和应用，将不仅仅局限于提供娱乐和便利，还将对人们的工作方式、学习方式、社交方式等产生深刻影响，对社会进步、文化创新等起到有力的推动作用。

(四) 改善硬件设备

为支持更复杂的混合现实应用，硬件设备将变得更加轻便、高效和易于使用，头戴式显示设备将继续保持更轻、更舒适的特性，同时通过增加高分辨率及更宽视角来提供更高的交互精确度。头戴式显示设备作为混合现实体验中的核心部件，它的设计和工艺将得到持续优化，以减少用户在长时间的使用中产生的疲劳感，从而提供更具沉浸感和真实感的视觉体验。通过这些改进，用户将能观赏到更清晰、更宽广的画面效果，从而提升混合现实体验的真实感和沉浸感，以提高混合现实系统的环境感知和交互精确度。今后的混合现实设备将集成更多先进传感设备，这些传感器包括但不限于深度摄像头、红外传感器、运动跟踪器等，将能更精确地捕捉用户的动作、位置及环境信息，使混合现实系统达到更精细自然的用户交互，无论是物理移动手势控制还是语音命令都能得到更准确的响应，从而带来更丰富的交互体验。5G 和边缘计算等技术的发展将使未来的混合现实设备具有更强的数据处理和传输能力，从而能够支持更加复杂和数据密集的混合现实应用，并为用户带来更加流畅和丰富的混合现实内容体验，而无须连接外部计算资源。

随着技术的发展，未来的混合现实硬件设备在轻便性、视觉体验和交互准确度上都会有很大改善，从而为用户提供更加沉浸和真实的混合现实体验，并促使混合现实技术在各行各业得到更广泛的应用，同时，也期待未来能够在混合现实领域看到更多创新的技术应用。

（五）云计算与人工智能的深度融合

在混合现实技术的发展中，云计算和人工智能正发挥着越来越重要的作用，通过云平台，混合现实应用能够访问更强大的计算资源，处理大量数据，提供更为复杂和动态的虚拟内容。同时，人工智能技术将使混合现实系统对使用者的意图和环境语境有更好的认识，从而提供更为智能化的交互体验，而云计算提供的几乎无限的计算资源将使混合现实应用能够处理比以往更多的数据，并支持更复杂、更动态的虚拟内容的生成和管理，从而使混合现实体验不再受限于本地硬件的计算能力，而能够为使用者提供更丰富、更详细的虚拟环境。云计算与人工智能的整合将使混合现实技术得到进一步提升。无论是在教育、娱乐还是专业培训等领域，用户都将能够在更真实、更复杂的虚拟世界中探索和互动。

人工智能技术的应用将使混合现实系统变得更加智能，可以更好地理解用户的意图，以及所处环境的语境。机器学习、深度学习等人工智能技术将使混合现实系统能够对用户的语音指令、手势、表情等进行识别，并对环境信息进行分析，使交互体验更加自然直观。人工智能还可以根据用户的行为和喜好为用户提供量身定制的虚拟体验，对混合现实内容进行个性化设计。人工智能技术也将更广泛地应用于混合现实内容创作和维护，人工智能可以帮助虚拟模型自动生成或优化，在提高内容创作效率和质量的同时，减少对人工输入的需求。同时，人工智能还能对混合现实应用程序的性能进行实时监测和分析，并自动对系统配置进行调整或纠错，以保证用户得到最好的使用体验。云计算与人工智能的深度融合将为混合现实技术带来质的飞跃，不仅在技术层面提供更强的支持，同时也将拓宽混合现实技术在应用层面的可能性。随着这两项技术的不断进步，混合现实技术的应用场景和潜力将在未来的混合现实体验上得到更丰富、更智能、更个性化的拓展。

混合现实技术未来的发展将不断拓宽人机交互的边界，为人们带来更加丰富、直观和个性化的数字体验。随着技术的日益进步，混合现实技术将改变我们的工作、学习、娱乐方式，并由此开启一个全新的互动时代。混合现实技术在融合高度真实的虚拟内容与现实世界的同时，为用户带来前所未有的身临其境的沉浸式体验，其核心在于打破传统的屏幕界限，实现数字化信息多维度呈现在我们的现实世界中。随着混合现实技术的发展，我们将看到一个更丰富、更直观、更具个性化的数字化世界。

混合现实技术的不断进步为人类社会带来巨大的推动作用，使信息的可接收性和互动性得到很大的增强。随着混合现实技术的发展，它将深刻影响我们的工作、学习，以及娱乐方式。在工作领域，混合现实技术能够为远程工作和协作提供直观有效的协作平台；在学习领域，混合现实技术将开启新的教学模式，为学习者提供身临其境的互动式的学习体验；在娱乐领域，混合现实技术将创造全新的娱乐形式和体验，从沉浸式游戏到虚拟旅行，都将为用户带来无限的想象空间和乐趣等。

混合现实技术的发展将使人们对信息的处理和应用方式发生很大的变化，还将促进社会新互动方式的形成，帮助人们在虚拟空间中以全新的方式进行交流和互动，从而能够跨越地理和文化的界限，促进全球化交流。随着技术的不断进步，混合现实技术有潜力彻底改变我们的生活方式，为我们带来更加丰富和多元的体验。在这一过程中，不仅技术本身将不断被创新和完善，人类社会的各个方面，包括文化、教育、娱乐和工作等，也将因混合现实技术的应用而发生深刻变革。

丨第五章丨

互动技术在文化遗产中的应用

互动技术在文化遗产中的应用是近年来文化领域的一大创新方向，不仅重新定义了公众与文化遗产之间的关系，也为文化遗产的保护、研究、教育和传播开辟了一条新的道路，互动技术的运用使文化遗产的价值和意义在多个层面得到深化，具体表现在以下几个方面。

一、提升公众参与度和体验感

在当前的数字化时代，互动技术在文化遗产的应用已经成为一种重要的趋势，它通过虚拟现实、增强现实、触摸屏等先进的技术手段，极大地提升了公众参与文化遗产学习和体验的积极性。这些技术的应用，不仅是技术进步的体现，更重要的是，它重新定义了公众与文化遗产之间的互动方式，使文化遗产的展示与教育变得更加生动、有效，促进了文化遗产的保护与传承。

首先，虚拟现实技术提供沉浸式的体验，让用户仿佛置身于另一个时空，直接体验历史事件和文化场景。例如，通过虚拟现实头戴设备，观众可以“行走”在古埃及金字塔内部，详细观察墓室的壁画和装饰。这种亲身体验的方式，大大提高了公众对历史和文化遗产的兴趣和认知，使复杂的历史信息变得容易理解和记忆。

增强现实技术通过在现实世界中叠加数字信息的方式为公众提供一种全新的文化遗产学习模式——利用智能手机或平板电脑，通过增强现实技术重现历史建筑原貌或历史人物的虚拟形象并与之互动。公众对历史的了解和记忆也变得更容易，例如，参观古罗马遗址时，可以利用增强现实技术还原竞技场全盛时期的场景，感受那个时代的氛围，这种技术不仅增加了教育的趣味性，也让文化遗产的学习更加直观和生动。

触摸屏技术的应用使得博物馆和展览的互动性大大增强。在博物馆中，通过触摸屏终端，观众可以自主选择感兴趣的展品进行深入了解，通过视频、音频和图文等多媒体资料获取关于展品的详细信息，包括其历史背景、艺术特点和文化意义等。这种自主选择和深入探索的过程，不仅使得观众的参与度大大提高，也使文化遗产的传播更加个性化和多样化。

互动技术的应用在文化遗产领域，不仅仅是技术层面的创新，更是教育和传播方式的革新。它通过提供沉浸式、互动式的体验，极大地提升了公众对文化遗产的兴趣和认知，使得文化遗产变得更加生动和接近现实生活。随着技术的不断发展和完善，未来在文化遗产的保护、展示和教育中，互动技术将发挥更加重要的作用，为公众提供更加丰富和深刻的文化体验。

二、促进文化遗产的教育与传播

在文化遗产的教育与传播中应用互动技术，开辟学习新路径的同时，也使教育内容与教育形式得到极大丰富，让文化遗产的学习变得更加生动、富有成效。这些技术的应用对于促进公众，尤其是年轻一代对文化遗产的理解和欣赏具有不可估量的价值。

虚拟重建技术可以让学习者在体验古老文明生活和事件的同时，“穿越”时空，直接“走进”历史现场。如通过虚拟现实技术，让学生置身于古埃及金字塔的内部，对法老王的陵墓进行探索；在古罗马斗兽场中亲身参与一次壮观的角斗士比赛，对历史事件有全新的认识，增加学习的趣味性和记忆性。

运用增强现实技术开展文化遗产的学习，使自己在物理空间以外的学习环境中获得历史场景叠加的现实信息。比如，阅读有关某个历史人物的教材时，通过增强现实技术可以直观地看到该人物的立体形象，甚至与之进行交互式的对话，这种方式能极大地提高学习的互动性和趣味性。触摸屏和互动展示技术也使博物馆的教育和展览功能得到极大丰富，观众通过互动画面深入了解文化遗产的背景故事或通过触摸屏查询展品的详细信息，参与虚拟的互动游戏。这些技术的应用，不仅使得展览内容更加丰富多彩，也让观众的每一次参观都成为一次新的发现和学习之旅。

互动技术还为文化遗产的远程教育和全球传播提供了可能。世界各地的学习者可以通过网络平台和网络资源，在参加虚拟教育课程和互动活动的同时，访问数字化的文化遗产资源。这种全球化的教育与传播方式，使文化传承教育的受众面得到极大拓宽，同时也推动了不同文化之间的交流和理解。

互动技术的应用在文化遗产的教育与传播中扮演着至关重要的角色。通过提供沉浸式、互动式的学习体验，不仅为保护、传承、创新文化遗产开辟了一条新的路径，也使公众尤其是年轻一代对文化遗产的兴趣和认知得到了极大提升。随着技术的不断发展和创新，未来文化遗产的教育与传播将更加多元化、互动化和全球化，为人类共同的文化遗产带来更加广阔的生命力和影响力。

三、支持文化遗产的研究与保护

互动技术在支持文化遗产的研究与保护方面发挥着至关重要的作用，随着三维扫描、数字建模、虚拟现实和增强现实等技术的发展，互动技术能够以前所未有的方式对文化遗产进行记录、研究和保护。这些技术的应用不仅提高了文化遗产研究的精确性和效率，也为遗产的长期保护和传承开辟了新路径。

首先，三维扫描和数字建模技术使得研究人员能够创建文化遗产项目的高精度数字副本。这一过程包括使用激光扫描、光学扫描或摄影测量等方法，精确记录遗产项目的每一细节和结构。这些高精度的数字副本不仅为文化遗产的详细研究提供了宝贵资料，使研究人员能够在不接触实物的情况下，对其进行深入分析和研究，也为复杂或易损遗产的修复工作提供了准确的参考模型。

其次，通过虚拟现实和增强现实技术，文化遗产可以以数字化的形式进行展示，这不仅减少了对实体遗产的物理接触和磨损，也使得公众能够在虚拟环境中亲身体验遗产的魅力，从而有效保护这些珍贵的文化资源。例如，虚拟现实技术可以创建一个完整的虚拟博物馆，让观众可以虚拟参观世界各地的文化遗产，不受时间和空间的限制；而增强现实技术则可以在现场提供额外的信息层，丰富观众的参观体验，同时保护实物遗产不受损害。互动技术还为文化遗产的监测和维护提供了新工具，利用传感器和远程监控技术，管理人员可以实时监控遗产的环境和状态，及时发现和处理可能对遗产造成损害的因素，如湿度变化、温度波动等。这些技术的应用，极大地提高了文化遗产保护工作的时效性和有效性。

最后，互动技术还促进了全球范围内的文化遗产保护合作。通过共享数字化的文化遗产资源和研究成果，世界各地的研究人员和保护人员可以更容易地进行交流和合作，共同面对文化遗产保护的挑战。

四、促进文化遗产的创新表达

在当前的文化遗产领域，互动技术的应用已经成为推动传统文化创新表达的重要力量。互动技术不仅提供了一种全新的艺术创作和展示平台，而且还为传统文化的现代转译和传播开辟了广阔的空间。这种技术与文化的结合，不仅激发了艺术家和设计师的创造力，也为公众理解和接受传统文化提供了新的途径。

首先，互动技术，如增强现实、虚拟现实，以及各种触控交互设备，使得艺术家和设计师能够突破传统艺术创作的局限，将传统文化元素与现代科技相结合，创造出既有深厚文化底蕴又有现代审美的艺术作品。例如，通过虚拟现实技术，艺术家可以创建一个虚拟的古代宫殿，让观众在虚拟空间中自由探索，体验古代文明的辉煌；通过增强现实技术，设计师可以在现实世界中叠加虚拟的历史故事或文化符号，为公众提供一种全新的文化体验方式。其次，互动技术还能够增强文化遗产的时代感和吸引力，使之更加符合现代公众的审美和体验需求。在互动媒介的帮助下，传统文化遗产不再是遥远和静态的历史展品，而是变成了可以触摸、可以互动，甚至可以改变的活跃实体。这种互动和体验的深度极大地丰富了文化遗产的展示形式，提升了公众对传统文化的兴趣和认同感。

互动技术在促进文化遗产的创新表达中也起到教育和传播作用。通过互动展览和教育程序，公众不仅可以获得知识和信息，还可以通过参与和体验来深入理解文化遗产的内涵和价值。这种参与式学习和体验对于提高公众文化素养、传承和弘扬传统文化具有重要意义。互动技术为传统文化与国际文化的交流与融合提供了平台，在全球化背景下，通过互动技术，传统文化能够以更加开放和包容的姿态与世界各地的文化进行交流和互鉴。这不仅有助于提升传统文化的国际影响力，也为构建人类命运共同体提供了文化支撑。互动技术在促进文化遗产的创新表达中发挥着关键作用，它不仅为艺术家和设计师提供了创作新作品的平台，也为公众理解、欣赏和传承传统文化开辟了新的路径。随着技术的不断进步和应用的不断拓展，互动技术将在文化遗产的创新表达和传播中发挥更大作用，为传统文化的现代转译和全球传播贡献更多力量。

互动技术在文化遗产中的应用已经成为当代文化遗产保护和传播的一个关键转折点。这些技术不仅极大地丰富了公众对文化遗产的认知和体验方式，更重要的是，它们为文化遗产的教育、保护、研究，以及创新表达开辟了全新的路径。通过虚拟现实、增强现实、混合现实，以及各种互动展示技术，文化遗产得以跨越时空的限制，以更加生动、直观的形式呈现于世人面前，这不仅提升了公众的参与度和体验感，更加深了他们对文化遗产价值的理解和认同。

这些技术对于文化传承的教育和传播有着特别显著的推动作用。通过提供互动的学习环境，让学习者深入了解文化传承背后的历史故事和文化意义；通过直观的、互动的方式，教育效果和趣味性都得到很大提升。

互动技术也为文化遗产的研究与保护提供了强有力的工具，三维扫描和数字建模等技术使得我们能够准确记录和保存文化遗产的信息，为遗产的修复和保护工作提供了科学依据。互动技术也激发了文化传承的创新表达，让艺术家与设计师创作出既有历史底蕴又符合现代审美，还能为传统文化注入新活力的作品，将传统文化与现代科技相结合，从而实现传统文化与现代科技的融合。这种创新在推动文化遗产传承的同时，也让文化遗产更好地与现代社会融合，提升了文化遗产的时代感和普遍性的感染力。随着互动技术的不断发展与创新，今后将更广泛、更深入地应用于文化遗产领域，这些技术将更好地传承和发展人类文化遗产，丰富我们的文化生活，增强文化的活力和影响力。

第一节　数字化保存

一、方法与技术

数字化保存不仅是对文化遗产进行现代化转录的行为，更是一种确保这些无价之宝能够跨越时间和空间得以永久保存和广泛传播的手段。在这个快速发展的数字时代，利用最前沿的信息技术手段，将书籍、文档、艺术品等传统媒介资料转换成数字格式，不仅能够提高其可访问性，还能有效防止物理损坏和历史遗忘带来的风险。数字化保存的过程涉及多种高精尖技术，包括但不限于高分辨率扫描、三维建模、数字摄影，以及光学字符识别（OCR）等。相关技术的发展使我们能对文化遗产的每一个细节进行精确捕捉并记录下来，不管是文字的一笔一画，还是艺术品的色彩纹理，而且随着云存储和大数据技术的发展，这些数字化的资料能够以更安全更持久的方式被保存起来，为学者和社会公众对文化资产进行访问和研究提供便利条件。数字化保存是一项复杂而精细的工作，它要求我们不仅要掌握和应用先进的技术，更要对待每一项文化遗产都怀有敬畏之心，确保在转化过程中尽可能保留原有的文化精髓和历史价值。

（一）高分辨率扫描与摄影

数字化保存作为文化遗产保护的核心技术之一，起到至关重要的作用。在众多技术中，高分辨率扫描与摄影技术因其能够提供极高质量的数字副本而被广泛应用。

（1）高分辨率扫描技术。高分辨率扫描技术是数字化平面文化资料的首选方法。这种技术能够捕捉到文献、书籍、绘画或地图等物件的细微特征，如纸张质地、墨迹渗透等，从而生成接近原物的数字副本。扫描过程中，使用的扫描仪分辨率通常很高，能够达到600dpi甚至更高，确保扫描结果的清晰度和细节的准确性。对于特殊材质或含有微妙细节的文化物件，可能需要采用更专业的扫描设备，如红外扫描仪或三维扫描仪，以揭示物件的隐藏信息或三维结构。

（2）专业摄影技术。对于立体的文化遗产，如雕塑、建筑或考古发掘现场，专业的摄影技术成为捕捉和记录这些遗产的重要手段。通过从不同角度和在不同光线条件下进行拍摄，专业摄影不仅能够记录文化遗产的视觉信息，还能够通过影像捕捉物件的质感、色彩和与环境的关系。在进行文化遗产摄影时，通常采用高清晰度相机，并辅以适当的光源配置，以确保照片能够尽可能地反映出文化物件的原貌和细节。近年来，全景摄影和无人机航拍技术的应用为大型遗址和建筑的数字化保存提供了新的视角和方法。

（3）技术应用的注意事项。在应用高分辨率扫描和摄影技术进行数字化保存时，需要注意几个要点。首先，保护原物安全必不可少，避免在操作过程中对文化物件造成物理性破坏，这是技术应用中需要注意的；其次，标准化的流程和参数设置需要在操作过程中加以采用，以保证数字化结果的准确性和一致性；最后，数字化获取的数据量往往很大，要保证数字化数据的长久保存和利用，就需要有一个有效的数据管理和存储方案。

高分辨率扫描和摄影技术为文化遗产数字化保存提供了有效手段，通过这些技术，不仅可以把宝贵的文化遗产保存给后人，还可以让更多的人通过数字化的方式来认识这些文化财富，欣赏这些文化遗产。随着技术的进步和应用的深入，未来将有更多创新的技术被应用于文化遗产的数字化保存工作中。

（二）三维扫描与建模

对于那些立体的、结构复杂的文化遗产，三维扫描技术的应用在数字化保存文化遗产中占有极其重要的地位。这项技术不仅可以对文化遗产的物理特征进行高度还原，而且在研究、教育、保护等方面提供有力支撑。三维扫描技术通过激光扫描、结构光扫描、光学扫描等多种手段，对文化物件的形态和表面纹理进行精确捕捉，再利用先进的三维建模软件，对扫描所得数据进行处理和重建，最终生成精确的三维数码模型。

（1）三维扫描技术的多样性。激光扫描技术成为记录建筑、雕塑等大型文化遗产的首选技术，其精度高，操作距离远。它通过发射激光束并测量激光束反射回来的时间，精确计算出物体的形状和尺寸。结构光扫描则是通过投射特定图案的光线到物体表面，通过分析变形后的图案来重建物体的三维形状，这种方法特别适合于扫描中小型且细节丰富的文化遗产。光学扫描技术包括光学三角测量和光场摄影等，利用光的反射原理来捕捉物体的外观和纹理，适用于各种大小和材质的文化物件。

（2）数据处理与三维重建。三维扫描获取的原始数据通常需要经过复杂的处理才能生成可用的三维模型。这一过程包括数据清洗、对齐、拼接，以及纹理映射等步骤，利用专业的三维建模软件，如 AutoCAD、Maya 或 3D Max 等，技术人员可以根据扫描数据重建高精度的三维模型，这些模型不仅完整地记录文化遗产的三维形态，也保留了其表面的纹理和颜色信息，为后续的研究和展示提供极为宝贵的资源。

（3）应用范围与价值。三维扫描技术的应用范围极为广泛，不仅限于雕塑、建筑细节的记录，还可用于考古发掘、历史建筑的保护、文化遗产的复原等多个领域。特别是对于那些受到自然灾害或人为因素威胁的文化遗产，三维扫描技术提供了一种快速、准确的记录和保护方法。通过生成的三维模型，公众可以通过虚拟现实或增强现实技术，以全新的视角和形式体验文化遗产，极大地提升了文化遗产的教育和传播效果。

三维扫描技术为文化遗产的数字化保存提供了一种精确、高效的解决方案。它不仅能够为复杂结构的文化遗产提供准确的三维数字模型，还为文化遗产的研究、保护和创新表达开辟了新的可能，对于传承和发展人类的文化遗产具有重要意义和价值。随着技术的不断进步和应用的深入，三维扫描技术将在文化遗产保护领域发挥越来越重要的作用。[①]

（三）数字防腐技术

数字防腐技术在数字化保存工作中占据极其重要的地位，它的核心目的是确保长期保存的数字内容能够抵御技术变迁和物理环境变化带来的风险，从而保障这些珍贵资料的可持续访问。数字防腐策略需要综合运用一系列技术和管理措施以应对不断发展的信息技术和潜在的数据损坏问题。

（1）定期更新存储介质。存储介质的物理特性决定了其有限的保存寿命。无论是磁带、硬盘还是光盘，都会随时间老化，可能导致数据丢失，定期评估并更新存储介质是数字防腐的基础。这一过程包括监测现有存储介质的状态，预测其寿命，并在必要时将数据迁移到新的、更稳定的存储介质上。随着新型存储技术的发展，如固态驱动器（SSD）和云存储服务，我们有更多选择来提

① 李万春，赵鹏辉，任芸芸. 三维激光扫描技术在新农村建设中的应用［J］. 现代盐化工，2023（3）.

高数据长期保存的稳定性。

（2）数据迁移至新的文件格式。文件格式的过时是数字内容长期保存面临的另一个重大挑战。随着软件和硬件技术的更新，旧的文件格式可能不再被支持，导致存储的内容无法访问。定期将数据迁移到新的、广泛支持的文件格式是防止数据因技术变迁而无法使用的重要措施。这一策略要求我们不仅要关注当前的技术标准，还要预测技术发展趋势，选择具有长期生命周期的文件格式。

（3）创建冗余备份。冗余备份是确保数字内容长期保存的关键，可以保证长时间保存数字内容。通过在不同地理位置创建数据的多份备份，即使某一存储点发生灾难性的物理损坏，也能从其他地点的备份中恢复数据。数据保存的安全性和灵活性还可以通过分布式存储和云备份等技术得到进一步加强。

（4）综合管理与监控。有效的数字化防腐蚀除了技术层面的问题外，更重要的是管理层面的问题。确保长期保存成功的关键在于建立全面的数据管理监控系统，对保存下来的数字内容进行定期检查，对潜在的风险及时发现和处理。同时，制定清晰的数字化防腐方针和作业流程，做到每一步作业都有记录，每一项决策都建立在信息分析充分的基础之上。

（5）面向未来的战略。数字化防腐战略也需要不断更新和适应，这要考虑技术和社会的不断发展。这意味着，既要持续关注信息技术的最新动态，探索新的保存方法和工具；又要考虑数字内容的影响，确保数字化保存的内容既在技术上具有可访问性，也符合社会的期待和需求。

数字防腐是一个涉及技术、管理和策略多个层面的综合工作，它要求我们既要具备前瞻性，又要注重实际操作的细节，以确保文化遗产和历史资料在数字化时代得到有效保存和传承。

（四）虚拟现实与增强现实技术

在当前的数字化时代，虚拟现实和增强现实技术已经成为文化遗产保存与展示的重要工具。这些技术的应用不仅极大地拓宽了传统文化遗产展示的边界，还为公众提供了一种全新的、沉浸式的学习和体验方式。通过虚拟现实和增强现实技术，数字化保存的文化遗产内容能够以更加生动和互动的形式呈现给用户，从而极大地提高了公众对文化遗产的认识和兴趣。

（1）虚拟现实技术的应用。虚拟现实技术通过创建一个全息的、三维的虚拟环境，允许用户以第一人称的视角进入并互动。在文化遗产的展示中，这意味着观众可以“走进”历史场景，如同身临其境般体验古代文明的生活、参观远古遗址或是走进历史事件的现场。例如，通过虚拟现实头戴设备，观众可以探索虚拟重建的古埃及金字塔内部，亲眼见证墓室的壁画细节，甚至可以体验与历史人物的“面对面”交流。这种沉浸式体验不仅极大地增强了公众对文化遗产的认知，还激发了他们对学习更多历史知识的渴望。

（2）增强现实技术的应用。与虚拟现实技术不同，增强现实技术通过在用户的现实世界中叠加计算机生成的图像，增强用户的现实体验。在文化遗产领域，这意味着用户可以在观看实际的历史遗迹或文化物品时，通过智能手机或平板电脑等设备看到额外的信息层或虚拟图像。例如，观众在博物馆观赏一件古代艺术品时，通过增强现实技术可以看到该艺术品的历史背景、制作工艺或是与之相关的历史人物故事。这种技术不仅使得文化遗产的展示更加生动有趣，也为公众提供了更加丰富和深入的学习内容。

（3）教育与互动的新途径。虚拟现实和增强现实技术为文化遗产的教育提供了新的途径。通过这些技术，教育者能够设计出富有吸引力和教育意义的虚拟课程和活动，让学习者不仅能够获得知识，还能通过互动体验深化对文化遗产的理解。这种互动性和体验性的教学方式，尤其对年轻一代来说，更能激发他们对历史和文化的兴趣。

（4）未来发展的潜力。随着技术的不断进步和创新，虚拟现实和增强现实技术在文化遗产领域的应用将展现出更大的潜力。未来，这些技术不仅能够为公众提供更加丰富和深入的文化遗产体验，还有可能通过虚拟复原和数字化保存技术，将那些已经遭受破坏或失落的文化遗产“复活”，为全人类的文化遗产保护和传承作出更大的贡献。

虚拟现实和增强现实技术在文化遗产中的应用，不仅改变了公众对文化遗产的学习和体验方式，也为文化遗产的保护、研究和创新表达提供了新的可能性。随着这些技术的不断发展，它们将在促进人类文化遗产的传承和发展中发挥越来越重要的作用。

（五）云存储与分布式技术

云存储与分布式技术的应用在数字化保存领域开创了崭新的篇章，特别是在文化遗产保护方面具有不可替代的价值。随着云计算技术的飞速发展，云存储已经成为重要的工具来保护和传播文化遗产，分布式技术如区块链对确保数据安全性和版权管理也提出了创新的解决方案。

（1）云存储的应用。云存储提供的巨大存储空间使大量的文化遗产数字化资料得以安全高效保存，而且与传统的物理存储比较，云存储具有更高的灵活性和可扩展性，能够根据需求动态调整存储空间，在应对文化遗产数字化资料日益增长的存储需求上发挥了重要作用。更重要的是，云存储的高度可访问性，意味着研究人员和全世界任何地方的公众，只要通过互联网，就可以方便地访问到这些珍贵的文化资料，对全球范围内的文化遗产分享和传播起到极大的推动作用。云存储还具备出色的数据安全性，即使在硬件故障、自然灾害或网络攻击等风险面前，通过先进的加密技术、多重备份和灾难恢复策略，也能有效保护数据免遭损失，确保文化遗产数据安全完整。

（2）分布式技术。尤其是区块链技术，在文化遗产的数字化保存中展现出新的可能性。去中心化、透明性高、不可篡改是区块链技术的核心特征，在版权管理、数据完整性等方面为文化遗产提供了强有力的保证。通过将文化遗产资料的著作权信息记录在区块链上，每一次更新的数字化保存，都将永久记录并验证每一笔数据的变更情况，确保数据真实、版权归属清晰。区块链技术的应用，能够有效解决文化遗产数字化进程中的著作权归属、使用权等问题，使创作者、持有者的合法权益得到保护。同时，分布式账本的特性也为文化遗产资料的长期保存和防篡改提供了技术支持，每一件文化遗产的数字化信息都可以得到可靠的保存和验证。

（3）结合应用前景。在文化遗产数字化保存中应用云存储和分布式技术，既能提供强大的存储能力和高度的数据安全性，又能保证有效管理和保护文化资料著作权。这一技术的集成应用为文化遗产在全球范围内的共享变得更加容易和安全，为文化遗产的保护、研究和传播提供了全新的解决方案。

随着技术的不断进步和应用场景的不断拓展，云存储和分布式技术将在文化遗产领域发挥更加重要的作用，这些技术的应用不仅会进一步促进文化遗产的数字化保存工作，还会激发更多的创新应用，为传承和发展人类文化遗产贡献更大的力量。

（六）用户交互设计

在数字化保存的文化遗产领域，优秀的用户交互设计起到决定性的作用，它关乎文化遗产能否被公众广泛接受和深入理解。用户交互设计不仅需要关注技术的实现，更要着眼于如何通过这些技术让文化遗产“活”起来，与公众建立起直接且深刻的联系。有效的用户交互设计应该基于用户的需求和体验，创造出既直观易用又能激发探索欲望的数字化展示平台。

（1）直观易用的界面设计。用户交互设计的首要任务是开发一个直观易用的界面。这意味着用户在第一时间就能理解如何导航和操作，无须过多的学习成本。界面设计应该简洁明了，避免过度复杂的菜单和选项，确保信息的呈现既清晰又吸引人。同时，界面的视觉元素如字体、颜色和图标等，都应该与文化遗产的内容相协调，增强用户的视觉体验。

（2）多样化的交互方式。为了满足不同用户的需求，多样化的交互方式至关重要。触控和语音指令为用户提供了便捷的操作方式，尤其是在移动设备上，使得访问数字化文化遗产内容更加灵活。利用增强现实和虚拟现实技术可以为用户提供沉浸式的体验，允许他们以全新的方式探索和互动，从而更深入地理解文化遗产的价值和意义。集成社交功能允许用户分享自己的发现和体验，也能有效提升用户的参与度和互动性。

（3）创造引人入胜的教育和展示内容。用户交互设计的核心在于如何创造引人入胜的教育和展示内容。这需要设计者深入理解文化遗产的内涵，以及用户的学习需求和兴趣点。通过故事化的内容呈现、互动式的探索任务和富有教育意义的游戏等方式，可以有效地吸引用户的注意力，激发他们对文化遗产的好奇心和探索欲。同时，通过个性化推荐系统，根据用户的行为和偏好推送相关内容，可以进一步增强用户的学习和体验效果。

（4）用户体验的持续优化。优秀的用户交互设计需要不断地测试和优化。这包括收集用户的反馈信息、分析用户的使用行为，以及定期更新内容和功能，确保用户体验持续改进。通过建立有效的反馈机制，设计者可以及时了解用户的需求和挑战，进而对界面设计和交互方式进行调整和优化。

（七）跨学科合作

数字化保存作为当代文化遗产保护的关键策略，已经成为一个高度跨学科的领域，其成功实施不仅依赖于先进的信息技术，还需要文化遗产学、图书馆学、艺术史学等多个学科领域知识和技能的综合运用。这种跨学科合作的本质，在于将各领域的专业知识和技术手段有效整合，共同应对数字化保存过程中遇到的挑战和问题，以确保文化遗产得以高质量保存、传播和利用。

（1）跨学科合作的必要性。在数字化保存项目中，信息技术人员负责开发和维护所需的硬件和软件系统，确保数字化过程的高效和数据的安全；文化遗产专家则提供关于文化遗产的深入理解和评估，指导数字化的内容选择和优先级划分；图书馆学和档案学专家负责管理数字化后的资料，包括分类、索引和长期存储；而艺术史学家和教育工作者则参与到数字化资料的解读、展示和教育应用中，帮助公众更好地理解和欣赏这些文化财富。设计师在这一过程中也扮演着重要角色，他们通过创新的视觉表现和用户界面设计，提高数字化资料的可访问性和吸引力。

（2）合作的执行策略。首先，需要建立一个共同的目标和愿景，确保各参与方的努力方向一致，才能实现有效的跨学科合作。其次，在团队成员之间帮助分享信息、解决问题，建立开放的沟通渠道和经常性的协作机制是必不可少的。同时，从项目策划、实施到评审反馈，每一个环节、每一个学科领域的专家都要有参与项目各个阶段的机会，这样才能保证得到专业的指导和支持。

（3）面临的挑战和解决办法。尽管跨学科合作可以在很多方面带来优势，但是也会遇到一些挑战。比如专业语言和理念的差异、工作文化的差异、目标的差异等。项目组需要通过经常性的训练和团队建设活动，增进彼此间的理解和尊重，才能克服这些挑战。同时，对于各方面的需求和期望，可以设置跨学科的协调人员或团队进行协调，保证项目的顺利进行。

二、数字化应用研究

数字化保存是利用现代信息技术手段将文化遗产转化为数字格式，以便长期保存和广泛传播的过程，既有助于保护易受时间和环境影响的物理资料，又能提高公众对文化遗产的可访问性和了解，以下是五个典型的数字化应用案例。

（一）中国国家图书馆古籍数字化项目（中国）

中国国家图书馆古籍数字化项目旨在通过先进的数字化技术，永久保存并广泛传播我国历史长河中的珍贵古籍，是一项宏大的文化遗产数字化保护工程。项目选取了先秦、两汉、唐宋直至明清，乃至近代，涵盖中国历史各个时期，反映中国几千年文化积淀和智慧结晶的一系列具有重要历史、文化和学术价值的文献资料进行数字化加工。每一页古籍都采用高分辨率扫描技术，对纸张的原始质感、墨色，甚至瑕疵痕迹等进行了精心的数字化处理，以保证数字化拷贝尽可能忠实原件。每件古籍资料都经过专家详细的目录编纂和学术注释，既是对实物形态的再现，也是对其文化内涵、历史价值的一次深层次挖掘与梳理。这些数字化的古籍通过中国国家图书馆的官方网站对外开放，实现了古籍资源的广泛传播和利用。学者和研究人员可以不受时间和空间的限制，随时随地访问这些珍贵的文献，极大地促进了学术研究和文化教育的发展。此项目不仅为中国乃至世界的文化遗产保护树立了典范，也为全人类共享和传承人类文明成果提供了宝贵资源。

(二) 敦煌研究院数字化项目 (中国)

敦煌研究院数字化项目是对中国文化遗产保护实践中的一项创新探索，特别针对世界著名的莫高窟壁画进行了系统的数字化保存工作。这一项目利用最尖端的三维扫描技术和高分辨率摄影技术，精确地捕捉了壁画的每一个细节，包括颜色的饱和度、线条的精细度，以及壁画表面的微小纹理，使得这些无价的艺术作品得以在数字世界中得到复现和永久保存。更为重要的是，敦煌研究院并没有停留在单纯的数字化复制上，而是进一步开发了虚拟现实应用程序，使公众不必远赴敦煌，便可以通过网络在虚拟环境中“走进”莫高窟，从而在保护实体遗址的前提下，实现了艺术作品的全球共享。这种创新的展示方式不仅极大地提升了公众对敦煌文化的认识和兴趣，也为全球文化遗产的数字化保护与展示提供了新的思路和范例。敦煌研究院数字化项目的实施还促进了国际学术交流与合作，为全球学者研究敦煌文化提供了便捷的途径。通过数字化技术的应用，敦煌研究院不仅在物理上保护了这些珍贵的文化遗产，更在文化上活化了敦煌艺术，使其成为联结过去与未来、中国与世界的文化桥梁。

(三) 中国数字科技馆 (中国)

中国数字科技馆项目作为一项创新的文化遗产数字化保护和展示工作，体现了对中国丰富科技遗产的深度挖掘和现代表达。该项目通过高度的信息技术集成，构建了一个全面的数字化展示平台，不仅仅是对中国科技发展史的一次回顾，更是对科学精神和创新思维的一次致敬。该平台覆盖了从古代四大发明到当代中国科技成就的广泛领域，每一项科技发明和每位科学家的贡献都通过数字化手段得到了生动呈现。例如，用户可以通过虚拟现实技术亲自体验造纸术的发明过程，或者通过增强现实技术了解长征五号运载火箭的设计和发射过程，这些互动式的展示不仅让科技知识变得容易理解，也大大提高了学习的趣味性。中国数字科技馆还利用在线平台和移动应用，将这些珍贵的科技资源向全球公众开放，无论是科技爱好者、学生还是专业研究者，都可以随时随地访问这些内容，从而极大地扩大了科学普及的范围和影响力。通过中国数字科技馆项目的实施，不仅为中国乃至世界的科技遗产保护和传承提供了新的思路和平台，更重要的是激发了公众，特别是年轻一代对科学探索和创新的热情，对于培养未来的科学家和推动科学技术的发展具有重要的意义和价值。

(四) 大英图书馆数字化项目 (英国)

代表全球文化遗产保护与传播重大贡献的是大英图书馆数字化项目，大英图书馆通过先进的数字化技术，将其丰富多样的馆藏资料成功地转化为数字化的格式，使之成为世界各地用户触手可及的网上资源。该项目不仅收录了中世纪的珍贵手稿、古籍善本、历史悠久的报刊档案，还涵盖音乐、戏剧、历史访谈等多个领域的大量音视频资料。大英图书馆通过这一数字化工程，向全球学者、研究者和公众开放了文化遗产的宝贵资源，成功突破了地理和物理的局限。例如，任何人都可以利用网络浏览器查阅莎士比亚时代的原始文献资料，或听取20世纪初期的历史录音记录，这不仅极大地便利了学术研究和教育教学，也为普通公众提供了深入了解人类文化和历史的机会。大英图书馆的数字化工程也通过与世界上各类图书馆、博物馆，以及学术机构开展国际协作，促进世界文化的数字化保存和传播，这一项目不仅增强了文化资源的全球可达性，也促进了跨文化理解和尊重，为构建全球文化共享平台作出了重要贡献。通过这样的数字化项目，大英图书馆不仅保护了宝贵的文化遗产，也为未来世界提供了无价的知识资源。

（五）欧洲数字图书馆（Europeana）项目（欧洲）

Europeana项目作为一个跨国文化数字化计划，已经成为联结欧洲文化与科学遗产的重要桥梁。通过与欧洲各国的图书馆、博物馆、档案馆，以及其他文化机构的合作，Europeana收集并整合了包括绘画、雕塑、文献、古籍、音乐、电影，以及摄影作品在内的数百万件数字化资料。这一集成的数字库不仅仅是一个在线访问平台，更是一个促进文化交流、教育和科研的多功能资源中心。Europeana项目的实施极大地方便了学者、研究人员、教育工作者，以及广大公众对欧洲文化遗产的探索与学习。通过简单的搜索，用户可以在不同国家、不同文化背景下，跨越地理和语言障碍，访问到宝贵的资源。Europeana不断推进支持第三方应用开发的API接口提供等技术和服务的创新，增强了其资源的可访问性和互动性。此项目不仅有助于保护和传承欧洲丰富的文化遗产，还通过提供一个共享的知识空间，促进了欧洲乃至全球范围内的文化对话和理解。通过这样的平台，Europeana为公众提供了一个探索欧洲文化多样性的窗口，加深了对欧洲共同历史和文化身份的认识，对于建设一个更加团结、开放的欧洲社会具有深远的意义。

第二节　互动式展览与教育

一、虚拟博物馆

虚拟博物馆是一种利用数字化技术和网络资源，模拟实体博物馆展览和体验环境的创新形式。虚拟博物馆在为公众提供文化教育新体验的同时，也为传统博物馆拓宽了功能，扩大了影响面。通过虚拟博物馆，用户可以方便地访问和探索世界各地的文化遗产和艺术珍品而不受地理和时间的限制。

（一）虚拟博物馆的主要特征

1. 高度的互动性

虚拟博物馆的高互动性标志着在现代教育与展示界尤为突出的一种文化体验方式的新时代的来临，这种互动不仅大大丰富了用户的参与感，同时，教育效果和展览吸引力也得到了明显提升。在虚拟博物馆中，用户通过简单的点击和拖动动作，不仅可以自主选择自己关注的展品和内容，还可以对每一件展品背后的故事、历史背景等进行深入探索，互动性的体现不仅局限于基本的导览操作，更扩展到各种富有创意的互动体验。比如，用户可以亲自参与虚拟考古，对历史遗迹进行“挖掘”，了解其来历；或者，通过互动游戏扮演历史上的人物，体验不同时代的生活和决策过程，以主动的方式学习历史知识，并加深了对文化遗产的认识与情感投入。虚拟博物馆则运用包括虚拟现实和增强现实在内的先进技术，通过佩戴虚拟现实头盔，使用户仿佛置身于历史现场，亲眼见证历史事件的发生，或者将虚拟展品“带入”现实世界中，以更加直观而生动的方式提供学习体验，这些互动和多媒体的呈现方式，在丰富历史学习形式的同时，也使用户对历史的认识更加深刻。虚拟博物馆的高互动性不仅使传统的观展模式发生了很大变化，而且为公众提供了一个主动学习的全新途径，使公众对文化遗产的兴趣得到进一步激发，对文化传承与教育的发展也起到极大的促进作用。

2. 无时空限制的访问性

虚拟博物馆通过其无时空限制的访问性，极大地扩展了文化遗产的观众群体，实现了文化传播的全球化和民主化，这一特性不仅简化了文化学习和体验的过程，也为全球文化交流与理解铺平了道路。在传统的博物馆模式中，地理位置和开放时间往往成为许多人探索文化遗产的障碍，然而，虚拟博物馆的出现，彻底打破了这些物理限制。首先，无时空限制的访问性意味着全球任何角落的人们，只要能够接入互联网，不论是在家中、办公室，还是在公共交通工具上，都能够随时随地访问虚拟博物馆。这种便利性特别对于那些生活在偏远地区缺乏访问实体博物馆机会的人群来说，是一次前所未有的文化探索机会。其次，对于身体有障碍的人士，传统的博物馆访问往往充满挑战，虚拟博物馆为他们提供了平等的文化参与机会，使得每个人都能够感受到文化遗产的美丽和知识的力量，不受身体条件的限制。

现代生活的快节奏和高压力使很多人难以抽出时间参观实体博物馆，虚拟博物馆的灵活访问性使得用户可以根据自己的时间安排进行文化学习和探索，哪怕是在午夜时分，也能够享受到博物馆带来的精神滋养。更重要的是，虚拟博物馆的全球访问性促进了跨文化的理解和交流，它使得不同文化背景的人们能够相互了解和欣赏各自的文化遗产，增进全球范围内的文化尊重和理解。通过虚拟博物馆，我们可以观看到遥远国度的文化展览，了解不同文明的历史和艺术，这对于构建一个和谐共存的全球社会具有重要意义。虚拟博物馆的无时空限制访问性不仅为个人提供了前所未有的文化学习便利，也为全球文化遗产的保护、传播和交流开辟了新的路径。随着技术的不断进步和网络的普及，我们相信，虚拟博物馆将在未来发挥更加重要的作用，成为人类共享和传承文化遗产的重要平台。

3. 丰富的展示手段

虚拟博物馆的展示手段之所以丰富多彩和生动，是因为它综合运用了当代信息技术中的多种多媒体资源，旨在最大限度地提升用户的参与感和体验感。这些展示手段不仅为观众提供了多角度、多维度的文化遗产探索路径，还极大地扩展了传统博物馆的功能和边界。

（1）文字与图片。虚拟博物馆通过高清晰度的图片和详尽的文字描述，为用户提供了直观和深入理解展品的基础。这些图片不仅展示了展品的外观，还能够展示细节特征，如纹理、色彩等，而配套的文字描述则提供了关于展品的历史背景、艺术价值和文化意义的详细信息。

（2）音频与视频。音频和视频资源的融入为虚拟博物馆带来了动态的展示维度。通过专家讲解的音频指南、历史事件的视频重现，观众可以获得更加直观和生动的学习体验。视频特别适合于讲述复杂的历史故事或展示文化遗产的使用过程，而音频则能够让用户在浏览展示内容时，同步获得丰富的背景信息。

（3）三维模型与重建技术。三维重建技术的应用是虚拟博物馆展示手段中的一大亮点。这一技术能够将已经毁坏或失去的文化遗产以数字形式复原，甚至可以重现那些无法通过实体形式展示的遗址和遗物。用户可以在虚拟环境中自由移动、旋转和缩放三维模型，从而获得全方位的视觉体验，这种互动体验对于提高公众对文化遗产的认识和兴趣至关重要。

（4）虚拟现实与增强现实技术。随着虚拟现实和增强现实技术的发展，虚拟博物馆的展示方式变得更加沉浸和创新。虚拟现实技术可以创建完全虚拟化的博物馆空间，让用户仿佛身临其境；而增强现实技术则可以将虚拟信息叠加到现实世界中，为用户提供增强的现实体验。这些技术的应用不仅使得虚拟博物馆的展示更加生动，还为用户提供了无法在实体博物馆中获得的独特体验。虚拟博物馆丰富的展示手段，既使文化遗产得到更全面更鲜活的展示，又使公众对文化遗产有了全新的文化学习和体验方式；在展示手段创新运用上，既有利于增强公众对文化遗产的兴趣与认识，又使文化遗产的保护与传承开辟了新路径。

随着技术的不断进步，虚拟博物馆的展示手段将日趋多样化和高效化，从而带给全球观众更丰富更深刻的文化体验；展示手段丰富而生动，以全新的方式向广大公众展示和传递文化遗产，以多种方式满足公众对文化学习与体验的需要。

4. 教育与学习功能

虚拟博物馆作为现代技术与文化教育的交汇点，承载着重要的教育和学习功能。这些平台通过整合丰富的教育资源和创新的互动方式，不仅为公众提供了便捷的文化学习途径，还在文化素养、历史知识等方面起到显著的促进作用。虚拟博物馆在教育、学习功能上的优势体现在以下几个方面。

（1）展品详解与历史背景介绍。虚拟博物馆通过详细的展品解说和丰富的历史背景资料，为用户提供了深入理解文化遗产的窗口。与传统博物馆相比，虚拟博物馆可以为每一件展品配备全面的说明和分析，包括文字、图片、音频和视频等多种形式，使用户对展品的历史意义、艺术特色及其在文化发展中所扮演的角色有更全面的了解，这种多维度的信息呈现，使得学习的效率和深度都有了很大提升。

（2）专题讲座与教育资源。许多虚拟博物馆也会定期举办网上专题讲座，邀请领域内的专家学者，针对特定的历史事件、艺术流派或文化现象，分享自己独特的见解，进行深入的讲解，还会提供相关的教育资源，如学习指南、参考文献和互动问答等，这些资源不仅丰富了用户的学习内容，也提供了自主学习和深入研究的可能。

（3）增强学习的趣味性和互动性。部分虚拟博物馆开发了专门的教育程序和互动游戏，通过解谜、模拟经营、角色扮演等形式让用户在参与游戏的同时，学习到相关的历史知识和文化信息，从而提高用户的学习动力和参与程度。由于虚拟博物馆可以根据用户行为和偏好提供个性化学习推荐，从而使学习内容更贴近用户的兴趣和需求，学习主动性和针对性都得到了很大提高。用户可以根据自己的学习进度和兴趣点选择适合自己的学习路线和深度，从而进行自我驱动的学习。

虚拟博物馆在教育学习功能上的深化创新，不仅为公众提供了丰富的文化学习资源，而且大大拓展了传统教育的边界，为文化遗产的传承与普及提供了新的动力。

5. 易于更新和维护

虚拟博物馆易于更新和维护的特性是其在文化传播和教育领域中显著优于实体博物馆的一大优势。这种灵活性不仅为文化遗产的保护和传播提供了新的可能性，还极大地提高了博物馆对公众的服务能力和效率。在虚拟环境中，博物馆能够迅速响应最新的研究成果和社会需求，及时更新展览内容，提供最新的学术资讯和教育资源。

（1）内容更新的灵活性。与实体博物馆需要物理空间和实物展品不同，虚拟博物馆通过数字化展示，使得添加新的展品和展览变得极为便捷。无论是新增加的文化遗产数字化资料，还是基于最新研究成果调整的展览解读，都可以通过简单的后台操作迅速呈现给公众。这种更新方式不仅节约了时间和成本，也使得虚拟博物馆能够持续提供最新、最丰富的文化和教育内容。

（2）维护成本的经济性。从维护成本的角度看，虚拟博物馆相较于实体博物馆更具经济性。实体博物馆的维护不仅包括展品的保护和修复，还有建筑物的维护、安保系统的更新等多方面的物理成本。而虚拟博物馆的维护主要集中在软件更新、数据存储和网络安全等方面，相对成本较低，操作也更为简便。

（3）及时反映最新研究成果。虚拟博物馆提供了一个平台，能够及时反映和应用最新的学术研究和考古发现。当新的研究成果出现时，可以迅速将这些知识整合到现有的展览中，或者开发新的展览主题，使得公众总能够获得最前沿的学术信息和知识。虚拟博物馆所具有的快速响应能力与易于更新和维护的特点，在促进学术交流、提升公众的学术兴趣和文化素养方面具有十分重要的意义。虚拟博物馆还能根据用户反馈和互动数据对展览内容和教育资源进行持续优化和更新，以满足用户的多样化需求，促进更有效的学习和体验。通过分析用户的访问行为偏好和反馈，虚拟博物馆还能对展览布局进行调整，优化用户界面甚至开发新的互动功能，从而使虚拟博物馆在内容更新和维护上的灵活性和经济性得到很大提升，既大大降低了运营成本，又为公众提供持续更新高质量的文化学习资源。

虚拟博物馆在内容更新和维护上所表现出来的灵活性和经济性，在促进学术交流、提升公众的学术兴趣和文化素养方面具有十分重要的意义，同时，也为人们提供了一个方便高效的文化学习平台。该模式的成功实践为文化遗产的数字化保护与传播提供了重要参考，虚拟博物馆在今后的文化教育领域中将扮演更加举足轻重的角色，为人们更好地了解和感受历史文化遗产起到重要的作用。

6. 数据收集与分析

在虚拟博物馆的运营与管理中，数据收集与分析扮演着至关重要的角色。通过系统地收集和分析用户访问数据，虚拟博物馆能够更深入地洞察公众的需求和兴趣，从而提供更加丰富、个性化的文化展览和教育体验。这一过程不仅有助于提升用户满意度，也为博物馆的长期发展提供了数据支持。

（1）用户数据的收集和分析。虚拟博物馆通过后台系统能够收集包括访问时间、停留时长、浏览路径、兴趣偏好等在内的多种用户数据。这些数据能够反映用户对于不同展览内容的关注度、哪些展品或板块吸引了更多的注意、用户在平台上的行为模式等。例如，通过分析用户的停留时长和浏览路径，可以识别出最受欢迎的展品或内容，以及可能存在的用户体验痛点。

（2）数据分析。收集到的用户数据经过系统分析后，可以为虚拟博物馆的运营提供多方面的洞察。首先，数据分析可以帮助博物馆了解公众的需求和兴趣，进而优化现有展览的内容和形式，设计更符合用户期待的新展览。其次，对于展览效果的评估也变得更加客观和科学。通过对比不同时间段的用户访问数据，博物馆可以评估特定展览或活动的吸引力和教育效果，及时调整展览策略以提升用户体验。

（3）对未来展览的规划。用户数据的分析结果还能为虚拟博物馆的长期发展和未来展览的规划提供重要参考。通过识别用户兴趣的变化趋势和新兴需求，博物馆能够在未来的展览设计中前瞻性地融入这些元素，从而持续吸引公众的兴趣和参与。通过大数据分析，虚拟博物馆还可以探索新的展览主题和形式，创新教育方式，使文化传播更加多元和生动。

（4）隐私保护的重要性。虚拟博物馆在收集和分析用户资料时，一定要十分注意保护用户隐私。这就要求博物馆在保证用户信息安全、建立用户信任的同时，必须遵循相关的法律法规，在数据处理过程中切实为可持续发展打下坚实的基础。

在虚拟博物馆的运营过程中，数据采集和分析是必不可少的，它不仅可以帮助博物馆更好地了解和满足大众的需求，而且可以为虚拟博物馆的长远发展提供科学的决策支持，促进展览内容和教育方式的不断创新。

（二）虚拟博物馆的建设要素

1. 内容采集与数字化

内容采集与数字化构成了虚拟博物馆建设的基石，其过程涉及将实体藏品通过一系列高科技手段转化为数字形式，以便于在虚拟环境中展示和传播。它不仅要求高精度的技术支持，还需要对文化遗产本身有深刻的理解和尊重。

（1）高精度扫描技术。高精度扫描是内容采集过程中的关键技术之一。它涉及使用先进的扫描设备，如激光扫描仪、三维扫描仪等，对实体藏品进行全方位、多角度的扫描，以捕捉其形状、尺寸和表面细节。对于平面物品，如书籍、地图和绘画等，高分辨率的平板扫描仪能够确保图像的清晰度和色彩的真实还原。三维扫描技术可以为三维物体生成精确的三维模型，如雕塑、文物和建筑细节等，使观众可以在虚拟空间中对这些藏品进行全方位的审视和研究。

（2）专业摄影与录制。除了扫描，专业的摄影和视频录制也是内容采集的重要手段。通过使用高清摄像头和专业的摄影技巧，可以从不同角度和光线条件下捕捉藏品的图像，以及记录其历史背景和使用过程的动态展示。这些影像、视频在丰富虚拟博物馆展示内容的同时，也为使用者提供了更为直观、鲜活的学习资料。

（3）数据处理与质量控制。保证数字资源质量的关键一步是内容收集后的数据处理，这一过程包括图像的剪裁、色彩校正、图像增强等，旨在提高数字化成果的视觉效果和准确性。同时，质量控制环节对采集到的数据进行严格审核，确保其历史的准确性和技术的精确性，以防止对文化遗产的误解和曲解。

（4）持续更新与技术创新。内容采集与数字化的方法和工具随着数字化技术的不断进步而不断更新和创新，虚拟博物馆需要对最新的技术发展进行跟踪，在内容收集的质量和效率上不断提升。通过采纳新的数字化技术，如增强现实、虚拟现实和人工智能，虚拟博物馆能够以更加创新和吸引人的方式呈现文化遗产，增强公众的参与度和体验感。

在虚拟博物馆的建设过程中，内容的收集和数字化是必不可少的一环，虚拟博物馆通过应用高精度的扫描、摄影、刻录技术，以及对数据进行严格的处理和质量控制，能够对人类文化遗产进行高质量的保存和展示，为公众提供丰富、准确、生动的文化学习资源。

2. 虚拟展厅设计

虚拟展馆设计是虚拟博物馆创造沉浸式体验的核心环节，通过运用先进的3D建模和虚拟现实技术，构建出既富有创意又能够提供深度沉浸感的展览空间。虚拟展馆设计不仅要求技术的高度成熟，更需要对展览内容的深刻理解，以及对空间设计的创新思考，在提供超越物理极限的独特体验的同时，确保虚拟展馆能够真实体现实体博物馆的展览理念。

（1）创意设计与沉浸体验。创造出能够吸引用户并提供沉浸式体验的空间是虚拟展厅设计的首要目标，这就要求设计者既要精通三维建模技术，又要具备设计出既美观又实用的虚拟空间的艺术感知力和创造力。虚拟展厅通过模拟实体博物馆的建筑风格、布局和环境氛围，可以让参观者有仿佛身临其境的体验。同时，通过动态展示、交互式信息点等创新元素的加入，用户参与度和体验感也得到进一步提升。

（2）三维建模与虚拟现实技术的应用。三维建模技术可以让设计师构建精密的三维展品模型和空间布局，是实现虚拟展馆设计的基础。这些模型不仅可以对展品的外观、细节等进行真实再现，还可以将展品的质感、环境氛围等通过光影效果、材质仿真等技术手段进行再现。虚拟现实技术的应用则让用户可以通过头戴设备对这些虚拟空间进行全方位、无死角的探索，使展会的沉浸感和交互性得到极大提升。

（3）接近实体博物馆体验。虚拟展馆设计追求的是与实体博物馆接近，甚至超越的参观体验，通过精心设计的虚拟展厅，用户不仅可以毫无障碍地欣赏到每一件展品，还可以通过互动式学习点，对展品背后的故事、文化意义等进行深入了解。虚拟展厅还能提供实体博物馆难以实现的体验，如时间旅行、历史场景重现等，为用户提供更加丰富和多元的文化体验。

（4）内容的更新和维护。相对实体博物馆而言，虚拟展厅更易于进行内容的更新和维护。虚拟展厅的设计者可以根据最新的展览主题和用户的反馈意见，在很短的时间内进行内容的更新和布局的调整。这样的灵活性不仅保证了虚拟博物馆能够持续不断地为用户提供最新的展览体验，而且使得虚拟展厅能够快速地适应科技进步和文化趋势的变化。

虚拟展厅结合三维建模和虚拟现实技术的运用，为公众提供了一个充满创意和沉浸感的文化探索空间，既为用户打开了了解和体验世界文化遗产的新窗口，又为文化教育和传播开辟了新的路径。

3．用户界面设计

用户界面设计在虚拟博物馆的设计与实现过程中是必不可少的一环，而具有易用性和直观性的 UI 设计则能使用户对虚拟博物馆的整个体验得到很大的提高，从而使虚拟博物馆的参观过程变得十分顺畅和愉悦，优秀的 UI 设计应遵循以下几个原则：

（1）简洁性。用户界面的设计应追求简洁明了，避免不必要的复杂性和信息过载。界面上的每一个元素，包括按钮、图标、菜单等，都应该有其明确的功能和目的，确保用户能够一目了然地理解其用途。过于复杂的设计往往会使用户感到困惑，影响其学习和探索的积极性。

（2）直观性。直观性设计是指用户无须额外学习或说明，就能凭直觉操作界面。这要求 UI 设计师深入理解用户的使用习惯和心理预期，通过符合用户直觉的布局和交互方式，使用户能够自然而然地完成所须操作。举例来说，通过使用广泛认可的符号和图标，以及合理的布局规划，可以大大提高界面的直观性。

（3）一致性。对于提升用户体验至关重要的是，在虚拟博物馆的各个部分和功能之间，设计风格和交互逻辑保持一致。设计原则的一致性可以帮助用户对平台操作建立起整体认知，减少学习成本，提高操作效率。不管是颜色方案、字体选择、按钮样式，还是交互反馈都要遵循一致的设计原理。良好的用户界面设计应该考虑所有潜在用户的需求，包括那些有视觉、听觉或其他形式障碍的用户，并为他们提供调整字体大小、高对比度、语音指令等功能，这样就能保证虚拟博物馆对所有人完全开放、无障碍地进行浏览和交互，这既是追求技术包容性的体现，也是对文化遗产普及的社会责任。

（4）反馈和指引。用户在操作界面上，提升体验至关重要的是及时反馈和清晰指引。无论是按键点击后的视觉反馈，还是用户操作失误时的指导信息，都能有效地帮助用户了解当前的操作结果，并对操作如何进行校正起到很好的帮助作用，这种交互设计的细节处理能够使用户的虚拟探索过程更加流畅和愉快。

面对虚拟博物馆，开发易用、直观的用户界面，既是技术上的挑战，也是艺术上的创造。通过遵循上述设计原则，虚拟博物馆可以为用户提供无缝对接的虚拟探索体验，极大提升用户的参与度和满意度，从而更有效地传播关于文化遗产的知识。未来的虚拟博物馆，随着技术的不断进步、设计理念的不断革新，将可以提供更丰富、更有深度的文化体验。

4. 技术平台和服务

在虚拟博物馆的建设和运行过程中，选择稳定可靠的技术平台及相应的服务支持是项目取得成功的关键环节，关系到虚拟博物馆的日常运行效率，也关系到用户体验及文化遗产的有效传播，以下是在选择技术平台和服务时需要重点考虑的几个方面：

（1）稳定性和可靠性。虚拟博物馆的技术平台需要达到很高的要求，确保无论用户何时访问都能有流畅的体验，这就要求平台对高流量的访问压力有强大的承受能力，不会因为服务器负载过大而导致访问速度缓慢，甚至出现服务中断的情况。选择那些有良好运营记录、能提供近乎100%运行时间保证的服务商至关重要。

（2）安全性。数据安全是虚拟博物馆运营中不可忽视的重要方面，尤其是在处理用户信息和珍贵的文化遗产数字资料时，技术平台和服务需要采用先进的安全措施，如数据加密、防火墙保护、入侵检测系统等，确保所有数据传输和存储过程的安全，防止数据泄露、篡改或丢失。

（3）数据传输效率。为了提供流畅的用户体验，虚拟博物馆的数据传输需要快速高效。这不仅涉及图像、视频和三维模型等大文件的加载速度，还包括用户界面的响应时间和交互操作的处理速度。选择能够提供高带宽、低延迟的网络服务是极其重要的。

（4）扩展性与灵活性。随着虚拟博物馆内容的丰富和用户基数的不断增加，技术平台需要具有良好的扩展性，以应对不断增长的数据存储和处理需求；平台要具备足够的灵活性，以支持最新的技术和应用的集成，比如虚拟现实、增强现实技术和人工智能等，从而保证虚拟博物馆的不断创新和改进。

（5）用户支持和服务质量。优质的用户支持和服务是技术平台可靠运营的保证。选择那些能提供专业、及时的技术支持和客户服务的平台及服务商，对于解决运营中可能遇到的技术问题和挑战，确保虚拟博物馆持续稳定运行至关重要。

（三）虚拟博物馆的发展趋势

目前，虚拟博物馆正处在高速发展与变革的前沿，它作为新兴的文化传播和教育平台所具有的潜力正在被全面挖掘。随着科技的进步，尤其是在虚拟现实、增强现实、人工智能等领域的突破，未来的虚拟博物馆将为人们带来前所未见的文化体验。这些技术的融合，既可以为观众带来更加沉浸和生动的展览体验，又可以为教育内容增加个性化和互动性，从而有效地促进公众对文化遗产的认识和兴趣的提高，使虚拟博物馆成为联结历史与现代的重要桥梁，为人们提供跨时空的文化探索之旅。

（1）深化沉浸式体验。未来的虚拟博物馆将提供更加沉浸式的体验，因为虚拟现实和增强现实技术的不断发展，利用虚拟现实技术，用户可以穿戴头戴式设备，完全沉浸在360°全景的虚拟环境中，仿佛穿越时空，亲身体验古埃及金字塔的雄伟、古罗马斗兽场的壮观或文艺复兴时期的佛罗伦萨街头。增强现实技术则能将虚拟信息叠加到现实世界中，使用户在现实环境中通过平板电脑或智能手机屏幕，就能看到历史场景的复原或文化故事的再现，为用户提供了一种全新的互动方式。

（2）个性化体验的增强。人工智能的集成将使虚拟博物馆能够提供更加个性化的访问体验。通过分析用户的访问历史、停留时间、偏好等数据，AI技术可以为每位访问者定制个性化的展览导览路线，推荐与其兴趣相匹配的展品或故事，甚至通过机器学习预测用户可能感兴趣的新内容。智能对话系统可以实现与用户的自然语言交互、回答用户的提问，提升用户的参与感和满意度。

（3）动态内容的呈现。未来的虚拟博物馆将不再是静态的展览空间，而是一个动态更新、内容丰富的文化平台。通过实时数据流和网络资源的集成，虚拟博物馆可以实时更新展览内容，及时反映最新的文化发现和学术研究成果；利用动画、交互式媒体和虚拟现实技术，可以更生动地展现历史事件和文化故事，让用户在享受视觉盛宴的同时，获得深刻的教育意义。

（4）社交互动的加强。随着社交媒体和在线社区的融入，未来的虚拟博物馆将成为一个促进文化交流和社交互动的平台。用户不仅可以浏览展览，还可以与全球其他访问者进行实时交流和讨论，分享自己的见解和体验。通过建立全球文化爱好者的社区，虚拟博物馆将成为促进跨文化理解和友谊的桥梁。随着技术的不断进步，特别是虚拟现实、增强现实和人工智能技术的应用，未来的虚拟博物馆将为公众提供更加沉浸式、个性化、动态和互动的文化体验。这些革新不仅会极大地丰富人们的文化生活，也会为文化遗产的保护、传播和教育提供新的可能性。

作为数字化时代的显著标志之一，虚拟博物馆已经成为提供新颖文化体验、促进文化遗产保护，以及加强教育和传播的有效平台。随着虚拟现实、增强现实、人工智能等前沿技术的持续进步，虚拟博物馆的能力和影响力正以前所未有的速度扩展。这些技术不仅能使观众享受到沉浸式的历史体验，还能够根据个人兴趣提供定制化的教育内容，极大地提高了文化学习的吸引力和效率。更重要的是，虚拟博物馆为那些难以亲身访问传统博物馆的人打开了一扇了解世界文化遗产的窗口，促进了全球文化的交流与理解。随着技术的进一步发展和应用范围的扩大，虚拟博物馆无疑将在全球文化教育普及和文化遗产保护方面发挥更加关键的作用。

二、互动教育平台

互动教育平台是利用信息技术，特别是互联网技术，为学习者提供动态参与式学习体验的在线教育工具，是信息技术在教育领域应用的杰出代表，对现代教育的进步和创新起到举足轻重的作用，通过集成多样化的教学工具和资源，如视频教学资料、实时问答、在线测试、虚拟实验室等，使学习资源的丰富性和学习过程的互动性得到很大的提高，从而有效地促进知识的传递和学习效果的提升。同时，互动教育平台还能激发学习者的主动探索和参与意识，使他们在学习中更加主动。互动教育平台对传统的时空限制进行了突破，为广大学习者提供了空前的学习便利性与灵活性。无论学习者身处何地，只要有网络连接，便可随时随地接入丰富的学习资源和参与在线学习社区的交互讨论，这就大大促进了教育资源的均衡分配和教育公平。

（一）互动教育平台核心特点

1. 互动性

互动性是互动式教育平台的核心优势之一，在大大增强学习吸引力和参与度的同时，也有效打破了传统教育模式的时间和空间限制，为学习者提供了一个更加开放、灵活的学习环境。这种互动性的本质在于促进学生与教师之间，以及学生与学生之间的实时交流与合作，从而提升整个学习过程的效率和效果。互动教育平台通过提供视频会议、即时讯息、网络讨论板等多种即时沟通工具，让学生可以与老师直接沟通，即时得到反馈与辅导。这种即时沟通机制既能即时为学生答疑解惑，又能激发其学习兴趣，为学习增添动力。同时，通过这些工具，教师也能更好地了解学生的学习进度，了解学生存在的问题，从而在教学上有针对性地提供更多的支持。学生可以将自己的观点和见解在虚拟的讨论组中分享，与不同背景的学生深入探讨，既有助于培养学生的思辨能力和创新能力，又能增进彼此间的理解与尊重。通过集体智慧的力量，学生可以一起探讨解决问题的办法，而这种合作学习的过程无疑会使学生加深对知识的理解和掌握。

个性化学习路径的设计也得到互动教育平台的支持，该平台通过对学员互动数据的分析，将最适合学员学习风格与需求的资源和活动推荐给每一位学员，让学习变得更有效率、更有个性。学生可以根据自己的兴趣和进度选择适合自己的学习内容和难度，从而自主学习。互动性是互动教育平台的核心特征，通过促进实时交流与合作，提供个性化的学习路径，不仅提高了学习的效率和质量，也极大地丰富了学习的体验。随着技术的不断发展和教育理念的不断创新，互动教育平台将继续在促进教育公平、提高教育质量，以及激发学生创新能力方面发挥重要作用。

2. 可访问性

互动教育平台的可访问性显著提升了教育的普及度和便利性。这种无地理限制的特性不仅革新了传统的学习模式，也为教育的平等化作出了重要贡献。通过互联网，这些平台为全球学习者提供了开放的学习环境，无论学习者身处何地，都能轻松访问到海量的学习资源和享受到教育服务。

（1）打破地理障碍。传统的教育模式往往受到地理位置的限制，远离教育中心的学习者可能难以接触到高质量的教育资源。互动教育平台通过互联网提供服务，有效地消除了这一障碍，使得居住在偏远地区的学习者也能享有同等的学习机会。这种模式的推广，对于促进教育资源的均衡分配、缩小城乡教育差距具有重要意义。

（2）增强学习便利性。互动教育平台的另一显著特点是提供了极大的学习便捷性。学习者不再受制于固定的学习时间和地点，可以根据自己的时间安排和生活节奏选择学习时段和环境。这种灵活性特别适合那些需要平衡工作、家庭与学习的成年人，使他们能够更有效地利用零散时间进行学习，从而实现终身教育和个人成长。

（3）促进教育公平。互动式教育平台在促进教育公平方面发挥了重要作用，通过互联网可以随时随地访问学习资源。它为所有人提供了平等获取知识的机会，不论用户的经济状况、社会地位或文化背景。这种教育模式的推广有助于缩小不同群体间的知识差距，推动社会整体的进步。

（4）加速知识更新与传播。互动教育平台也加快了知识更新与传播。在这些平台上，无论是学术发现、技术变革还是市场需求，教育内容都能得到快速更新。学习者能够即时获得最新的知识和信息，对于个人职业发展和社会经济发展来说，保持自己不断更新的知识库和技能是必不可少的。

通过提供便捷、灵活、平等的学习机会，互动式教育平台在改变传统教育模式的同时，也为教育普及和平等化作出了显著贡献。这些平台将随着技术的不断进步和网络的普及，为全球学习者提供更加丰富、高效、个性化的学习体验，不断拓宽教育的边界。

3. 个性化学习

个性化学习代表了现代教育技术的一个重要趋势，其中互动教育平台通过引入智能推荐系统，已经成为实现这一目标的强大工具。这种个性化的推荐，以学生的学习历史和成绩为基础，既极大地促进了学习效率和学习动力的提高，又在促进教育公平和合理分配教育资源的同时，满足了学习者多样化、层次化的学习需求。

（1）智能推荐系统的核心价值。智能推荐系统的核心价值在于它能够准确地捕捉学生的学习习惯、偏好和能力水平，然后根据这些数据提供最适合的学习资源和学习路径。智能推荐系统包含三个方面的内容：一是学习内容的推荐；二是学习活动的安排；三是学习难度的适当调整和学习方法的指导，同时运用大数据分析和机器学习算法进行持续学习与优化，做到与每位学习者的个性化需求相适应，从而有效地促进学习效率与动力的提升。

（2）促进学习效率和动力的提升。通过个性化学习路线的提供避免“一刀切”的授课模式，做到与学习者自身相适应的学习节奏和学习风格，在提高学习效率的基础上进一步提高学习者的学习热情和参与程度。另外，发现学习内容紧扣学习者的兴趣与需求时，学习动力和参与程度也会得到明显提高。通过这套系统的持续学习与优化，无论是学习者的学习成绩还是学习动力都会得到明显提高。这种优化的学习体验，对于学习者自主学习能力的培养，以及终身学习习惯的养成，都是非常有意义的。

（3）支持多样化、层次化学习需求。现代社会学习者的背景和需求千差万别，个性化学习可以满足不同层次、不同领域学习者的需求，通过提供定制化的学习资源和路径来实现学习需求的个性化。无论是基础教育、职业技能培训，还是兴趣爱好的拓展，智能推荐系统都可以提供相应的资源，保证每个学习者都能找到适合自己的学习内容。

（4）促进教育公平和资源合理分配。实现个性化学习，即便是资源贫乏地区的学习者，也可以通过智能推荐系统，获得与优质教育资源等同的学习机会。这一技术的应用，有效地缩小了由于地域、经济和社会背景差异带来的教育鸿沟，促进了教育资源的合理和公平分配。

4. 丰富的学习资源

互动教育平台的核心竞争力之一在于其提供的丰富多样的学习资源，这些资源通过融合各种教育技术和媒介，极大地提升了学习的趣味性和有效性。作为一名专家，笔者深刻认识到，这种多元化的资源配置不仅满足了不同学习者的需求，而且有效地促进了知识的吸收和技能的掌握。

（1）视频讲座。视频讲座作为互动教育平台上的一项基础资源，通过直观的视听材料，使复杂的概念和理论变得易于理解。优质的视频内容不仅包括专家的讲解，还融入了图表、动画和实例分析，增强了信息的传递效率。视频讲座的可重复观看性为学习者提供了根据个人掌握程度调整学习节奏的可能，从而实现了自我引导的学习过程。

（2）模拟实验。模拟实验通过虚拟实验室和仿真技术，为学习者提供了一个安全、可控的实验环境。在这里，学习者无须担心资源限制或安全问题，就能自由操作和练习，进行科学实验或技能训练。这种“做中学”的方式，既加深了学习者对知识的理解，又锻炼了自己的实际操作能力和解决问题的能力。

（3）互动游戏。互动游戏将游戏机制和学习内容结合，通过挑战和奖励激发学习者的积极性，这种学习方式通过提供即时反馈、设定明确目标和增强社交互动，极大地提升了学习动力。游戏化学习不仅使学习过程变得更加有趣，还有效地提高了学习效率，尤其是在语言学习、历史探索等领域表现突出。

（4）个性化学习路径。除了丰富的学习资源，互动教育平台还能够根据学习者的表现和偏好提供个性化的学习路径和资源推荐。这种个性化的学习方案确保了学习资源的有效匹配，使得每位学习者都能找到最适合自己的学习材料，从而实现学习效果最大化的个性化和针对性。

（5）社区讨论和协作学习。互动教育平台上的社区讨论区和协作工具为学习者提供了一个交流思想、分享经验和合作学习的空间。这种社交元素的融入，不仅丰富了学习资源的类型，还促进了学习者之间的互助和学习社区的形成，增强了学习的社会性和互动性。

（二）应用场景

互动教育平台作为一种创新的教育模式，已经渗透到教育领域的各个层面，为不同年龄段和不同需求的学习者提供了丰富多样的学习资源和交流平台。互动平台在远程教育、成人教育、职业培训，以及终身学习等方面的应用，不仅大大提升了教育资源的可获取性和学习过程的互动性，还为传统教育模式带来了深刻变革。

（1）远程教育。在远程教育领域，互动教育平台通过提供视频讲座、实时在线课堂、虚拟实验室等功能，使得地理位置偏远的学习者也能够享受到高质量的教育资源。

（2）成人教育。成人教育是互动教育平台的另一个重要应用场景，很多成年人由于工作、家庭原因，不能参加全日制的教育课程。互动教育平台提供灵活的学习方式和个性化学习内容，使这部分学习者能够根据自身的时间安排和学习需求选择适合自己的课程进行学习，以获得平等的学习机会。另外，学生与教师实时互动的教学模式也适合那些因为地理、经济等原因造成的不能到校接受教育的学生；平台上的社区讨论和互动游戏等功能也为成人学习者提供了与同龄人交流和分享经验的机会，增强了学习的社会性和互动性。

（3）职业培训。职业技能更新换代的速度随着经济社会的快速发展而不断加快。互动式教育平台为职场人士提供平台，让职场人士不断学习技能，提高自己的技能水平。学习者可以及时掌握最新的行业知识和技能，通过网络课程、模拟操作、案例分析等多种形式提高自身的职业竞争力。同时，该平台还能针对行业发展趋势和企业需求，对课程内容进行快速更新，保证培训的及时性和针对性。

（4）终身学习。在信息爆炸的时代，终身学习已经成为每个人需要做的事。在互动教育平台的丰富资源库和灵活的学习模式的帮助下，广大学习者为持续学习和自我提升提供了一个广阔的空间。

不管是学习一门新的语言，还是掌握一项新艺术技能，学习者在平台都能得到所需要的资源。平台上的互动与反馈机制有效地提高了学习者学习的动力和效率，从而将终身学习转化为一种乐趣与习惯。

（三）未来发展

互动教育平台在技术日新月异的今天，正处于一个重大的变革之中。未来的交互式教育平台将通过人工智能、大数据、云计算、虚拟现实、增强现实、混合现实等先进技术的运用，在学习效率和体验上实现教育智能化、个性化、沉浸式体验的飞跃。

（1）智能化与个性化。人工智能和大数据的应用将使互动式教育平台的智能化、个性化再上一个新台阶。互动教育平台可实时调整教学策略，通过分析学习者行为、挖掘学习数据，为学习者量身定制学习内容与路径。例如，利用AI技术的自适应学习系统可以对学习者的掌握程度和学习风格进行动态调整，从而对课程难度作出相应调整，并对学习者提供个性化学习建议，从而达到真正意义上的“因材施教”。

（2）丰富与高效的学习体验。云计算技术的运用可以为学习者提供几乎无限的存储空间和计算能力，使大规模的在线学习成为可能。互动教育平台还可以为用户提供包括高清视频、互动教程和大型模拟实验等在内的海量学习资源，帮助用户根据需求随时随地访问这些资源，大大提高了学习的便捷性和效率。无论是基于人工智能的自适应学习系统，还是云计算技术的应用，都可以为用户提供丰富高效的学习体验。

（3）沉浸式学习环境。未来的交互式教育平台将能够随着虚拟现实和增强现实技术的发展和应用，提供一个更加沉浸和真实的学习环境。通过穿戴式装置，学习者可以进入三维的虚拟世界中，体验到仿佛亲身处于历史现场或科学实验中的感觉。这种沉浸式体验不仅能让学习的乐趣和动力得到很大提升，还能帮助学习者更深刻地理解和记忆学习内容。

（4）结合社会需求的创新发展。面向未来，互动教育平台还将更加注重职业技能培训、终身学习支持等与社会发展实际需求相结合的行业，以便更广泛地服务于学习者。同时，互动教育平台通过与社会各界的深度融合，能够提供更多的实践操作和实习机会，帮助学习者更好地将理论知识运用于实践，提升学习者的就业竞争力和创新能力。

未来互动教育平台将随着技术的不断进步，在智能化、个性化、沉浸式体验上实现质的飞跃，为全球学习者提供更丰富、高效、真实的学习体验，促进教育领域的不断创新与发展。

互动教育平台已经成为现代教育体系中不可缺少的一部分，通过整合最新的信息技术，如人工智能、大数据、云计算等，为学习者提供前所未有的灵活性、个性化和互动性的同时，也极大地丰富了教育的形式和内容，为教育的普及与平等提供了强大支撑，特别是在远程教育、终身学习，以及职业技能培训等领域，互动教育平台表现出巨大的潜力与价值。随着技术的不断发展与革新，互动教育平台将能更好地实现教育资源的优化配置，从而保证每一位学习者都能接触到适合自己的高质量教育资源。通过智能化的学习路径推荐、沉浸式的学习体验，以及全球化的学习社区构建，互动教育平台将进一步提升教育的质量和效率，使教育更加贴近学习者的需求和期待。互动教育平台的发展还将加速教育模式的创新，推动传统教育向更加开放、互动、合作的方向发展。通过打破地理和时间的限制，实现真正的教育公平，激发学习者的潜能，培养适应未来社会需求的创新人才。互动教育平台的持续进步将为全球教育的发展和创新注入新的活力，为构建知识共享、终身学习的社会教育体系打下坚实的基础。

第三节 增强体验与参与

一、虚拟重建

虚拟重建是一种利用数字技术复原历史遗迹、文化遗产或任何已经遭到破坏、消失或未能保存至今的物体和场景的方法。虚拟重建不仅是技术领域的一大挑战，也是文化保护和传播的重要手段。它结合三维建模、计算机图形学、数字影像处理等多种技术，旨在通过创建精确的数字模型，为人们提供了解和体验历史文化的全新方式。

（一）技术基础与应用

利用先进的数字化工具和方法对已经消失或遭受破坏的历史文物和场景进行还原，是虚拟重建技术的核心。这一过程既需要精密的技术保障，又需要深入理解被改造对象，从而保证改造工作准确、真实地开展。下面对虚拟重建的技术基础和应用作详细介绍。

（1）三维扫描和光学测量。三维扫描和光学测量技术是虚拟重建的基石，它们使我们能够以前所未有的精度捕捉到被重建对象的每一个细节。激光扫描、光学扫描、结构光扫描等高精度三维扫描技术能够快速采集物体表面数据，形成高密度的点云或网格模型，这些点云或模型不仅包含物体的几何信息，还包括其表面纹理和颜色，为后续的三维建模提供了详尽的基础数据。

（2）三维建模软件。利用专业的三维建模软件，如 Autodesk 3ds Max、Maya 或 Blender 等，技术人员可以将点云或网格模型转化为精细的三维数字模型。在这一过程中，建模专家会综合考虑历史资料和考古发现，以确保模型的历史准确性。三维建模还包括对模型的优化和细化工作，如纹理映射、材质设置和光照效果的调整，使最终的模型既真实又具有视觉冲击力。

（3）虚拟现实与增强现实技术。虚拟现实与增强现实技术的应用为虚拟重建项目提供了一个展示平台。通过虚拟现实头盔或增强现实设备，用户可以沉浸式地体验重建的历史场景，如同亲身步入过去。在虚拟现实环境中，用户可以自由探索虚拟场景，与历史事件进行互动，甚至参与到历史事件的再现中。而增强现实技术则将虚拟信息叠加到现实世界中，如通过智能手机或平板电脑的摄像头，用户可以在现实的历史遗址上看到其古代的风貌。

（4）教育与显示应用。在教育与显示领域，虚拟重建技术的应用十分广泛。博物馆和教育机构可以利用这些技术，将富有吸引力的历史教育内容和文化遗产展示给公众，通过虚拟重建，学习者可以跨越时空的限制，直观地了解和体验人类历史和文化的辉煌成就，从而增强对文化遗产保护重要性的认识和理解。

通过将三维扫描、三维建模和虚拟现实与增强现实技术相结合，虚拟重建不仅可以对历史文化遗产进行精确复原，还可以为大众提供沉浸式的学习和体验机会。未来的虚拟重建工程将随着相关技术的不断发展与完善，在人类文化遗产的保护与传承中扮演更加重要的角色。

（二）文化遗产保护与教育

虚拟重建技术在文化遗产保护与教育领域的应用，标志着我们对于历史记忆和文化传承方式的一大进步。虚拟重建不仅仅是技术创新的展示，更是在为全球的文化遗产保护事业提供创新的解决方案。这种方法特别适用于那些因为自然灾害、战争冲突或长时间的自然侵蚀而遭受损毁，甚至消失的文化遗址和文物，为我们保存了不可再生资源的“数字化复本”。

（1）文化遗产的数字化保护。虚拟重建通过高精度的三维扫描技术，能够精确捕捉到文化遗迹的每一个细节，包括它的结构、质地、颜色等，这些都为复原遗迹的本来面貌提供了可靠的资料依据。然后，利用强大的三维建模软件，将这些数据转化为详细的三维数字模型。这些数字化的模型既可供科学研究、教学使用，又可作为重要的遗迹保护参考资料。在某些情况下，当原始遗迹已经遭受不可逆转的损害时，这些数字模型甚至会成为我们能够接触到这些遗迹的唯一方式。

（2）新的教育与普及方式。文化传承教育的可能性在虚拟重建技术上得到极大扩展。通过虚拟现实或增强现实技术，公众可以不受地理和时间的限制，亲身“体验”到历史场景，如同穿越时光隧道般直观地了解历史文化，这种沉浸式的学习体验相比传统的图文介绍，能够更加生动地展现文化遗产的艺术价值和历史意义，激发公众对历史文化的兴趣和好奇心，从而有效提升公众的文化素养和保护意识。

（3）促进国际交流与合作。虚拟重建国际间的交流与合作，使不同文化的人都能共享宝贵的文化遗产。这种跨文化的分享与交流不仅有助于增进各国人民对彼此文化的了解与尊重，还能够促进国际社会在文化遗产保护领域的合作，共同应对全球性的挑战。

（4）面临的挑战和未来展望。尽管虚拟重建技术为文化遗产保护和教育带来了诸多好处，但也要认识到，在相关人才培养、著作权保护、数据安全等方面，对技术的不断发展也提出了新的要求。随着技术的进一步成熟，以及社会对文化遗产价值认识的不断提升，虚拟重建将在更广泛的领域得到应用，不仅限于文化遗产的保护和教育，还可能扩展到城市规划、旅游等多个领域，为人类社会的可持续发展贡献更大的力量。

在文化遗产的保护和教育方面，虚拟重建作为一种新兴的技术手段，已经显示出巨大的潜能和价值。它不仅为我们保存了宝贵的文化记忆，而且为促进文化的传承和普及，为公众开辟了一条了解和体验世界文化遗产的新路。随着技术的不断进步和应用领域的不断拓展，虚拟重建将继续在全球文化遗产保护和教育工作中发挥越来越重要的作用。

（三）加强公众参与和体验

虚拟重建作为一种前沿技术的应用，在加强公众参与和提升历史文化体验方面发挥着至关重要的作用。这种技术的引入不仅仅是为了保护和保存文化遗产，更重要的是通过新兴的技术手段，使公众能够以全新的视角和方式深入了解和体验人类的历史与文化。

（1）沉浸式体验的创新。虚拟重建技术通过创建精确的三维模型和利用虚拟现实或增强现实技术，为用户提供了一种全新的沉浸式体验。这种体验仿佛使用户穿越时空，直接走进古迹，可以近距离地观察和互动，对古老文明的生活场景、建筑风貌、艺术成就等进行探索。这不仅使历史文化的学习变得更加生动有趣，而且使公众对历史的感知和理解深度有了很大的提升。

（2）提升公众参与感。虚拟重建通过提供互动性极强的展览形式，有效地提高了公众参与历史文化学习的积极性。用户在虚拟展览中可以通过点击、拖拽等简单的操作与元素产生互动，甚至参与到传统展览所无法比拟的一些历史事件的再现中。许多虚拟重建项目还会结合社交功能，允许用户分享自己的体验和感受，进一步增强了公众对项目的参与度和社区的凝聚力。

（3）增强文化遗产保护意识。通过虚拟重建和沉浸式体验，公众能够更直观地认识文化遗产的独特价值和脆弱性，从而提升公众对文化遗产保护重要性的认识。当用户在虚拟环境中亲眼见证历史遗迹的壮丽与古代文明的智慧时，他们往往会产生更强烈的保护意识和责任感，积极参与到文化遗产的保护和传承中来。

（4）教育与社会影响。虚拟重建既是一种技术革新的展示，也是一种教育的新途径。它以更直观、更互动的方式，为学校和教育机构提供了帮助学生了解历史文化知识的有效教学资源。同时，这种技术的普及和应用也对社会产生了积极的影响，促进了不同文化之间的理解和尊重，加深了人们对人类共同历史的认识，为构建和谐的全球文化环境作出了贡献。

（四）动态模拟与多感官体验

随着技术的不断进步，未来的虚拟重建项目预计将引入更加先进的动态模拟技术和多感官交互技术，从而为用户提供一个前所未有的沉浸式体验。这些技术的应用将彻底改变我们理解和体验历史文化遗产的方式。

（1）动态模拟的革命性进步。动态模拟的核心在于其能够在虚拟环境中再现历史遗迹，不仅仅是静态的外观，更包括了那些充满生命力的动态元素，如人物的活动、动植物的行为，乃至自然环境的变化等。这种技术的应用将使虚拟重建不再局限于单一的视觉展示，而是成为一个动态变化、生机勃勃的历史世界。例如，用户可以在虚拟环境中观察到古罗马市场的繁忙场景，或者是中世纪城堡中骑士的训练活动，这些动态的场景再现不仅增强了虚拟重建的真实感，也极大地提升了用户的体验感和参与感。

（2）多感官交互技术的应用。多感官交互技术的运用将在今后的虚拟重建项目中得到进一步的发展，如触觉反馈、气味模拟，以及先进的声音效果等，将为用户带来全方位的沉浸式体验，使用户不仅可以“看到”历史，而且能够“听到”历史中的声音，“触摸到”历史中的物品，甚至“闻到”历史的气息。这种多感官的体验方式将使用户得到更丰富更沉浸的历史体验，从而对历史文化的内涵与魅力有一个更全面、更深刻的认识。例如，在一个虚拟的古埃及金字塔重建项目中，用户不仅可以在视觉上欣赏到金字塔的宏伟，还可以通过触觉反馈设备感受到石块的质感，通过气味模拟器闻到尼罗河畔的芳草香气，从而实现一次真正意义上的历史之旅。

（3）教育和文化传承方面影响深远。虚拟重建通过动态仿真和多感官互动技术，既能作为激发学生和公众对历史文化兴趣的生动有趣的教育工具，又能帮助人们对不同文化和时代特征有更深层次的认识和感受，从而推动理解和尊重文化多样性。这一技术还提供了一种全新的保存和展示方式，将宝贵的文化资料和记忆留给后人，让那些已经遭受破坏的文化遗产得以展示。

动态仿真与多感官互动技术的运用将为虚拟重建领域带来革命性的变革，不仅让历史文化遗产的展现变得更加鲜活、真实，同时，也让历史文化的学习与体验有了全新的方式，为社会大众提供了可供借鉴的新途径。

（五）交互式学习与共创

互动性的重要性在虚拟重建的领域中逐渐凸显，预示着未来的虚拟重建平台将成为开放的文化平台，支持用户的广泛互动和共同创造。虚拟重建通过引入更丰富的互动机制，在增强体验沉浸感、参与感的同时，促进文化遗产的传承与创新，让文化遗产的保护与教育更加鲜活，效果更加显著。

（1）交互式学习的深化。未来的虚拟重建平台将极大丰富用户的学习体验，通过提供虚拟导览、在线讨论等互动功能，让用户的学习体验更加丰富。例如，用户可以通过虚拟导览接收到专家讲解和详细的历史背景资料，在三维重建的历史场景中自由探索。这种交互式的学习方式让用户不再是一个被动接收资讯的听众，而是可以主动地进行探索与学习，学习效率与兴趣都得到了很大提升。

（2）共创的平台化。未来的虚拟重建平台将鼓励和支持用户参与到重建项目的创作中来，虚拟重建将成为广大公众可以共同参与的文化创作平台，而不再是少数专家、技术人员专享的领域。用户可以根据自己的兴趣、知识和创意贡献自己的见解和设计，使得虚拟重建项目更加多元化和富有个性。这种开放的创作模式不仅能够促进社会公众对文化遗产的认知和理解，还能够激发公众的创造力和参与热情。

（3）社区建设与文化传承。未来的虚拟重建平台还能通过支持在线讨论和用户共创来建设以文化遗产为中心的线上社区，使来自世界各地的用户可以围绕共同的兴趣和目标进行交流与合作，从而形成以文化遗产为中心的线上社区。这些社区既是知识分享和学习的场所，也是文化传承和创新的孵化器。参与虚拟重建项目的社区成员不仅可以增进特定文化遗产的认识与保护意识，而且能够促进不同文化背景下的相互理解和尊重。通过这种方式，能够在文化遗产方面进行富有创意的探索。

（4）未来展望，展望未来。随着技术的不断进步和社会对文化遗产价值认识的不断深化，虚拟重建将成为联结过去与现在、技术与文化、专家与公众的重要桥梁。

这种基于互动和共创的虚拟重建平台，将极大地促进文化遗产的保护工作，同时，为公众提供了一个全新的、互动式的学习和体验环境，使得文化遗产教育和传播工作更加生动、有效和具有持续吸引力。

二、互动导览

互动导览系统是当代博物馆、艺术馆、历史遗址等文化教育场所的一项重大技术进步，它提高了观众的体验和知识传递效率，也是对传统导览方式的补充，它结合当今最新的信息技术，如移动计算、虚拟现实、增强现实、混合现实、人工智能等，为观众提供一种全新的高度个性化且沉浸式的学习体验，对文化传承创新起到重要的促进作用。

（一）互动导览的核心特征

互动导览技术作为一种创新的文化和教育传播手段，正逐渐改变公众参与博物馆、艺术展览和历史遗址探索的方式。互动导览的价值不仅体现在其技术的新颖性，更重要的是它如何重新定义观众与展览内容之间的关系，将被动接受的观赏体验转变为主动参与和互动探索的过程。

（1）互动性的深层含义，互动导览的核心即“互动”二字，实际上代表了一种全新的观展理念。在这种模式下，观众不再是静态的信息接收者，而是变成信息的探索者和创造者。通过触摸屏幕、扫描二维码或使用移动设备等互动手段，观众可以主动探索展品背后的故事，选择自己感兴趣的内容深入了解。这种参与式体验使得每一位观众都能够根据自己的兴趣和节奏构建个性化的观展路径。

（2）增强参与感与获得感。互动导览通过多种互动手段，极大地增强了观众的参与感和获得感。当观众通过互动操作影响展览内容时，不仅能够获得即时反馈，还能够感受到自己对展览经历的影响和控制。这种体验上的变革，不仅提高了观众的满意度和参与度，也加深了观众对展品内容的记忆和理解。

（3）提供个性化体验。提供极具个性化的展示体验是互动导览技术的另一大优势。导视系统通过对观众的互动行为和喜好进行分析，实时调整内容展示和解说信息，为每一位观众提供量身定制的导视服务。部分先进的互动导览系统还可以根据观众的位置、行动轨迹等，为观众推荐不可错过的最佳观展路线和展品，保证观众在参观时得到最好的享受。

（4）促进教育与交流。互动导览还具有显著的教育价值和社会意义，既可以通过互动学习激发观众对美术、历史、科学等方面的兴趣，又可以促进观众之间的沟通与分享。在一些互动导览平台，观众可以留下自己的观点和评论，与其他观众进行互动讨论，甚至还可以参与到为文化传播和教育提供新途径的展品共创设计和互动体验设计中。

交互式导览技术正引领一场观展方式的革命，通过提供参与式体验，提升参与感和获得感，个性化展示体验，促进教育和沟通。

（二）技术支持与应用

互动导览作为一种融合科技与文化的创新展示方式，其背后的技术支持和应用场景展现了当代科技与文化教育的紧密结合。互动导览技术的实施与发展在极大丰富大众文化体验的同时，也促进了艺术文化传播领域科技应用的革新。

（1）移动设备与专用应用程序。移动设备和专用应用程序（APP）的普及为交互式导览提供了最直接的技术支持。通过智能手机或平板电脑，观众可以随时随地下载并使用专为某个展览或景点开发的APP，观众不仅可以通过这些APP获得艺术家背景、作品解读、历史意义等展品的详细信息，还可以享受到通过增强现实技术实现的互动体验。这种方式，使得文化教育的传播突破了时间和空间的限制，实现了真正意义上的随时随地学习和探索。

（2）增强现实技术。增强现实技术的应用为互动导览增添了一层沉浸式体验。[①] 通过增强现实技术，虚拟信息如三维模型、视频或音频等可以被叠加到现实世界中，观众通过移动设备的摄像头观看展品时，屏幕上即会显示出相应的虚拟信息，使观众在观看真实展品的同时，能够获得更为丰富的背景知识和互动体验。例如，通过增强现实技术，观众可以看到一幅静态的古代画作“活”起来，历史人物或场景以动画形式展现出来，极大地增强了展品的吸引力和教育意义。

（3）虚拟现实技术。虚拟现实技术的应用为互动导览打开了一扇通往完全虚构世界的大门。通过佩戴虚拟现实头盔，观众可以被带领进入一个三维构建的虚拟环境中，无论是重现历史的重大事件，还是探索未来可能的科技发展，虚拟现实技术都能提供一个沉浸式的体验空间。这种体验方式不仅使得历史和文化的学习变得更为直观和生动，也激发了公众对未知世界的好奇心和探索欲。

（4）结合人工智能的个性化体验。随着人工智能技术的发展，互动导览的个性化体验也将得到极大提升，借助人工智能技术可以根据观众的互动行为和偏好智能推荐相关的展品信息和导览路径，甚至根据观众的反馈动态调整展示内容等方式实现智能化、个性化服务，从而满足不同观众的需求，提高观众的满意度和参与度。

互动导览依托包括移动设备、增强现实、虚拟现实，以及人工智能技术在内的各种先进技术，为公众提供了一种全新的文化和艺术体验方式，对于广大民众而言，这是一种集科技与文化于一体的有益尝试。技术的融合与运用，不

---

① 李爽．5G技术赋能公共图书馆智能导览系统［J］．文化产业，2023（11）．

仅使文化遗产得到更好保护与传播，而且为广大民众特别是年轻一代提供了更具吸引力和教育意义的学习与体验机会。随着技术的不断进步，互动导览将以更加多样化和个性化的形式继续为文化教育和艺术传播领域作出重要贡献，这是随着科技的飞速发展而产生的一种必然趋势。

（三）教育价值与社会意义

作为一种新兴的文化传播手段，互动式导览在教育传播中所体现的价值是不言而喻的。既促进了广大观众对文化艺术的认识和理解，也激发了广大观众对历史、艺术、科学等方面的学习兴趣。更重要的是，通过提供更丰富多样的学习资源和体验方式，互动式导览有助于吸引更广泛的公众群体参与到文化教育活动中来，尤其对青少年和儿童的吸引力巨大。互动导览通过推动文化知识传播，对提升大众文化素养和审美能力具有重要的社会意义。

（1）教育传播的深远影响。教育传播对促进社会文化的多元发展和文化遗产的保护具有举足轻重的作用。互动式导览结合最新的信息技术，如增强现实技术、虚拟现实技术、移动互联网等，通过提供极具互动性的学习体验，使观众在参与的同时能够对展品背后的文化和艺术价值有更深入的了解，从而大大提高了观众对文化艺术的认识和理解。并且互动式导览还能根据观众的反应和互动情况对展示内容进行实时调整，提供更具个性化的学习路径，教育传播的深远影响推动社会文化的多元发展和文化遗产的保护，这在传统的导览模式中是难以实现的。

（2）激发学习兴趣与参与度。互动导览之所以能够吸引更广泛的公众群体，尤其是年轻人和儿童，主要是因为它通过丰富多样的互动形式和体验方式，极大地激发了观众的学习兴趣和参与热情。无论是通过触摸屏幕进行虚拟互动，还是通过增强现实技术观看历史场景的重现，互动导览都能够让观众在游戏般的体验中，轻松愉快地学习到知识，这对于提升公众特别是青少年的文化教育参与度具有重要意义。

（3）促进文化素养与审美能力。互动导览技术的应用对于提高公众的文化素养和审美能力也具有重要作用。通过互动导览，观众不仅能够接触到更多样化的文化艺术作品，还能够通过互动体验深入了解作品的创作背景、艺术风格和历史价值，这有助于培养观众的艺术鉴赏能力和文化理解力。互动导览还能够促进不同文化背景的观众之间的交流和理解，有助于构建一个包容、多元的文化社会环境。

（4）促进社会文化的多元发展。互动导览在促进社会文化多元发展和文化遗产保护方面发挥着重要作用。通过提供丰富多样的互动体验，互动导览能够使更多的人了解和关注各种非主流文化和少数民族文化，有助于保护和传承这些珍贵的文化遗产。互动导览还能够搭建起一个文化交流的平台，促进不同文化之间的相互理解和尊重，为构建一个和谐多元的文化社会环境提供有力支持。

互动导览作为一种结合科技与文化的创新展示方式，其在教育传播、激发学习兴趣、提升文化素养，以及促进社会文化多元发展等方面具有深远的意义和价值。随着技术的不断进步和创新应用的不断探索，互动导览将继续为文化艺术的传播和教育事业作出更大的贡献。

（四）未来展望

在未来的发展中，互动导览所蕴藏的潜力与价值将随着技术革新和应用的日益拓展而得到进一步的放大与深化，从而在全球文化教育和艺术传播领域带来革命性的变革。特别是随着人工智能、物联网、5G 通信技术，以及虚拟现实和增强现实等新兴技术在互动导览中的融合与进步，将使互动导览朝着更加智能化、个性化、多样化的方向发展。

（1）智能化的进步。人工智能技术的应用将使互动导览系统具备更高级的数据分析和学习能力，能够根据观众的互动行为、偏好和历史数据，实时提供定制化的信息和互动体验。例如，基于人工智能技术的推荐系统可以向观众推荐可能感兴趣的展品或展览，并通过语音识别和自然语言处理技术与观众进行智能对话，解答其疑问，从而增强观众的参与感和满意度，而随着大数据和机器学习技术的不断发展，未来的互动导览系统将能够根据观众的具体需求和兴趣点，通过个性化导览路线、动态调整展示内容和互动形式等，确保每位观众都能够获得最适合自己的学习和体验路径。

（2）多样化的表现形式。未来交互导览将随着物联网和 5G 通信技术的应用而表现得更加丰富和多样化。物联网技术将使展馆内的各种设备和展品能够实时连接、互动，为观众提供更为丰富的互动体验。同时，5G 技术的高速度、低延时特性，将使互动导览中虚拟现实与增强现实技术的应用效果得到大幅提升，让观看者享受到更真实、更流畅的沉浸式体验。

（3）社会意义与文化贡献。随着互动导览技术的不断发展和应用，其在社会文化传播和教育领域的作用将更加凸显。互动式导览不仅可以推动文化艺术的普及和教育、激发公众尤其是青年一代的文化兴趣和创造力，而且可以促进不同文化、不同历史的相互了解与尊重，为构建和谐多元的文化社会环境添砖加瓦，可谓一举多得。

未来的交互式导览不仅将为大众提供更丰富、更高效、更有趣的文化学习体验，更将在全球文化、教育、艺术传播领域带来深远的影响与贡献，在智能化、个性化、多元化等方面实现质的飞跃。

第四节　挑战与机遇

一、技术限制与新问题

互动技术在文化遗产领域的应用为人们开辟了很多新的可能性，从增强观众的参与度到促进教育价值的提高，互动技术已成为联结过去与现在的一个重要桥梁。但是，在这些技术应用过程中也面临着一定的技术限制与新问题的挑战，对技术限制与新问题进行仔细考量并加以解决，才能保证技术的良性发展与文化遗产的恰当利用，从而有效地进行文化传承与弘扬。

（一）技术限制

1. 高成本

要获得高品质的互动体验，往往需要付出昂贵的技术设备和软件支持，如虚拟现实头盔、增强现实应用开发等，对很多文化机构来说是一笔不小的投入，尤其是对那些资金有限的小型机构或发展中国家的文化遗产项目而言，高昂的费用是一个难以逾越的门槛。但在当代文化遗产的展示教育中，互动技术如虚拟现实、增强现实、混合现实已经证明了它的独特价值与潜力，这些技术能够提供前所未有的沉浸式体验，使观众能够跨越时空的界限，直接接触和体验到那些遥远或失落的文化遗产，这是一项极其重要的工作。然而，尽管互动技术为文化遗产保护和教育带来了革命性的机遇，高昂的成本却是其普及和应用面临的一大挑战。

（1）技术设备与软件的高成本。首先，实现高品质互动体验所需的技术设备，如高端虚拟现实头盔、增强现实眼镜，以及配套的传感器等价格不菲。这些设备的成本往往对许多文化机构构成重大财务负担。开发专业的增强现实应用程序或虚拟现实内容不仅需要高水平的技术开发团队，还需要大量的时间和资源投入，从内容创意到最终产品的呈现，每一步都涉及巨大的经济成本。

（2）对小型机构与发展中国家的影响。尤其对于资源有限的小型文化机构或位于发展中国家的文化遗产项目而言，这种高昂的成本无疑构成了一道难以逾越的门槛。这些机构往往难以承担先进互动技术的引入和维护费用，导致它们无法充分利用这些技术来提升文化遗产的展示效果和教育价值。高成本不仅限制了互动技术在文化遗产领域内的广泛应用，也加剧了全球文化遗产教育资源的不平等分配。

（3）解决方案的探索。面对这一挑战，探索成本效益高的互动技术解决方案变得尤为重要。这可能包括开源技术的开发和应用、云基础设施的利用来降低硬件成本，以及多机构之间的合作共享资源等策略。寻求政府资助、国际合作项目，以及私人赞助都是减轻财务负担、推广互动技术应用的有效途径。

虽然高成本是互动技术在文化遗产领域应用面临的一大挑战，但通过技术创新、合作共享，以及多元化的资金支持渠道，我们有望降低这一门槛，使更多的文化机构能够利用互动技术保护和传播人类宝贵的文化遗产。

2. 互动技术复杂性

尽管在展览方式上，互动技术在文化遗产领域的应用带来了革新性的变化，但其背后所蕴藏的技术复杂性同样挑战不小。这种复杂性不仅体现在技术实施的难度上，在对人才培养提出更高要求的同时，对跨学科专业知识的需求也十分广泛，这对项目的开发效率和质量有着直接影响。

（1）跨学科的专业知识需求。互动技术的设计和实施牵涉计算机科学、数字媒体、文化遗产学等多个领域的知识，如计算机科学提供包括软件开发、数据处理、人机交互等关键技术在内的互动技术基础架构；数字媒体则着重于创意设计、视觉呈现、音频处理等内容；文化遗产学则在学术支持和背景知识上给予了互动内容的丰富支持。这种多学科交叉的融合，既使项目更丰富、更有深度，又使项目的复杂性大大增加。

（2）对人才的高要求。随着技术和内容要求的提升，对于能够熟练掌握这些跨学科知识的人才提出了更高要求。这不仅意味着个人需要具备较强的技术能力，还需要有良好的艺术审美和对文化遗产的深入理解。然而，这样既懂技术又精通文化的复合型人才并不多见，其培养也是一项长期且复杂的任务。

（3）项目难度的提高。互动项目的开发难度直接受到技术复杂性的影响，每一步都需要跨学科团队的密切合作，从概念设计到技术实现，再到优化用户体验，这不仅挑战团队成员的专业能力，同时，也要求更高的项目管理与统筹能力。如何使各方资源得到有效整合，保证工程顺利进行，成为工程顺利进行的关键。

（4）解决问题的方法。在应对这些挑战的时候，我们要从多方面入手。首先，加大跨学科的教育与培训力度，以促进人才的多样化发展。其次，在行业内部鼓励合作与沟通，用团队协作的方式弥补单一领域内知识和技能缺陷。最后，对已有的技术框架与开源资源加以运用，降低技术实施的难度和费用。

虽然互动技术的运用给文化遗产的展示和教育带来了前所未有的机遇，但与之相伴的技术复杂性同样带来不小的挑战，而跨学科合作人才的培养与技术的创新是解决之道。只有通过跨学科的合作、人才培养和技术创新，我们才能更好地利用这些先进技术，为文化遗产的保护和传播开辟新的道路。

3. 可持续性与兼容性

在文化遗产的互动技术应用中，可持续性与兼容性的问题尤其突出，成为亟须解决的关键问题之一。随着技术的迅速进步和更新换代，如何维持现有系统的长期有效性和兼容性，以及如何设计出既环保又经济的技术方案，是确保互动技术应用可持续发展的重要考虑因素。

（1）更新与兼容性的挑战。随着新技术的不断涌现，旧有的系统和设备很快就会显得过时。在互动技术应用于文化遗产领域时，这一问题尤为明显。例如，一个基于特定平台或操作系统的互动导览应用可能很快就无法在新版本的设备上运行，这不仅对用户体验造成了影响，在维修、升级等方面的费用也有所增加。在设计时将兼容性考虑在内是一项重要策略，以确保系统能够适应或方便地进行升级，以与未来的技术变化相适应。

（2）长期可持续的重要性。保证技术方案的长期可持续是技术更新与兼容性之外的重要课题，这既与经济成本有关，也与环境冲击有关。在设计和实施互动技术方案时，能源的消耗、设备的寿命周期，以及今后的维护和更新换代费用等都需要考虑在内。选择能长期使用的技术方案，易于维护、资源利用效率高，可以避免由于过度使用技术而造成的资源浪费，实现经济利益和环境保护的双赢。

（3）策略与解决方案。针对技术发展带来的可持续性与兼容性难题，需要采取多元策略进行应对。第一，采用针对系统各模块独立更新的模块化设计思路，使系统的适应性与延展性得到提高。第二，在云计算技术的支撑下，减少对物理硬件的依赖，提高系统的灵活性与可扩展性。第三，为促进跨领域合作与有效整合资源，在技术方案的实施上要着眼于前瞻性与创新性的设计和实施策略。

面对日新月异的技术进步和工程项目的需要，在保障技术方案长期可持续发展的同时，必须把前瞻性、创新性的设计和实施策略摆在重要位置来抓。在技术方案的推进实施中，既要有战略上的考虑，又要有战术上的措施。通过这些努力，不仅可以使互动技术发挥最大的作用来促进文化遗产的保护与传播，而且能够保证它的长期效益，为今后世界留下宝贵的文化财富。

（二）新问题

1. 文化多样性与尊重

在将互动技术应用于文化遗产的展示和解释过程中，确保对被展示文化的多样性尊重至关重要，也是避免文化误解和冒犯的基本要求，正确理解和表现特定文化遗产的复杂性和丰富性，是使用互动技术时必须面对的挑战之一。

（1）文化解释的准确性。互动技术在解释文化遗产时，必须给予充分的研究和理解。任何文化都有其独特的历史背景、信仰体系和社会价值，这些因素共同构成了文化的复杂性。开发互动展示内容时，项目团队需要与文化学者、历史学家，以及社区成员紧密合作，确保所传递的信息准确无误，避免简化或曲解文化内涵。

（2）尊重文化多样性。尊重文化多样性是使用互动技术展示文化遗产时不可忽视的原则。在全球化的背景下，观众来自不同的文化背景，他们对于特定文化遗产的理解和感受各不相同。设计互动体验时，应考虑这种多样性，提供多角度、多层次的解释和体验方式，允许观众从自己的文化视角出发，理解和欣赏其他文化。

（3）避免文化侵吞与冒犯。避免文化侵吞与冒犯在展示特定文化遗产时显得极为重要。文化挪用通常是指在一种文化背景中使用另一种文化背景中的文化元素（物品、风格、主题等），缺乏对原有文化的尊重和理解，这样的行为，常常会造成原有文化群体的不满与厌恶。互动技术的应用需要对文化元素进行谨慎处理，确保所有展示内容都是经过原文化群体认可后，以尊重与敬畏的态度进行创作。

（4）促进文化交流与理解。文化遗产展示中应用互动技术不仅是一个展示技术的机会，更是一个平台，让不同文化之间的交流与理解得以实现。观众可以通过精心设计的互动体验，增进不同文化间的相互尊重与欣赏，从而对其他文化的价值与审美有更深入的理解。

文化多样性和对原有文化的尊重的重要性，必须慎重考虑互动技术在文化遗产领域的应用。通过确保内容的准确性、尊重文化多样性，避免文化侵吞和冒犯，促进文化交流与理解，在维护和促进全球文化和谐共生的同时，充分发挥互动技术在文化遗产保护与传播中的积极作用。

2. 数字鸿沟

在互动技术迅速发展并被广泛应用于文化遗产领域的今天，它所带来的数字鸿沟问题不容忽视。尽管互动技术极大地丰富了人们对文化遗产的认识和体验，但同时也可能因为经济和技术条件的不均等，加剧了社会中的信息不平等现象。在这种背景下，如何确保科技进步能够惠及所有人群，成为我们必须正视的问题。

（1）数字鸿沟的现实挑战。数字鸿沟主要指的是不同社会群体在获取和利用数字信息和技术方面的差距。在互动技术的文化遗产应用中，这种差距主要体现在经济条件较差的个人或地区无法承担高昂的技术设备费用，以及缺乏必要的技术知识和技能。这不仅限制了他们接触和体验丰富文化资源的机会，也剥夺了他们通过技术进步提升生活质量的可能。

（2）科技进步的普惠性。确保科技进步的普惠性要求我们在推广互动技术的同时，采取有效措施缩小数字鸿沟。首先，需要通过政策支持和资金投入，为经济条件较差的地区和群体提供技术设备和互联网接入服务。其次，开展技术知识和技能的普及教育，提升公众的数字素养也是缩小数字鸿沟的关键措施之一。

（3）技术创新与适应性解决方案。从技术角度出发，研发成本低廉、操作简便的互动技术产品和解决方案可以使更多人有机会接触和体验文化遗产。同时，考虑不同用户的技术适应性，设计具有良好用户体验和可访问性的应用程序，确保所有人都能轻松使用，也是解决数字鸿沟问题的有效途径。

（4）多方面的合作。解决数字鸿沟问题需要社会各界的共同努力。通过政策制定、资金支持、教育培训和技术研发等多方面的合作，共同推进科技进步的普惠性，使更广泛的公众能够享受到互动技术带来的文化和教育价值。

虽然互动技术在文化遗产领域的应用为人们提供了前所未有的体验机会，但同时也带来了数字鸿沟等问题。面对这一挑战，我们需要深入思考并采取切实措施，确保技术的发展成果能够普惠于所有社会成员，真正达到科技进步服务于人类的目标。

3. 隐私保护

在当前互动技术日益成为文化遗产展示和教育的重要手段之时，这些技术所依赖的数据收集和处理活动引发了对用户隐私权益的广泛关注。确保用户隐私的保护是应用这些技术时必须严格遵守的原则，隐私保护的重要性不仅在于维护个人信息的安全，更在于维持公众对于新兴技术的信任和支持。

（1）隐私保护的挑战。互动技术，尤其是那些提供个性化体验的应用，通常需要收集大量的用户数据，包括但不限于个人身份信息、位置数据、行为习惯等。这些数据的收集和分析有助于优化用户体验，如果处理不当，可能导致用户隐私的泄露和滥用。在没有适当授权和透明度的情况下收集和使用个人数据，可能侵犯用户的隐私权，引发法律问题。

（2）隐私保护的原则。为了有效保护用户隐私，在设计和实施互动技术应用时，应当遵循以下原则。最小化数据收集：仅收集实现特定功能所必须的最少量数据，避免过度收集无关信息；透明度：明确告知用户哪些数据将被收集、收集的目的，以及数据的使用方式，确保用户有充分的知情权；用户授权：在收集和使用用户数据之前，获取用户的明确同意，尤其是对于敏感信息；数据安全：采取适当的技术和管理措施，保护用户数据不被未经授权的访问、泄露或篡改；数据可控性：为用户提供充分的数据控制权，包括查看、修改和删除个人信息的能力。

（3）实践中的隐私保护。实践中，实现上述原则需要技术开发者、运营者和政策制定者的共同努力。例如，开发者可以采用匿名化或去标识化技术处理数据，减少个人信息泄露的风险。同时，应建立健全数据保护政策和隐私保护措施，确保所有参与方都明白自己的责任和义务。监管机构应加强对互动技术应用中隐私保护的监督和指导，确保技术的健康发展不以牺牲用户隐私为代价。

隐私保护在互动技术的应用中占据举足轻重的地位，只有通过严格的数据管理和透明的操作流程，才能保护用户的隐私权益，建立起公众对于使用这些技术的信任和安心，从而促进互动技术在文化遗产领域中的可持续发展和广泛应用。

4. 版权与知识产权

在数字化和虚拟重现文化遗产的进程中，版权和知识产权的问题显得尤为复杂和敏感。在利用现代技术传播和再现文化遗产时，必须严格考虑和尊重原创者的权益，确保所有的数字化努力都在法律的框架内进行。这不仅是出于对原创者权益的尊重，也是确保文化遗产可持续利用的重要基础。

（1）版权与知识产权的挑战。文化遗产的数字化和虚拟重现涉及从实体到数字形态的转化，这个过程中可能会复制、修改或以新的形式展示原有的艺术作品和文化表达。这些行为可能触及版权法律，特别是当原创作品还在版权保护期内时。对于某些传统文化表达形式，如民间故事、传统音乐和舞蹈，其知识产权的归属和保护更加复杂，涉及集体权益和非物质文化遗产的保护。

（2）尊重原创者权益的重要性。尊重原创者的权益不仅是法律的要求，也是维护文化多样性和促进创新的基础。在文化遗产的数字化过程中，透明地标明作品的原创者、来源，以及使用作品的具体条件，是尊重原创者权益的基本做法。必要时应向原创者或版权持有者支付合理的报酬或获取授权，这有助于建立一个公平的文化传播环境，鼓励更多的创造性工作。

（3）解决方案与策略。为了有效解决版权和知识产权的问题，需要采取多维度的策略。首先，加强对文化遗产工作者、技术开发者和公众的版权教育，提高他们对知识产权保护的意识。其次，发展和推广开源、创作共用等许可模式，鼓励创作和分享的同时，保护原创者的权益。政府和国际组织应加强合作，建立更为完善的国际版权保护机制，特别是对非物质文化遗产的保护需要国际社会的共同努力。

知识产权在文化遗产的数字化和虚拟重现中是一个不可回避的重要问题。通过教育、合作和创新的许可模式，我们可以在保护原创者权益的同时，促进文化遗产的可持续传播和利用，为未来保存宝贵的文化资产。这要求我们所有人，无论是文化遗产的保护者、技术开发者，还是普通公众，都必须共同努力，以负责任的方式参与到文化遗产的数字化进程中。

互动技术在文化遗产领域的运用为传统的文化遗产保护和传播注入了新的活力，带来了前所未有的视野和可能性。但是，由此带来的技术限制和挑战同样不容忽视，所以必须采取一个综合性的应对策略加以克服。跨学科合作是解决上述挑战的一个关键所在，不同领域的技术开发者、文化遗产专家、法律顾问和相关学者需要通力合作，针对技术运用中出现的问题进行深入研讨与研究，以促进不同领域知识的相互融合，从而在技术的运用上做到有比较全面的考虑与把握，并符合有关规范的要求。在技术运用上需要多管齐下，既要追求技术的高效性又要符合标准。

在技术运用的各个领域制定明确的政策与指导原则是必不可少的，这些政策与准则应覆盖数据保护与版权尊重等诸多方面的问题，确保在技术运用过程中对法律法规的遵循。同时，创新的技术解决方案也具有十分重要的意义，可以在保证技术运用成效与可持续发展的同时，减少技术运用可能带来的问题。要克服技术上的挑战，必须进行跨学科的合作，在政策上给予明确的指导和进行技术创新，才能使互动技术在文化遗产领域既有效又符合要求，从而更好地促进对文化遗产的保护和利用，为后代留下宝贵的文化财富。

二、创新模式与未来展望

互动技术在文化遗产的应用正处于一个快速发展和创新的时代，这些技术不仅为文化遗产的保护、展示和教育提供了新的路径，也为公众参与和体验文化遗产开辟了全新的维度。

（一）应用创新模式

1. 增强现实导览

增强现实技术在文化遗产的展示和教育中的应用，开启了一种全新的互动体验模式，极大地丰富了公众对历史和文化的认知方式。作为一种将数字信息与现实世界环境融合的技术，增强现实通过在用户的手机或平板电脑上叠加虚拟图像和信息，使得古老的文化遗产以一种前所未有的方式呈现给现代观众。通过增强现实技术，观众不仅可以看到古代建筑的三维重建，仿佛那些建筑在眼前重新竖立起来，而且还能通过触摸屏幕上的虚拟元素，深入了解建筑的历史背景、建筑风格、使用功能等详细信息。例如，观众站在一个现存的罗马竞技场遗址前，通过增强现实技术，他们可以看到竞技场在盛期时的繁忙场景，甚至听到观众的欢呼声，使得历史以一种生动的方式复活。

增强现实技术还能够展示文物背后的故事和文化意义。通过扫描展品旁的二维码或使用特定的应用程序，观众可以看到文物的数字化信息和相关的历史资料，甚至文物被使用时的场景重现。这种互动性不仅增加了展览的趣味性，也极大地提高了教育的效果，使观众能够更加深刻地理解和感受文化遗产的价值。AR 技术的应用还能够突破物理空间的限制，为那些无法亲自到访遗址或博物馆的人提供接触文化遗产的机会。通过虚拟导览应用，用户在家中就能享受到仿佛身临其境的文化遗产探索体验，这对于推广和保护文化遗产具有重要意义。

增强现实技术为文化遗产的传播和教育提供了一种创新的途径，它不仅能够以极具吸引力的方式展示文化遗产，增强公众的参与感和体验感，还为文化遗产的保护和利用提供了新的可能，预示着文化遗产传播方式的未来发展方向。

2. 虚拟现实重建

虚拟现实技术正成为文化遗产保护与展示领域的革命性技术。虚拟现实作为一种可以创造全沉浸式的技术，为人们以前所未有的方式“穿越”时空、直接“走进”历史场景再现提供了一个独特的机会。这样的深度体验在丰富公众对历史认知的同时，也起到了不可替代的教育作用和文化传承作用。

（1）教育和体验的深化。通过虚拟现实技术，教育者可以将学生带入过去的世界，让他们亲身体验历史事件或是日常生活场景，从而以更加直观和情感化的方式学习历史和文化。例如，学生可以在虚拟现实环境中参观古埃及的金字塔，或是在古罗马街道上行走。这种互动式学习不仅能够提高学习的兴趣和效率，也有助于加深学生对历史事件背后更深层次社会、文化因素的理解。

（2）虚拟保护与重现。运用虚拟现实技术，通过数字化扫描与三维重建的方式，在虚拟环境中保存其原貌的同时，增强学生对历史事件背后的社会文化因素的认识，从而达到直观、情感化地学习历史与文化的目的。通过互动式学习和虚拟保护与重现两种途径的综合运用，既能提高学生学习历史与文化的兴趣与效率，又能使学生加深对历史事件及其背后的社会文化因素的认识，从而在培养学生历史文化底蕴方面起到积极作用。这不仅为后代人都能看到这些文化遗产提供了学术研究的宝贵资料，更重要的是，这种虚拟的保护方式提供了文化遗产永久保存的可能，它的价值和美感在虚拟世界得以传承，即使原来的实体已不复存在。

（3）未来展望与挑战。展望未来，文化遗产领域虚拟现实技术的应用将更加广泛，也更加深入。随着技术的进步，我们期待虚拟现实体验能够更加逼真，让用户在虚拟和现实之间几乎分不清彼此的区别。与此同时，如何确保虚拟再现的准确、真实，处理好有关著作权的问题等，也带来了新的挑战。技术的普及也是一个考虑点，需要我们确保这些技术能够让更广泛的大众受益，而不是仅仅让少数人能够负担得起高端虚拟现实设备。

虚拟现实技术开辟了一条文化遗产保护与教育的新路径，通过创新的技术解决方案，不仅可以使那些珍贵的文化遗产得到保护和重现，还可以帮助公众以全新的方式了解历史、欣赏文化。面对未来，在文化遗产领域发挥虚拟现实技术的巨大潜力需要我们共同努力，克服挑战。

3．交互式多媒体展示

交互式多媒体展示技术正成为当今文化遗产展示日益流行的手段，它集成了触摸屏、感应技术、增强现实等先进技术，使展览的互动性和参与性得到很大提高。这种方式既为观众提供了一个更加动态参与式的学习环境，又为文化遗产的传播与教育开辟了新的路径。

（1）激发兴趣与探索欲望。利用触摸屏和感应技术，通过简单的触摸或身体动作与展品进行互动，使观众能够根据个人兴趣和节奏对展品进行探索，从而大大增加了展览的吸引力和教育价值。例如，通过触摸屏上的互动界面，观众可以了解一个古代陶罐的制作工艺，或者通过模拟操作体验古代的文字书写。这种互动式学习方式能够激发观众的学习兴趣和探索欲望，使文化遗产的知识传递变得更加生动和有趣。

（2）提供个性化体验。交互式多媒体展示还能够提供个性化的展览体验。通过智能感应技术，系统可以根据观众的行为和偏好提供定制化的信息和互动方式。例如，针对儿童观众，系统可以自动调整内容，展示更多寓教于乐的互动游戏；而对于专业人士，则可以提供更深入的学术资料和研究工具。这种个性化的体验使得每一位观众都能在展览中找到符合自己兴趣和需求的内容，从而提升观众的满意度和参与度。

（3）推动文化遗产保护和传播。互动多媒体展示技术也为保护和传播文化遗产提供了新的可能。许多珍贵但易损的文化遗产通过数字化技术得以高保真复制和展示，减少了实物的物理接触和损耗，也使这些文化遗产得以跨越地理和时间的限制，并被世界各地的观众所接触和认识。这样的展示方式也可以对观众的互动行为进行有效的记录和分析，为今后的展览设计和文化传承教育提供有价值的资料支撑。

文化遗产的展示和教育方式正在被交互式多媒体展示技术重新定义，通过提供更丰富、更具动感、更具个性化的体验，在激发大众学习兴趣的同时，也推动了文化遗产的有效保护和广泛传播。

4. 在线虚拟博物馆

在线虚拟博物馆的兴起是互联网技术革新在文化遗产领域应用的杰出示例。通过将文化遗产数字化并在线展示，虚拟博物馆不仅克服了传统博物馆在物理空间和地理位置上的限制，而且极大地扩展了文化遗产的观众范围，实现了全球性的文化交流和教育普及。

（1）突破物理空间的限制。传统的博物馆访问需要观众亲自前往特定的地点，这无疑限制了许多人接触和学习文化遗产的机会。在线虚拟博物馆通过数字化展览，使得遥远地区的观众也能够通过互联网访问珍贵的文化遗产，从而实现了文化的无界分享。这种方式特别对那些身体不便或远离博物馆的人具有重要意义，使得每个人都能够平等地享受到人类共有的文化财富。

（2）为文化遗产的长期保存提供新途径。随着时间的推移，许多物理文物会因自然老化、环境变化，甚至人为因素而逐渐损坏。在线虚拟博物馆通过高精度扫描和三维建模技术，能够精确地复制文物和遗址的信息，为它们提供了一种“数字化保护”。这不仅有助于文化遗产的长期保存，还为学术研究和教育提供了丰富的资源，即使原始物件在未来某一天不复存在，这些数字化的档案也能够确保文化遗产得以传承。

（3）促进全球文化交流与教育。以网络为基础的在线虚拟博物馆为促进全球文化交流与教育提供了一个强有力的平台，用户不受时空的限制，可随时随地通过计算机或移动设备访问虚拟博物馆，获得丰富的文化学习体验。虚拟博物馆还能通过各种互动式教育活动、在线讲座等形式提高参与度，提升文化教育的效果，从而广泛传播文化遗产，促进不同文化间的理解与尊重。

以网络为基础的在线虚拟博物馆也代表了文化遗产数字化与网络技术应用的未来发展趋势，通过为公众提供跨越时间和空间的文化体验，既方便人们认识和欣赏世界各地的文化遗产，又为保护和传承文化遗产开辟了一条新的路径。

（二）未来展望

1. 人工智能在文化遗产中的应用

随着人工智能技术的飞速发展，人们逐渐认识到其在文化遗产领域应用的巨大潜力。人工智能技术在文化遗产保护和展示方面，既能提高效率和准确性，又能使公众有更丰富的个性化体验。这些技术的应用，对文化遗产的传播、教育、研究等方面将带来革命性的改变。

（1）人工智能技术在文化遗产保护中的应用。人工智能技术以图像识别和数据分析为主要手段，对文化遗产进行自动分类识别分析，使之得到更好的保护。如人工智能可以分析数以千计的文物图片，并对之进行快速的准确识别，从而为文物的保护和修复提供科学的依据。再如，人工智能在文物鉴定方面的应用，可以帮助人们快速鉴定出一件文物的类别、年代和风格。人工智能还可以监测文化遗址的环境变化，预测潜在风险，为文化遗产的长期保护提供支持。

（2）人工智能技术在文化遗产展示上的应用。人工智能可以根据访问者的偏好和行为进行教育内容和导览路线的定制，使得展览更加智能化和个性化。例如，基于访问者之前在虚拟展览中的互动行为，人工智能可以推荐他们感兴趣的文物或展览，甚至通过虚拟导游提供深入的解说服务。这种个性化的服务不仅能够提升访问者的体验，还能够促进访问者对文化遗产深层次的理解和欣赏。

（3）人工智能技术在文化遗产教育中的应用。人工智能可以智能地分析学习者的需要和进度，提供量身定制的学习材料和课程，从而使学习者能以最适合自己的方式高效地学习文化遗产方面的知识。另外，人工智能还能以游戏化学习、虚拟现实体验等多种生动活泼的形式进行文化遗产教育的开展，在激发学习者兴趣和参与意愿方面也扮演举足轻重的角色。

随着人工智能技术的不断进步和应用领域的不断拓展，人工智能在文化遗产保护与展示教育中的作用必将日益凸显。人工智能不仅能够帮助我们更好地保护和理解过去，也能够以更加智能和互动的方式，将文化遗产的魅力传递给更广泛的公众。但在运用人工智能技术的同时，也应在隐私保护上进行深入的探讨与思考，使技术运用在造福人类并促使文化遗产的可持续发展上发挥积极作用，而不会因此出现负面效应。

2. 物联网与文化遗产的联结

在现代社会，在各个领域都显示出巨大应用潜力的物联网技术在文化遗产的保护与管理方面也不例外，物联网技术可以为文化遗产的保护、展示和教育带来革命性的改变。通过综合应用传感器、网络和数据分析等元素，大大提升文化遗产管理的效率和智能化水平。

（1）实时监控与环境控制。实现文化遗产环境实时监控与管理是物联网技术的一大核心应用。有关温度、湿度、光照强度等环境参数的数据可以通过在文化遗产地安装各种传感器进行实时采集，这些数据通过物联网技术实时传输到管理中心，使管理人员可以实时监控环境状况，并根据需要调整环境控制系统，如空调、加湿器或照明系统，确保文化遗产得到最适宜的保存环境。这种精细化的环境控制对于延长文物的寿命、防止环境因素引起的损害至关重要。

（2）观众行为分析与展览优化。物联网技术还能够用于分析观众的行为和偏好。通过在展览区域部署感应器和摄像头等设备，收集观众的移动轨迹、停留时间和互动行为等数据，管理者可以对这些数据进行分析，从而深入了解观众的兴趣点和行为模式。展览策划人员可以根据这些分析结果，调整优化布展、内容和互动元素，使展览与观众需求、兴趣更加契合，增强观众参观体验和教育的效果。

（3）未来展望。未来，随着物联网技术的不断发展和成熟，其在文化遗产领域的应用将会更加广泛和深入。一方面，先进传感技术和数据分析方法将使文化遗产的环境控制和保护更加智能化、精确化；另一方面，通过对受众行为进行更深层次的剖析，提供个性化的服务，将使大众学习和体验文化遗产的方式得到极大的丰富和提升。物联网技术还将结合其他新兴技术，如虚拟现实、增强现实、混合现实等，为数字展现和虚拟重现文化遗产带来新的可能。

3. 社交媒体与众包项目

在数字化时代，社交媒体平台和众包技术已经成为联结人、分享信息、集合智慧的重要工具。这些在文化遗产领域特有潜力的工具，为公众参与保护和传播文化遗产开辟了一条新的路径。通过社交媒体和众包项目，不仅可以推动文化遗产的数字化进程，而且有助于构建社区驱动、生活的文化遗产资料库。

（1）公众参与的推动力。社交媒体平台为广大用户提供了一条便捷的个人体验与收藏分享之路，通过鼓励市民将个人收藏的与文化遗产有关的历史照片、文档或故事等资料上传分享，使文化遗产档案资源得到极大丰富。这样的参与，不仅增加了文化遗产数据库的多样性，也增强了社会公众对文化遗产价值的认知和尊重。

（2）众包技术应用。众包技术通过利用群体的力量完成特定的任务，为文化遗产数字化工作提供了一种高效的解决方案。通过组织网络众包计划，甚至包括复杂的文化遗产修复工程，都可以邀请全球志愿者参与到文化遗产的分类、标识和解释中来。这种方式在加快文化遗产数字化进程的同时，也给了大众一个在保护和传承文化遗产中作出贡献的机会。

（3）构建社区驱动型数据库。结合社交媒体和众包技术，可以帮助构建文化遗产社区驱动型数据库。该资料库不仅收录了官方机构提供的资料，也融入了来自公众的大量贡献，形成更加全面和多元的文化遗产集合。这种体现社会多样性的开放包容文化遗产库，推动人们在不同文化背景下进行对话与沟通。

（4）未来展望。未来，文化遗产领域将更广泛、更深入地应用社交媒体和众包技术。随着技术的发展和公众参与意识的提高，这些工具将进一步促进文化遗产的保护、研究和传播，激发更多的人对文化遗产的兴趣和热爱。在文化遗产保护、研究和传播的同时，这也要求我们在推进项目的时候，一定要把数据的准确性、隐私保护、著作权等问题考虑进去，这样才能保证这些文化遗产资源能够得到持续、合理的利用。

利用社交媒体和众包技术鼓励公众参与文化遗产的数字化工作，不仅可以丰富文化遗产的内容和形式，还为加强全球文化遗产的共享和传承提供了新的可能。这种以社区为驱动的文化遗产数据库将成为一座重要的桥梁——联结过去和现在，联结不同的文化与世代。

4. 可持续性与普及性的平衡

在文化遗产领域，技术创新的推进速度前所未有，为这些珍贵资源的保护、研究和传播开辟了一条新的道路。但在这一过程中，如何保证技术发展的可持续性和普及性，并使两者关系达到平衡，这一点至关重要，这不仅是技术本身发展方向的问题，也是维护社会公平和文化多元化的问题。

（1）可持续性是核心要义和挑战。可持续性意味着技术创新应当在不损害未来世代满足自身需求的前提下进行。在文化遗产领域，这不仅仅是指环境的可持续发展，更重要的是文化的可持续发展和传承。技术创新应促进文化遗产的有效保护与合理利用，而不是成为消耗资源、破坏环境或导致文化同质化的工具。挑战在于如何在追求技术高效性的同时，考虑其环境影响，确保技术解决方案的长期可行性。

（2）普及性是追求公平与包容。普及性强调技术进步应惠及所有人，而不是仅仅为少数人服务。这意味着在文化遗产的数字化与虚拟化过程中，我们需要确保技术应用不会加剧社会的数字鸿沟，使得每个人都能够平等地访问和享受文化遗产的价值。挑战在于如何在技术快速发展的同时，降低其应用成本，提高技术的普及率，特别是在资源有限的地区。

（3）平衡可持续性与普及性。未来的文化遗产应用需在可持续性与普及性之间找到平衡点。这要求我们在技术开发与应用过程中，采取多元化的策略。第一，采用环保材料与节能技术。在文化遗产的数字化与虚拟化过程中，采用环保的材料和节能技术，减少碳足迹。第二，开发低成本的技术解决方案。研发成本低廉、操作简便的技术，使其能够在经济条件较差的地区得到应用。第三，提高技术的可访问性。通过教育与培训提升公众的数字素养，确保更多人能够利用新兴技术访问文化遗产。第四，鼓励社会各界参与。通过与政府、企业、非政府组织和公众的合作，共同推动技术的可持续发展和普及。

未来的文化遗产应用既要追求技术的创新与高效，也要确保这些技术解决方案的可持续性与普及性。通过在技术发展中注重环境保护、文化多样性和社会公平，我们可以确保技术进步真正惠及全人类，共同守护和传承人类的文化遗产。

| 第六章 |

结论与展望

第一节 研究总结

一、互动技术增强文化体验

在当今这个数字时代，互动技术，特别是虚拟现实、增强现实、混合现实、人工智能的飞速发展，让我们体验文化遗产、了解文化遗产的方式发生了革命性的变化，这些技术的集成应用不仅为大众提供了前所未有的文化体验机会，同时，也在构建文化认同中扮演了重要的推动角色。

（1）增强的沉浸式体验。虚拟现实技术可以为用户创造一个如同身临其境探索古老文明和遗址的全方位虚拟环境。这种身临其境的体验突破时空局限，让用户能够直接“经历”历史事件，感受故事与精神背后的文化底蕴。AR 技术在现实世界叠加虚拟信息，为使用者提供增强的现实体验，使文化遗产的学习和探索具有更直观、更互动的特征。

（2）人工智能的智能解释。人工智能在文化遗产的理解与解释上扮演了重要角色，人工智能可根据使用者的兴趣和行为模式，为他们提供定制化的导览和学习内容，使文化遗产的解释更具个性化和精准性。人工智能技术还可以对大量的文化资料进行深入分析，对不同文化遗产之间的关联进行揭示，从而为人们提供更为丰富多元的文化遗产解读。

（3）加深文化认同的感知和归属感。通过提供这种沉浸式和参与式的体验，互动技术加深了对文化认同的感知和归属感，大大提升了用户对文化传承的感知和理解。用户不仅可以在互动体验中学习到文化传承知识，更重要的是可以体验到与这些文化传承相关的情感和价值，从而加深对文化认同的感知和心理、情感层面的归属感。这种体验对于不同文化背景的使用者而言，也有助于培养他们对其他文化的尊重，并推动他们对文化多样性的理解与接受。

应用虚拟现实、增强现实、混合现实、人工智能等互动技术，开拓了文化传承领域的全新视野，为大众提供独特而深刻的文化体验。这些技术不仅使文化遗产的传播更加生动、有效，而且在构建个人与集体文化认同中，也扮演着重要的推动角色。随着这些技术的进一步发展和应用，在文化认同的感知和归属感得到进一步加强和深化的同时，人们对文化遗产的理解将会达到一个新的高度。

二、促进公众参与和共创

在当前数字化时代，社交媒体平台和众包项目正成为促进公众参与文化遗产保护、记录和传播的重要工具。这些平台不仅为公众提供了一个接触和了解文化遗产的新途径，而且也开辟了一种全新的文化遗产维护方式——社区和集体的共同努力。

（1）公众参与的意义。社交媒体和众包项目的应用大大降低了公众参与文化遗产活动的门槛。通过这些平台，每个人都有机会分享自己的文化故事、上传与文化遗产相关的照片或视频，甚至参与到文化遗产的数字化项目中。这样的参与方式，让保护和传播文化遗产成为各界共同关注和参与的事业，而不再是专家、机构专有的领域。

（2）强化公众认同感和责任感。公众直接参与到文化遗产的保护和传播中来，也会相应地增强公众对文化遗产的认同感和责任感。这不仅是因为他们对文化遗产有了更深层次的认识和体会，更重要的是，在文化遗产的维护过程中，他们扮演着积极的角色。公众的这种参与感和成就感有助于建立起一种积极的文化保护氛围，鼓励更多人参与到文化遗产的保护和传承中来。

（3）社区和集体的力量。社交媒体和众包项目所体现的社区和集体努力为文化遗产的保护提供了巨大力量。这些平台通过集合所有人的智慧和资源，可以完成大型文化遗产数字化、跨国文化遗产研究等一些单个机构难以完成的任务。这种社区与集体的努力也可以跨越地域界限，增进全球文化的相互理解与尊重，促进不同文化背景的人们共同参与保护全球文化遗产。

（4）未来展望。随着社交媒体和众包技术的不断发展，未来公众参与文化遗产保护和传播的方式将更加多样化和深入。这不仅促进文化遗产的更好保护和利用，也将促进社会对文化遗产价值的重新认识。同时，这也提醒我们需要关注和解决在公众参与过程中可能出现的问题，如信息的准确性、个人隐私保护等，以确保这种公众参与能够健康、有序地开展。通过社交媒体平台和众包项目促进公众参与，不仅提高了文化遗产的可见度和关注度，也为文化遗产的保护和传播注入了新的活力。这种以社区和集体为基础的参与方式，为构建一个更加开放、共享和负责任的文化遗产保护体系提供了可能，同时，也强化了公众对文化遗产的认同和责任感。

三、重塑文化认同的途径

个体和集体可以在多元文化背景下，通过互动技术与文化遗产的融合，重新发现和建构文化身份。技术提供了一个平台，让原本遥远或被忽视的文化传承变得触手可及，帮助推动跨文化的认识与尊重，让文化的认同更具包容性与多元性。互动技术与文化遗产的融合，在当今全球化与科技迅猛发展的社会背景下，提供了重塑个人与集体文化认同的新方式。这种融合不仅使人们接触文化遗产的角度和方式焕然一新，同时，也起到推动多元文化理解与尊重的关键作用。

互动技术的应用如虚拟现实、增强现实、混合现实、人工智能等，使人们能够突破地理和时间的限制，直接“接触”到世界各地的文化遗产，从而获得身临其境的沉浸式和参与式体验，从多个角度和维度对文化遗产背后的历史人文价值进行深入的研究与了解。如运用虚拟现实和增强现实技术，用户可以“走进”古老的遗址，亲身感受那个时代的气氛；再如，将增强现实技术应用在历史建筑上，使用户能在现实中“重现”历史建筑的原貌，对其形成的历史人文背景有更全面的认识。互动技术的运用，在丰富文化遗产体验的同时，也通过对历史人文的深入研究与认识，在保护和传承文化遗产方面发挥着重要作用。人工智能技术可根据用户的兴趣和行为提供个性化解读与推荐。

技术融合为促进跨文化认识与尊重提供了强有力的工具，当今全球化时代，文化交流与融合日益加深，但同样伴随着文化冲突与认识上的误区。互动技术让人们能够更加直观和深刻地体验到其他文化的独特性和价值，有助于打破文化隔阂，促进不同文化之间的相互理解和尊重。这不仅对个体的文化认同形成有积极的影响，也为构建一个更加包容和多元的全球文化认同打下了基础。

互动技术与文化遗产的融合也促进了公众对文化遗产的参与和共创，进一步增强了人们对自身文化遗产的认同和责任感。人们可利用社交媒体平台等工具，分享自己的文化故事，参与文化遗产的保护与传承，这样既使文化遗产的保护成为一项集体性的工作，又使文化认同的建构变得更加多元与动态。互动技术与文化遗产融合对文化认同进行重塑，为促进不同文化间的理解与尊重提供平台，使公众的参与和共创成为可能，从而为建设更为包容与多元的文化认同打下基础。随着技术的进一步发展和应用，文化遗产将以更加丰富生动的形式向全世界展现出来，为促进全球文化的交流与融合作出贡献。

四、文化遗产的动态演绎

未来的文化遗产将不仅仅是静态地作为历史展示，而是以一种动态的、互动的方式呈现在大众眼前，文化遗产的传承将成为历史的一种传承。文化遗产将随着虚拟现实、增强现实、混合现实等互动技术的发展和应用而被重新构想和演绎，给观众提供全新的体验方式。通过这些技术，观众可以通过对文化遗产更深层次的理解和认同，“穿越”到历史现场，目睹历史事件的发生，甚至与之产生互动。比如，利用虚拟现实技术，观众可以在古埃及金字塔的搭建现场，身临其境地感受古代匠人的手艺；或者走进复原的古罗马竞技场，观看一场古代角斗士的比赛。或者使用增强现实技术在现实世界中叠加历史信息和图像，如在现代城市的街头展示历史建筑的原貌，或者在博物馆内通过观众的手机屏幕展现文物的使用场景和历史背景。通过这种动态演绎的方式让文化遗产的学习和体验变得直观而生动，从被动接收信息转变为主动探索与体验，极大地增强了文化遗产对公众的吸引力和影响力。

同时，这种互动体验也有利于加深观众对文化遗产的情感投入与认同感，提高对文化遗产的保护意识。技术的不断进步和创新应用将使今后文化遗产的传播与教育得到进一步的拓展和深化，不仅局限于视觉与听觉的模拟，而且还将结合触觉、嗅觉等多感官的交互体验，使观众对不同文化和历史有更全面的感受和理解。这一改变将成为文化遗产传播与教育的新契机，为保护和传承人类共同的文化财富提供强有力的支撑，从而使人们更好地理解世界文化多样性。

数字化技术和网络技术的发展，使得文化遗产与互动技术的相互融合成为今后联结全球文化遗产的数字桥梁，使不同国家和地区的文化遗产在数字化平台得到展示和分享，促进不同文化间的相互理解和尊重，从而为构建跨文化的共同认同提供重要支撑，使世界各民族文化能够和谐共存，这是随着数字化技术和网络技术的发展而产生的一种全球性的文化交流与融合。

五、责任与文化多样性

随着互动科技与文化传承融合的不断深化，道德责任与文化多样性已经成为一个不容忽视的重要问题。技术的创新与应用，特别是文化遗产这一涉及丰富多元的领域，一定要以尊重和保护为前提，这既是对人类文化多样性的要求，也是对遗产保护责任的体现，是一种技术实践的要求。

技术融合的前提是尊重原有文化的内涵与价值。对文化遗产背后的历史背景、文化意义、社会价值等，任何文化遗产的数字化、互动化处理都应当予以充分考虑。这意味着，在设计和实施互动技术项目时，开发者和研究人员需要与文化遗产的保护者、相关社区，以及文化学者紧密合作，确保技术的应用能够准确地传达和展现文化遗产的原貌和精神。

保护个人和集体的隐私权，以及知识产权是实施技术融合时必须考虑的问题。许多文化遗产不仅是物质的文化表现形式，更包含了丰富的非物质文化元素，如口头传统、仪式习俗等，这些往往涉及特定群体或社区的私有知识和文化秘密。任何数字化或虚拟重现的尝试都应该征得原文化持有者的同意，并确保这些活动不侵犯原有文化权益。

技术的应用要促进文化多样性的保护和文化完整性的维护，不能成为文化同质化、文化侵蚀的工具，这就要求在技术创新过程中，技术开发人员和应用人员要具备高度文化敏锐性，避免文化特异性和文化差异性被忽视。以尊重、保护、促进为核心，将文化遗产与互动技术相融合，这不仅需要技术人员与文化工作者的跨领域合作，更需要社会各界深入了解、形成共识，共同认识文化遗产的价值与意义，通过合理的规范和操作标准的建立，确保技术的创新与发展，既显示出文化遗产的独特魅力，又使其多样性、完整性得到保护，留下更为丰厚、更为活跃的文化遗产，造福后世。

六、可持续发展的技术策略

对于文化遗产的保护和传播，采取可持续发展的技术策略，在当前全球面临环境变化和资源压力的背景下至关重要。这不仅涉及如何利用技术创新促进文化遗产的有效保存和普及，更关系技术应用过程中对环境的影响和资源的可持续利用。

技术上的可持续性策略，需要在环保原则上有所侧重。低碳环保的技术和材料应优先用于数字化、虚拟再现文化遗产等项目，将对自然环境的负面影响降到最低。例如，数据采集和处理使用更高效的设备，数据存储使用绿色能源供电的服务器，为降低能源消耗而优化数据传输方式等。

节约资源是可持续策略的一个重要方面，技术的开发和应用要充分考虑资源的高效利用，切忌出现浪费现象；在文化遗产的数字化过程中，可采用高效的数据压缩技术和共享云平台资源的方式，以减少重复建设带来的资源浪费，并通过模块化的设计方式更加灵活地进行技术和设备更新；在推进技术创新的基础上进行相关的研究和开发工作，既能提高文化遗产的展示质量和效率，又能探索出一条环保节能的技术路径来促进可持续发展战略的实施；资源节约是可持续发展战略的重要组成部分，例如，应用人工智能技术对数据的管理分析过程进行优化，在计算资源消耗上有所降低；开发更为精确的三维扫描技术，使现场作业资源消耗有所降低等。在采取可持续发展技术策略的同时，为促进跨领域合作与知识共享的加强而进行跨学科团队合作，以整合环境、科学、信息技术和文化遗产保护领域的知识与技术，解决技术发展与环境保护之间的平衡问题。

促进国际合作与经验交流而进行跨国合作与分享成功的案例与经验，在加速可持续技术策略推广与运用的同时，为可持续发展目标的达成提供有力支撑。通过采用可持续发展的技术策略，既能对文化遗产进行有效保护与传播，又能促进环境保护与资源的可持续利用，进而为促进人类社会的可持续发展作出贡献。要求我们在进行技术创新的同时，对技术应用的环境与社会影响有充分的考虑，以做到技术发展与环境保护相协调，达到和谐共生的境界，在开展技术革新的同时，要充分重视其对环境和社会的影响。

第二节　互动技术与文化遗产融合的未来趋势

文化遗产与互动技术融合的领域正处于一个转折点，这一领域的快速发展揭示了未来的几个关键趋势，这标志着我们对文化遗产进行展示和教育将会经历一场深刻变革，同时也开辟了一条新的路径，让公众加深对文化遗产的认同和参与。随着技术的进步，如增强现实、虚拟现实、人工智能等工具变得更加普及和精细化，它们正在重新定义我们与文化遗产之间的互动方式，使文化遗产成为一个可互动、可体验、可创造的活生生的存在，而不仅仅是一个被动接受的对象。这不仅将加强公众对文化遗产的个人联结，也促进了跨文化的理解和尊重，预示着文化遗产领域未来的发展方向。

一、增强现实与虚拟现实的深度应用

增强现实和虚拟现实技术的不断成熟和普及，预计这两种技术在文化遗产领域的运用将越来越广泛和深入。今后，更多的文化遗产机构将采用增强现实和虚拟现实技术，为人们再现历史场景、文化故事，甚至重建已经消失的文化

遗产，这种应用既能为公众带来身临其境的体验，使之对历史文化有更好的认识与体会；又能突破地域物理上的限制，使全球观众都能接触和体验到那些遥远或难以访问的文化遗产。增强现实和虚拟现实技术对文化遗产领域带来的变化，表现在它们能够为人们带来前所未有的沉浸式体验上。运用虚拟现实技术，用户可完全置身于虚拟三维环境中，感受古埃及金字塔或古罗马斗兽场的辉煌场景；运用增强现实技术在现实世界视野中叠加虚拟信息，以增强现实互动体验的方式，使公众对历史文化有更生动深入的认识，如在现代城市的街道上还原古建筑原貌，或在博物馆中通过对展品的扫描，即时呈现其背后的故事与历史。这些技术的运用不仅是为了创造惊艳的视觉效果，更重要的是使公众对历史文化有更加全面深入的认识，无论虚拟现实还是增强现实，都将在今后的历史文化研究中发挥重要作用，激发人民对文化遗产的兴趣和好奇心，特别是那些由于自然灾害或战争等原因已遭破坏或消失的文化遗产。

随着增强现实和虚拟现实技术的日益普及，在虚拟世界中“复活”这些文化遗产的可能性越来越大，从而让更多的人有机会了解和接触这些无法在传统方式上接触到的文化财富。增强现实和虚拟现实技术也突破了地理和物理上的限制，无论用户身处何地，都可以通过智能设备或虚拟现实头盔对世界各地的文化遗产进行访问。全球化的文化体验不仅可以促进不同文化之间的交流与认识，而且对于文化遗产的保护与传承也开辟了一条新的路径。随着技术的不断进步和应用范围的日益扩大，增强现实和虚拟现实技术在文化遗产保护、研究、展示、教育等诸多领域将扮演举足轻重的角色，不仅成为联结过去与未来、现实与虚拟、本土与全球的桥梁，更将成为促进人类共同文化认同和文化多样性尊重的重要力量。

二、人工智能在文化遗产解读中的关键作用

人工智能技术的发展将在文化遗产保护、研究、教育中发挥日益重要的作用。人工智能技术能够对大量的文化遗产资料进行自动识别和分类，对研究者发现新的历史联系和文化意义起到很大的帮助作用，同时，也能根据观众的兴趣和行为模式提供个性化的教育和导览服务，提高公众对文化遗产的参与和学习的效率。

人工智能技术在文化遗产资料自动识别和分类上显示出巨大的优越性，特别是结合深度学习和图像识别技术的运用，对大规模的文化遗产数据进行快速准确的处理和分析，包括对文物图片、历史文献、考古资料等的识别和分类，

这不仅使文化遗产资料管理工作效率有了极大的提高，还为研究人员揭示不同文化遗产之间的联系和文化意义提供了强有力的帮助。例如，人工智能技术可以帮助识别和对比不同文化遗产之间的艺术风格和制作技术，揭示跨文化交流的历史轨迹。

人工智能技术在提供个性化教育和导览服务方面同样展现出巨大潜力。通过分析用户的兴趣点和行为模式，人工智能能够定制个性化的学习内容和导览路线，使每位访问者都能获得量身定做的体验。这种个性化的服务不仅使文化遗产的学习和体验更加符合个人的需求和偏好，也极大地提升了公众参与文化遗产保护和传播的积极性和效率。更重要的是，这种基于人工智能的个性化体验有助于激发公众对文化遗产的深层次兴趣，加深对文化遗产更深刻的认识和理解。

人工智能技术对文化遗产的修复和保护也能起到很大的辅助作用，通过对损坏文物的三维扫描和影像分析，人工智能能够为文物修复提供科学的依据和方案，甚至直接参与到文物修复的自动化过程中，既提高了文物修复的精确度和效率，又为一些独特而脆弱的文化遗产提供了更为科学和安全的保护方式。人工智能技术在文化遗产保护、研究、教育中将扮演越来越重要的角色，随着人工智能技术的不断进步和应用范围的扩大，人工智能在文化遗产保护与研究方面能够以更高效更科学的方式发挥作用，为公众提供更丰富更个性化的文化体验，使文化遗产得到进一步传承与普及。

三、数字孪生技术的应用

数字孪生技术（Digital Twin Technology）即创建物理实体的虚拟副本，将在文化遗产领域发挥重要作用。通过构建文化遗产的数字孪生，既能对文化遗产进行更精确的监控与保护，又可以模拟其在虚拟环境中的使用与访问情况，从而给观众带来全新的互动体验。这一技术的运用既能为教育和研究带来新的契机，也有助于实现文化遗产的可持续管理和利用。数字孪生技术通过高精度的扫描和建模技术创建一个文化遗产物理实体的虚拟副本，这个过程涵盖从微观纹理到宏观结构的各个方面。数字孪生技术相对传统的文化遗产数字化而言，能够提供更加详细而动态的数据支持，从而对文化遗产的每一细节都进行精确的记录和再现。这一高度真实的虚拟副本不仅可以用于日常的监控和保护工作，对潜在的损害进行预防和识别，而且在文化遗产遭受损害的时候能够为修复和重建工作提供重要参考依据。在公众互动体验方面，数字孪生技术为人们提供一种全新的方式对文化遗产进行探索和体验，用户不再局限于物理空间和时间的限制，在虚拟环境中进行自由的访问和互动，进而达到对历史上某一时刻的文化遗产状态和环境的体验。数字孪生技术的应用极大地提升了公众对文化遗产的兴趣和参与意愿，也使文化遗产教育和传播变得更为生动和有效。

数字孪生技术还为文化遗产的研究提供了新的可能性，使研究人员能够对虚拟副本进行各种模拟实验和分析，不仅可以对文化遗产的历史背景和文化意义进行研究，还能对其在不同环境条件下的反应和变化进行分析，从而为文化遗产的长期保护和管理提供科学的依据，也为文化遗产学科的发展开辟了新的研究领域。数字孪生技术对文化遗产领域将产生深刻而广泛的影响，为了更好地发挥数字孪生技术对文化遗产的保护和研究作用，需要对数字孪生技术进行进一步的研究和开发。创建精确的虚拟副本，不仅能提高文化遗产的保护和管理效率，而且能为公众带来全新的互动体验，并作为教育和研究的丰富资源和工具。随着技术的进一步发展和应用的日益深化，数字孪生技术也有望成为文化遗产可持续发展的关键支撑，将为保护和传承人类文化遗产作出重要贡献。

四、众包与社交媒体在文化遗产保护中的作用

众包和社交媒体的力量将在文化遗产保护和传播中发挥越来越重要的作用，通过动员公众参与文化遗产的记录、分享与讨论，既能丰富文化遗产的资料库，又能提高公众对文化遗产的关注度和参与度。这种参与性和互动性的提升，有助于构建更为活跃与包容的文化遗产社区，有利于促进文化遗产的跨文化交流和理解。

（1）动员公众参与。众包项目利用网络平台将来自全球各地的志愿者聚合起来，参与文化遗产的数字化、翻译、分类等工作。这种方式在增加文化遗产资料库多样性和丰富性的同时，有效降低了文化遗产数字化工程的成本和时间。社交媒体平台也为广大用户提供了文化遗产分享和讨论的空间，让保护文化遗产成为一项活动，得到广泛的社会参与。这种广泛的社会公众参与，不仅使公众更加深入地了解了本土和世界文化遗产，也激发了公众对文化遗产保护的热情。

（2）提高关注度和参与度。文化遗产保护的信息可以通过众包、社交媒体等方式快速传播，吸引更多人的关注和参与。这种信息的广泛传播在提升公众对文化遗产关注度的同时，也有利于在保护文化遗产方面形成公众的共识和行动。人们通过社交媒体平台，轻松分享个人的文化遗产体验和故事，触动他人

的情感，从而有效地增加公众对文化遗产保护的参与性。

（3）构建活跃和包容的文化遗产社区。通过众包技术的运用与社交媒体平台结合形成更为活跃与包容的文化遗产社区。在社区中，无论是专业人士还是普通公众，都能成为文化遗产保护与传播的积极参与者。这一开放包容的社区环境能集中各方面的资源与智慧共同应对文化遗产保护中的各类挑战。

（4）促进跨文化交流和理解。众包和社交媒体还为跨文化交流和理解提供了平台。通过这些平台，不同文化背景的人们可以相互了解和分享各自的文化遗产和文化故事，促进了不同文化之间的相互尊重和理解，这种跨文化的交流和理解对于构建全球化背景下的共同文化认同具有重要意义。

众包和社交媒体在文化遗产保护和传播中的应用，不仅动员了广泛的公众参与，提高了文化遗产的关注度和参与度，还促进了活跃和包容的文化遗产社区的建设，以及跨文化交流和理解。随着技术的进步和社会的发展，这两种现代技术手段在文化遗产领域的作用愈发显著，将为文化遗产的保护和传承提供新的思路和方法。

文化遗产与互动技术融合领域正处于其发展的黄金时期，预示着文化遗产展示、教育和保护方式的根本性变革。随着增强现实、虚拟现实、混合现实、人工智能等技术的不断进步，我们正进入一个能够提供深度沉浸式体验、个性化互动服务、创新性解读和广泛公众参与的文化遗产新时代。这种技术与文化的深度融合，不仅能够使公众以全新的方式体验和理解文化遗产，还为文化遗产的数字化保护、学术研究，以及全球传播开辟了新的可能性。随着这些互动技术的进一步普及和优化，我们期待构建一个更加动态和包容的文化遗产生态系统，其中每个人都能通过互动技术发现、体验和传承人类的文化财富，共同推动全球文化遗产的保护和发展。

第三节　互动技术与文化遗产融合对文化认同重塑的长远影响

互动技术与文化遗产的融合对重塑人们文化认同有深刻的影响，随着增强现实、虚拟现实、混合现实、人工智能等技术的不断进步和运用，人们可以以一种全新的方式对文化遗产进行展示、体验和理解，这不仅改变了公众对文化遗产的互动方式，而且从根本上重塑了人们的文化认同。

一、促进文化教育与传承

互动技术让文化遗产教育变得更加生动有效，人们通过沉浸式体验，对历史文化背景有更直观的理解，对文化遗产背后的故事和情感有了更深的感受，这对于培养个体对本土文化的认同感至关重要。互动技术还能突破空间和时间的限制，使全球各地的人们都能接触和了解不同的文化遗产，推动文化的多元理解与全球文化认同的形成。互动技术在文化遗产教育中的运用，特别是增强现实、虚拟现实、混合现实、人工智能，为文化遗产教育注入了新的生机与活力。通过这些技术的应用，历史不再是书本上枯燥的文字，文化遗产也不再是遥远的记忆。沉浸式的体验让我们能够亲身步入历史现场，感受那个时代的氛围，与历史人物“面对面”交流，甚至参与到重大历史事件之中。这种体验的直观性和生动性，使学习的吸引力和效率大大提高，也使人们在情感层面对自己的文化根源有了深入的理解，从而对本土文化的认同感也随之加深。

互动技术打破地理与时间的界限，让学习与体验文化遗产免受空间的限制。互联网为身处偏远地区而对国外文化充满好奇的探索者提供了访问虚拟博物馆、参加网上文化遗产课程或使用 AR 技术进行远古文明探索的便利条件。全球文化教育的交流让不同文化背景的人们有了相互理解与欣赏的机会，促进了文化多元性的接受与尊重，从而为构建全球文化认同打下了基础。互动技术在教育传承中的运用也使文化知识的传递变得更加多元和动态。教师和文化工作者能运用这些技术进行富有创意的教学内容与方式的创造，以激发学习者的探索欲与创造性思维，从而在教育上取得更大的收获。同时，在社交媒体和众包平台的协助下，公众可主动参与到文化遗产的记录与传播中，使自己成为文化教育和传承的积极参与者，而这种参与感和归属感对培养文化认同感具有重要的作用。

以互动技术为辅助的文化遗产教育不仅使教学变得生动有效，而且将个体与全球观众紧密地联系在一起，促进了对本土和全球文化遗产的理解与认同。随着这些技术的不断发展与应用的日益深化，今后的文化遗产教育与传承会愈发丰富多彩，在满足公众学习需求的同时，促进全球文化的相互认识与尊重，进而为建设一个多元和谐的文化世界作出贡献。

二、加强文化的可达性和包容性

互动技术使文化遗产的可达性得到显著提升，使更广泛的群体可以接触到原本遥不可及的文化资源。这种普及性不仅为边缘化群体提供了了解和参与文化遗产的机会，也促进了社会整体对文化多样性的尊重和包容。互动技术通过提供多元视角与解读，强化公众对不同文化价值与信仰的理解，推动多元文化认同。通过独特的沉浸式、参与式体验，互动技术极大增强了文化传承的可达性。无论是身处偏远地区的民众，还是因身体条件限制无法亲临现场的人士，都能够通过网络和技术手段，接触并体验到世界各地的文化遗产。技术的普及，尤其是在边缘群体中的普及，既为他们提供了认识和学习彼此文化的机会，又为他们提供了一个表达和分享自身文化的平台，这实际上是对文化多样性的一种肯定和认可，对不同文化背景人与人之间的认识与交流起到促进作用。

互动技术在促进文化认同多元化方面也占有举足轻重的地位，它为人们提供多样化的观点和解读方式，使人们对文化遗产的学习和体验从单一而固定的模式中解脱出来，成为具有动态和多维性的过程。通过这些技术的运用，公众从不同角度和深度了解文化遗产，发现文化之间的相似性和差异性，从而建立起一种更加包容和多元化的文化视角。这种多元的文化视角是构建全球文化认同的基石，它有助于打破文化隔阂、促进不同文化之间的相互尊重和理解。

互动技术也为文化遗产的传承与创新提供了新的可能性，通过数字化手段，既能有效地保存那些面临消失风险的文化遗产，又可以以新的形式向现代社会重新呈现传统文化，从而激发公众，特别是年轻一代对传统文化的兴趣和热情，有利于文化认同的持续发展，并随着时代的变化而不断适应。互动技术与文化遗产的融合在提高文化遗产的可达性和为更多群体提供认识和参与文化遗产的机会的同时，也促进了社会对文化多样性的尊重与包容，强化公众对不同文化价值和信仰的理解与尊重，进而促进文化认同的多元化。随着技术的持续发展和应用的不断深化，这一融合将继续推动文化遗产保护、教育和传播的创新，为构建一个更加开放、包容和多元的全球文化共同体作出贡献。

三、促进公众参与和共创

互动技术的应用还促进了公众参与文化遗产保护和传播的新模式，通过众包项目和社交媒体平台等工具，使公众能够为文化遗产的保护和传承贡献自己的力量，具体有数字化文档的贡献、网上展览的互动体验，以及社交媒体的讨论与分享，使公众成为文化遗产保护和传承的重要力量。参与和共创的过程不仅使个体对文化遗产的认同感得到提升，而且通过社区的形成促进了文化认同的社会化与集体化。通过互动技术，公众不再是文化遗产传播的被动接收者，而是变成积极的参与者和创造者。众包项目允许普通人通过提供照片、视频、文字记录等方式参与到文化遗产的数字化和记录过程中，这不仅丰富了文化遗产的资料库，也使文化遗产保护成为一种社区共同参与的活动。

社交媒体平台为公众提供了分享个人体验、讨论文化遗产价值、传播文化故事的空间，这种开放的交流和分享机制极大地提高了文化遗产的可见度和公众关注度，更为重要的是，这种参与和共创过程在很大程度加深了公众对文化遗产的认同感。当人们投入文化遗产的保护、记录和传播中时，他们不仅是在为保护文化遗产贡献自己的力量，同时，也正在情感上与这些文化传承产生着深刻的联系。这种超越时空限制的联系，使人们更深刻地认识和认同自身的文化根源，同时也推动尊重和欣赏其他文化。

文化认同的社会化、集体化也在公众的参与和共创中得到促进。这些社区成员在共同参与保护文化遗产的过程中，共同分享文化故事、交流保护经验，共同面对文化遗产所面临的挑战，形成了一个跨年龄、跨地域、跨文化背景的社区。这种集体参与和共创在强化社区内部成员文化认同的同时，也强化了社会整体文化的包容性和多元性。文化遗产保护与传承的公众参与模式将随着互动技术的不断发展、应用的不断深化而更加多元化、丰富化。这不仅为保护文化遗产带来新的生机，也将为构建更加开放、包容、多元的文化社区奠定坚实的基础。

四、深远影响

互动技术与文化遗产的融合，从长期来看，对文化认同的重塑将起到举足轻重的作用。这一融合为个体和群体提供更加丰富多样的本土文化体验的同时，还能促进跨文化的相互理解与尊重，从而为在全球范围内形成更为包容与多元的文化认同打下基础。随着技术的不断进步与应用的日益深化，我们对今后文化遗产的展现方式充满期待，它将以更加生动与互动的方式呈现在世人面前，从而为人类文化认同提供更为宽广的视野与更深的情感联结。

（1）互动技术的深度应用。如虚拟现实、增强现实、混合现实等，将为文化遗产提供全新的展示和体验方式。这些技术可以突破时空限制，让个体了解文化，不是仅仅通过传统的阅读或观赏的方式，而是可以沉浸式地体会文化的深层内涵，感受文化的情感寓意。这种沉浸式的体验，让文化学习变得更直观、更感性，在激发对其他国家文化的好奇心和探索欲的同时，帮助个人提升对本土文化的认同感，从而推动对文化多样性的认识与尊重。

（2）文化遗产的保护和传承。随着社会化媒体和众包技术的普及，更容易让公众参与其中。无论是通过数字化上传本地文化素材，还是通过社交网络分享个人文化体验，每个人都可以成为文化遗产传播的一部分。这种广泛的公众参与不仅有助于文化遗产的保存和传播，也促进了文化认同的社会化，增强了社区和集体对文化遗产的归属感和责任感。另外，在推动跨文化交流上，互动技术的潜力不可低估，通过提供多语言支持和跨文化交互界面，互动技术可以帮助人们跨越语言和文化的障碍，促进不同文化背景人群之间的交流和理解，这种跨文化的互动和交流对于构建全球文化认同至关重要，它有助于建立一种基于相互理解和尊重的全球文化共识，促进全球和谐共存。

（3）从长远来看，互动技术与文化遗产的融合将推动我们进入一个全新的文化时代。在这个时代，文化认同不再是静态和单一的，而是动态发展、多元共生。随着技术的不断创新和应用的不断扩展，我们将能够共同构建一个更加包容、多元、和谐的全球文化认同，以更加开放的心态理解和接纳不同的文化。这既是对人类文化遗产的保护和传承，也是一种积极的探索，更是一种对人类共同未来的期待。

参 考 文 献

一、专著

[1]王文章.非物质文化遗产概论(第四版)[M].北京:高等教育出版社,2023.

[2]贾磊磊.数字化时代文化遗产的保护和展现:中美文化论坛文集[M].北京:文化艺术出版社,2010.

[3]郑晓云.文化认同论[M].北京:中国社会科学出版社,1992.

[4]郑晓云.文化认同与文化变迁[M].北京:中国社会科学出版社,1992.

[5]张兴成.文化认同的美学与政治[M].北京:人民出版社,2011.

[6]乔纳森 · 弗里德曼.文化认同与全球性过程[M].北京:商务印书馆,2003.

[7]王晨,王媛等.文化遗产导论[M].北京:清华大学出版社,2016.

[8]蔡靖泉.文化遗产学[M].武汉:华中师范大学出版社,2014.

[9]彭兆荣.文化遗产学十讲[M].昆明:云南教育出版社,2012.

[10]杨红.非物质文化遗产展示与传播前沿[M].北京:清华大学出版社,2017.

[11]杨红.非物质文化遗产:从传承到传播[M].北京:清华大学出版社,2019.

[12]罗国亮.虚拟现实导论[M].北京:清华大学出版社,2022.

[13]汤君友.虚拟现实技术与应用[M].南京:东南大学出版社,2020.

[14]塞缪尔·格林加德.虚拟现实[M].魏秉铎,译.北京:清华大学出版社,2021.

[15]郭诗辉,潘俊君,王希海,等.增强现实技术与应用[M].北京:清华大学出版社,2021.

[16]赵云等.文化遗产数字化展示研究[M].武汉:中国地质大学出版社,2016.

[17]孟磊.数字展示设计[M].南京:江苏凤凰美术出版社,2016.

[18]胡靖宇.大数据时代背景下媒体融合研究[M].北京:中国农业大学出版社,2020.

[19]李典.博物馆文化创意产品开发设计与发展思路研究[M].长春:吉林人民出版社,2020.

[20]李国深.数字孪生技术与应用[M].长沙:湖南大学出版社,2020.

二、期刊

[1]潘志庚,袁庆曙,陈胜男,等. 文化遗产数字化展示与互动技术研究与进展[J]. Journal of Zhejiang University (Science Edition),2020,47(3).

[2]闵祥鹏. 文化遗产数字化与互动性推广模式[J]. 东方论坛,2014 (4).

[3]高珊珊. 数字文化互动技术在丰富博物馆陈展中的作用[J]. 汉字文化,2018(7):82.

[4]秦晓珠,张兴旺. 数字孪生技术在物质文化遗产数字化建设中的应用[J]. 情报资料工作,2018,39(2):103-111.

[5]李芳宇,黄薇然,张静. 非物质文化遗产数字化保护探究[J]. 设计艺术研究,2016 (5):81-86.

[6]李青长. 虚拟现实技术在非遗文化传承中的设计研究[J]. 包装工程(艺术版),2023,44(18):337-340.

[7]姚国章. 非物质文化遗产的数字化发展及关键技术应用[J]. Journal of Changzhou University (Social Science Edition),2021,22(4).

[8]谭宏. 构建民间美术的教育传承体系——基于非物质文化遗产保护和传承的视角[J]. 民族艺术研究,2011 (3):155-160.

[9]麻国庆. 非物质文化遗产:文化的表达与文化的文法[J]. 学术研究,2011(5):35-41.

[10]王媛,胡惠林. 文化认同:非物质文化遗产存续发展的核心机制[J]. 福建论坛(人文社会科学版),2014 (10):49-55.

[11]马伟华. 认同与自省:文化自觉视野下的非物质文化遗产保护问题研究综述[J]. 广西师范学院学报(哲学社会科学版),2016,37(1):25-29.

[12]高小康. 非物质遗产与文学中的文化认同[J]. 文艺争鸣,2007 (3):13-17.

[13]宋峰,熊忻恺. 国家遗产·集体记忆·文化认同[J]. 中国园林,2012,28(11):23-26.

[14]何方永,万春林. 自然遗产与文化认同[J]. 中华文化论坛,2014 (11):125-128.

[15]张祖群. 非物质文化遗产的身份认同——基于端午节的源流研究[J]. 广西社会科学,2013 (9):50-55.

[16]曹顺庆,芦思宏. 文化遗产与文化认同[J]. 中外文化与文论,2015 (4):

131 - 142.
[17]刘雪,马知遥. 非物质文化遗产和文化认同研究[J]. 齐鲁艺苑：山东艺术学院学报,2020 (2):4 -9.
[18]马知遥,高珊. 非物质文化遗产和文化认同研究[J]. 齐鲁艺苑,2021.
[19]刘志遥,储建兰,贺源. 文化遗产与文化认同国际研讨会第一场 文化交流与遗产认同[J]. 收藏,2014,1.
[20]张朝枝,屈册,金钰涵. 遗产认同：概念,内涵与研究路径[J]. 人文地理,2018,33(4):20 -25.
[21]刘锦宏,夏高奎,张亚敏. 现实技术在文化遗产保护中的应用研究[J]. 湘潭大学学报(哲学社会科学版),2015 (2):124 -126.
[22]师国伟,王涌天,刘越,等. 增强现实技术在文化遗产数字化保护中的应用[J]. 系统仿真学报,2009 (7):2090 -2093.
[23]王刚,李浩,雷鑫,等. 以增强现实技术为代表的数字化技术在文化遗产保护中的应用研究[J]. 湖北美术学院学报,2018 (2):89 -91.
[24]陈均亮,王荣海,陈柏言. 虚拟与增强现实互动旅游系统的设计与实现——以非物质文化遗产南音为例[J]. 软件工程,2021,24(5):47 -50.
[25]崔晋. 增强现实技术在非物质文化遗产中的传播应用——以“太平泥叫叫”交互展示为例[J]. 传媒,2017 (22):80 -82.
[26]王立平,邓庆新,刘易磊,等. 增强现实技术在傩面具数字化保护中的应用研究[J]. 萍乡学院学报,2020.

三、学位论文

[1]王可. 互动技术在非物质文化遗产展示中的运用[D]. 北京：中国艺术研究院,2013.
[2]徐松. 增强现实互动技术在传统文化遗产保护中的应用研究[D]. 武汉：华中科技大学,2015.
[3]余日季. 基于 AR 技术的非物质文化遗产数字化开发研究[D]. 武汉：武汉大学,2014.
[4]孙洁. 增强现实技术在非物质文化遗产传承中的探索与实践[D]. 西安：陕西师范大学,2019.
[5]汤涛. 三维技术在物质文化遗产“修复”中的应用研究[D]. 南京：南京艺术学院,2018.

[6]于昭婷. 博物馆数字化展陈中的互动媒体设计方法研究[D]. 秦皇岛:燕山大学,2016.

[7]庄新雪. 鄂西土家族非物质文化遗产数字化保护现状及对策研究[D]. 武汉:华中师范大学,2017.

[8]曹亚苹. 基于非物质文化遗产数字化保护的平台设计研究[D]. 上海:华东理工大学,2016.

[9]柳雯. 中国文庙文化遗产价值及利用研究[D]. 济南:山东大学,2008.

[10]杨慧子. 非物质文化遗产与文化创意产品设计[D]. 北京:中国艺术研究院,2017.

[11]杜媛媛. 基于增强现实的虚拟旅游平台设计与开发[D]. 北京:北京交通大学,2015.

[12]李孟慈. 基于增强现实技术的建水陶 APP 设计[D]. 昆明:昆明理工大学,2019.

CHIDAI HUANZHE

DE JUJIA ZHAOHU

痴呆患者的居家照护

王永军 主编

山东科学技术出版社

·济南·

图书在版编目（CIP）数据

痴呆患者的居家照护 / 王永军主编 . -- 济南：山东科学技术出版社，2021.11（2023.5 重印）
ISBN 978-7-5723-1080-5

Ⅰ . ①痴⋯ Ⅱ . ①王⋯ Ⅲ . ①痴呆 - 护理 Ⅳ . ① R473.74

中国版本图书馆 CIP 数据核字 (2021) 第 228290 号

痴呆患者的居家照护
CHIDAI HUANZHE DE JUJIA ZHAOHU

责任编辑：孙雅臻
装帧设计：孙　佳

主管单位：山东出版传媒股份有限公司
出 版 者：山东科学技术出版社
地址：济南市市中区舜耕路 517 号
邮编：250003　电话：（0531）82098088
网址：www.lkj.com.cn
电子邮件：sdkj@sdcbcm.com
发 行 者：山东科学技术出版社
地址：济南市市中区舜耕路 517 号
邮编：250003　电话：（0531）82098067
印 刷 者：济南普林达印务有限公司
地址：山东省济南市市中区二环西路 12340 号西车间
邮编：250001　电话：（0531）82904672

规格： 16 开（170 mm × 240 mm）
印张： 13.75　　**字数：** 248 千
版次： 2021 年 11 月第 1 版　**印次：** 2023 年 5 月第 2 次印刷
定价： 45.00 元

主　编：王永军

副主编：刘风兰　任青卓　刘静静
邵　园　韩旺萍　王国君

编　者：任丽娜　陈暖暖　刘　强
彭传斌　熊霜霜　敖　俊
贺小东　王　建